新时代教师教育系列丛书

丛书主编：李德方　狄阳群

小学双语教育

原理与实践

主编　杜秀花

苏州大学出版社
Soochow University Press

图书在版编目（CIP）数据

小学双语教育原理与实践 / 杜秀花主编．—苏州：苏州大学出版社，2021.8
（新时代教师教育系列丛书 / 李德方，狄阳群主编）
ISBN 978-7-5672-2033-1

Ⅰ．①小… Ⅱ．①杜… Ⅲ．①双语教学-教学研究-小学 Ⅳ．①G623

中国版本图书馆 CIP 数据核字（2020）第 219856 号

书　　名： 小学双语教育原理与实践
XIAOXUE SHUANGYU JIAOYU YUANLI YU SHIJIAN

主　　编： 杜秀花
责任编辑： 刘诗能
装帧设计： 吴　钰

出版发行： 苏州大学出版社（Soochow University Press）
社　　址： 苏州市十梓街 1 号　邮编：215006
网　　址： www. sudapress. com
邮　　箱： sdcbs@ suda. edu. cn
印　　装： 苏州工业园区美柯乐制版印务有限责任公司
邮购热线： 0512-67480030　**销售热线：** 0512-67481020
网店地址： https：//szdxcbs. tmall. com/（天猫旗舰店）

开　　本： 710 mm×1 000 mm　1/16　**印张：** 17. 5　**字数：** 296 千
版　　次： 2021 年 8 月第 1 版
印　　次： 2021 年 8 月第 1 次印刷
书　　号： ISBN 978-7-5672-2033-1
定　　价： 58. 00 元

总序

国之大计，教育为本；教育大计，教师为本。中国素有尊师重教传统，两千多年前创办私学、授徒传道的孔子一直被后人尊崇为“圣人”和“万世师表”就是一个典型。中国的学校教育也有几千年的漫长历史，早在公元前21世纪的夏朝就有了类似今天的学校教育机构。现代意义的学校则出现在19世纪60年代，当时孱弱的旧中国被迫打开国门学习西方，开办有外语学校、军事学校和职业技术学校等，试图“师夷长技以制夷”。有了学校当然就需要教师，1896年来自江苏常州的洋务派代表人物盛宣怀筹办南洋公学，开启了中国师范教育的先河。

随着新中国的成立，中国师范教育焕发了新生、实现了转型。1957年毛泽东同志在《关于正确处理人民内部矛盾的问题》一文中明确提出：“我们的教育方针，应该使受教育者在德育、智育、体育几方面都得到发展，成为有社会主义觉悟的有文化的劳动者。”在办学思想上，坚持以马克思主义为指导，提倡教育与劳动相结合，并依此建立起相对独立的师范教育体系，以培养新中国建设和发展所需师资。改革开放后，随着以经济建设为中心的国家战略转移，迫切需要一大批高素质的劳动者和建设者，教育尤其是教师教育的重要性凸显出来，尊师重教的优良传统得以回归，特别是中国特色社会主义进入新时代，教师队伍建设被党和政府视为做好教育工作的“根本性民生工程”，社会各界对教师培养、专业发展和素质提升提出了新的期望和要求，新时代呼唤新的教师教育。

2018年，中共中央、国务院颁布《中共中央国务院关于全面深化新时代教师队伍建设改革的意见》，这是新中国成立后第一次以党中央、国务院名义颁发的教师队伍建设文件。根据这份纲领性文件，教育部等五部门出台了《教师教育振兴行动计划（2018—2022年）》，反映了党和国家对教师教育的高度重视。2019年《中国教育现代化2035》进一步明确了要“健全以师范院校为主体、高水平非师范院校参与、优质中小学（幼儿园）为实践基地的开放、协同、联动的中国特色教师教育体系”，旨在培养有理想信念、有道德情操、有扎实学识、有仁爱之心的“四有”好教师，奏响了新时代教师教育发展的新乐章，标志着我国教师教育进入了新时期。

江苏理工学院创办于1984年，是长三角地区唯一以培养职教师资为主要职责的省属普通本科院校，也是一所地地道道的师范院校——不仅培养了大批以既懂理论又会实践的“双能型”教师为主要特征的职业学校师资，而且主动顺应所在区域基础教育师资需求，厚植“双师”培养基因，培养以小学语文、数学学科教师为代表的基础教育师资，为江苏及长三角地区的教师队伍输送人才。

在多年的教师教育实践中，我们深切地感受到，优秀人才的培养离不开卓越的培养理念、优秀的教师、优良的教材、齐全的设施以及适切的教法，此外就是对教育保持热情和持续研究——因为教育既是一项永恒的道德事业，同时又是一项无时不在变化的创造性工作。上述必要却不一定充分的优秀师资人才培养条件一方面可以部分“拿来”，另一方面也可以有效“借鉴”，但更为关键的则是需要我们每一个从事教师教育工作的主体去创新创造。21世纪教育研究院有个口号是“教育因你而改变”，“在全球化和互联网的时代，教育的场域正在迅速扩大，‘学校在窗外’已经成为一个共识”。本着这样的思考，我校教师教育学院筹划编撰“新时代教师教育系列丛书”，计划在三年时间内，每年出版几本学院教师研究和思考教师教育的著作和教材，其中首批出版的有李德方研究员主编的旨在帮助师范生和有志于教育者以及正在从事教育工作的人士了解学术论文基本特征并掌握其写作方法和技巧的著作《怎样写文章——学术论文写作项目化教程》、杜秀花教授的以提高小学双语教师的双语教育理论修养和实践能力为目标的著作《小学双语教育原理与实践》，以及邢敏村副教授研究如何帮助师范生快速提高书写技能的著作《怎样练字更有效》等。这些著作的出版一方面将有助于增添教师教育的资源，丰富教育教学的内容；另一方面有助于著作者求教方家、提升自我，进而搭建起与国内同行和研究者们进行交流联系的桥梁，共同为新时代我国教师教育的改革和发展贡献一分力量。

是为序。

朱林生

2020年8月于中吴正德楼

前 言

双语教育的含义有多种。广义的双语教育泛指使用两种语言进行教学的体制，主要形式有两种：一种是一个国家中不同民族之间相互学习对方语言的教育，主要指多民族的国家以少数民族学生为教育对象，使用其本族语和主流语两种语言的教育；另一种是不同国家之间相互学习对方语言的教育。与此对应，狭义的双语教育也有两种形式，或者指一个国家中不同民族之间相互学习对方语言的教育，或者指不同国家之间相互学习对方语言的教育。

概括地说，双语教育是用两种语言作为教学媒介语，以培养受教育者两种语言能力的教育系统。本书所说的双语教育是汉英双语教育，主要是指以英语作为教学语言传授学科知识的教育形式。

我国当代中小学开展双语教育的原因主要有三个方面：一是社会经济发展需要更多的双语人才和更高的外语素质人才，这是社会宏观背景要求，也是间接原因；二是外语教学高耗低效，这是世界范围的普遍现象，也是直接原因；三是双语教育本身是世界公认的提高外语水平的更有效途径和理想路径，这是双语教育的功能性原因，也是双语教育被选用实施的内在原因。

双语教育的关键之一是教师的质量。联合国教科文组织曾提出一个公式：教学质量=[学生(1 分)+教材(2 分)+环境(4 分)+教法(3 分)]×教师。在这个公式中，括号内的数值是个常量等于 10；教师的素质是个变量，教师素质的分值越大，乘积就越大，教学质量就越高。这说明教师素质对提高教学质量起着举足轻重的作用。

本书以提高小学双语教师的双语教育理论修养和实践能力为主线，尽可能全面地选择和汇集与培养小学双语教师有关的基础性双语教育文献，使用者一书在手便可了解双语教育的方方面面。在编写过程中，作者努力将深奥难懂的双语教育理论问题用通俗易懂的语言表达出来，加工成适合教学使用的材料，并总结多年来讲授“双语教育原理”课程的经验，添加训练小学教育方向学生双语微课设计和实施中积累的案例，以适用于小学双语教师的培养和培训，体现基础性和全面性、通俗性和实用性。

本书既可以作为小学双语教师培养培训的教学用书，也可以作为双语教育研究者和爱好者的参考书。其基本框架如下：

第一章，双语教育概论。主要阐述双语教育的含义及其与相关概念的区别和联系，在此基础上概括出双语教育的目的、特征和实质，还介绍了双语社会现象的影响因素及双语个体现象的形成条件与途径等。

第二章，双语教育与双语师资。主要介绍国内外双语教育的概况、对双语教师的要求，分析小学双语教师的素质结构。

第三章，双语教育基本类型。从整个国家的语言政策和学校教育两个维度对双语教育进行分类，以方便双语教育者对双语教育类型形成概括性的认知。

第四章，双语教育基本理论。主要介绍了母语习得和第二语言获得的一般原理，重点介绍了九种有影响的双语教育理论。

第五章，小学双语教育环境建设。概括阐述了小学双语教育环境建设的理念及如何建设小学双语教育显性环境和隐性环境。

第六章，小学双语教学原则与策略。提出并阐述了习得性原则、可理解性原则、情境性与融合性原则、兴趣性原则、情感性原则、宽容性原则、学科与语言并重原则等七个初等教育常用双语教学原则，阐述了小学双语教学内容加工策略、教学过程组织策略、教学指导策略、教学激励策略。

第七章，小学双语教学设计与实施。阐述了小学双语教学目标设计要点，小学双语教学课时计划的设计与实施。

第八章，双语教育评价。阐述了双语教育评价的一般原理及当前双语教育评价的一些特殊性，以及小学双语教学过程中的评估。

各章节的顺序，基本上以小学双语教师的能力素质和小学双语课堂教学为轴心，按照由远及近、由边缘到中心的原则排列。

本书的第一、第二、第三、第四、第六、第七章由杜秀花编写，第五、第八章由杜秀花、李慎柱编写。

本书参考和引用了国内外的许多相关资料，在此谨向原著作者和出版社表示感谢！第七章选用了 06 小教 2 班赵莉同学设计的双语教案和其他几位同学设计的双语教学目标，双语教案及英文思考题由好友恽佩红润色，在此一并感谢！

限于作者的水平，本书会有错误和不当之处，恳请读者批评斧正。

杜秀花

2020 年 7 月于常州紫荆苑

目 录

第一章　双语教育概论

双语教育是一个国际通用术语，英文为 bilingual education。

双语教育的含义有多种。广义的双语教育泛指使用两种语言进行教学的体制。它包含两种主要形式，一种是一个国家中不同民族之间相互学习对方语言的教育，主要指多民族的国家以少数民族学生为教育对象，使用其本族语和主流语两种语言的教育；另一种是不同国家之间相互学习对方语言的教育。与此对应，狭义的双语教育也有两种，或者指一个国家中不同民族之间相互学习对方语言的教育，或者指不同国家之间相互学习对方语言的教育。本书的双语教育主要是指不同国家之间相互学习对方语言的教育。更狭义的双语教育是指在学校里使用外语作为教学语言讲授数学、科学、音乐、美术等非语言学科课程的教育。

概括地说，双语教育是用两种语言作为教学媒介语，以培养受教育者两种语言能力的教育系统。

双语教育与双语教学。双语教育的范畴广于双语教学，包含双语教学；双语教学是实施双语教育目标的主要途径，是双语教育的重要组成部分；双语教学是双语教育的初级阶段，其发展的必然趋势是壮大为双语教育，双语教育则是双语教学发展的必然结果和高级阶段。

双语教育与母语教育。在不同类型的双语教育中，母语的地位是不同的。在弱势双语教育中，母语的地位很弱，仅仅出于学生适应课堂环境的需要，才被允许短暂使用，其结果是母语被逐渐弱化、同化以至替代。在强势双语教育中，母语的地位很强，它与第二语言同等重要，甚至更重要。我国的双语教育显然属于强势双语教育，是在不影响乃至发展和提高学生汉语水平和能力的前提下，创设尽可能多的外语环境，把学生培养成为熟练掌握两种语言和双元文化的人才。

双语教育的目的具有多向性，可以从学科目的、语言目的、个人发展目的、满足社会对双语人才的需求、满足种族同化、文化认同、社会稳定等方面来确定；双语教育以在教育教学过程中使用两种语言作为教学媒介语，通过创设大量模拟的外语情境使儿童尽可能自然直观地习得和学习外语，是一种教育体系或教育系统；双语教育的实质，是用两种教育语言来促进儿童两种语言能力的发展，进而满足个人和社会对双语人才的需求；双语教育具有学科教育、语言教育、政治、经济和文化等功能。

双语教育既是社会双语现象的一种体现，又是双语者形成的主要途径之一。一般说来，双语教育是双语现象发展到相当规模后才产生的一种教育现象。

第一节 什么是双语教育

一、双语教育的含义

目前国内外专家学者对什么是“双语教育”众说纷纭，尚无统一界定。

关于“双语”（bilingual），国内外工具书［《钱伯斯基础英语词典》①《韦氏新大学词典》（第 9 版）②、《蓝登书屋韦氏英汉大学词典》③《朗文当代英语辞典》④《朗文当代高级英语词典》⑤《柯林斯 COBUILD 英语词典》⑥ 和同版本的《COBUILD 英汉双解词典》⑦《剑桥国际英语词典》⑧《牛津现代英汉双解大词典》⑨，以及陆谷孙主编的《英汉大词典》⑩、顾明远主编的《教育大辞

① ［英］希格登（Higgleton，E.）. 钱伯斯基础英语词典［M］. 北京：外语教学与研究出版社，1998.

② 韦氏新大学词典（第 9 版）［M］. 北京·广州·上海·西安：梅里亚姆-韦伯斯特公司，世界图书出版公司 . 1994.

③ ［美］斯图尔特·B. 弗莱克斯纳 . 蓝登书屋韦氏英汉大学词典［M］.《蓝登书屋韦氏英汉大学词典》编译组，编译，北京：商务印书馆，1997.

④ 朗文出版公司编 . 朗文当代英语辞典：英语版［M］. 北京：外语教学与研究出版社，1997.

⑤ 英国培生教育出版亚洲有限公司编 . 朗文当代高级英语辞典：英英 . 英汉双解［M］. 北京：外语教学与研究出版社，2004.

⑥ ［英］辛克莱尔 . 柯林斯 COBUILD 英语词典［M］. 上海：上海外语教育出版社，2000.

⑦ ［英］辛克莱（Sinclair，J.）. COBUILD 英汉双解词典［M］.《柯伯英汉双解词典》编译组，译 . 上海：上海译文出版社，2002.

⑧ ［英］普洛克特（Procter，P.）. 剑桥国际英语词典［M］. 上海：上海外语教育出版社，2001.

⑨ 英国牛津大学出版社 . 牛津现代英汉双解大词典（增补版）［M］. 北京：外语教学与研究出版社，2005.

⑩ 陆谷孙 . 英汉大词典（缩印本）［M］. 上海：上海译文出版社，1993.

典》①,《现代汉语大词典》②《21世纪大英汉词典》③] 的解释比较接近。做形容词用主要有三种解释：一是指使用两种语言的，用两种文字写成的；二是指能使用两种语言的，通晓（熟谙）两种语言的；三是指能说同一语言的两种形式的。做名词用，是指能说（尤指能熟练运用）两种语言的人。

因此，可以认为，双语最直接的含义是指两种语言或能说用两种语言的人。在这两种语言中，通常有一种是母语或本族语，而另一种往往是外国语或者是第二种语言。本书中的双语主要是指母语（汉语）和外国语（主要指英语）。

关于“双语教育”，*Webster's Ninth New Collegiate Dictionary* 的定义是：Education in an English-language school system in which minority students with little fluency in English are taught in their native language.④ 意为在英语教学的学校系统中对少数英语不熟练的学生用他们的本族语进行教学。

《朗曼语言学词典》所给的定义是：The use of a second or foreign language in school for the teaching of content subjects. 意为能在学校里使用第二语言或外语进行各门学科的教学。⑤

《双语制与双语主义》(*Bilinguality & Bilingualism*) 指出，“双语教育”是描述各种在不同程度上使用两种或两种以上语言的教育计划，在某一时期，同时或连续使用至少两种语言进行教学。这两种语言作为教学媒介，而不是一门学科。⑥

《双语制度与双语教育百科全书》(*Encyclopedia of Bilingualism and Bilingual Education*) 认为，“双语教育”实际上是对一种复杂现象的简单概括，通常指在学校内使用两种语言作为教学媒介语言的教育计划。⑦

双语教育专家麦凯和西格恩（Mackey and Siguan）认为，“双语教育这个

---

① 顾明远．教育大辞典（增订合编本）[M]．上海：上海教育出版社，1998.

② 《现代汉语大词典》编委会．现代汉语大词典 [M]．上海：汉语大辞典出版社，2000.

③ 李华驹．21世纪大英汉词典 [M]．北京：中国人民大学出版社，2003.

④ 韦氏新大学词典（第9版）[M]．北京·广州·上海·西安：梅里亚姆-韦伯斯特公司，世界图书出版公司，1994：150.

⑤ 转引自闫露．双语教育的概念界定、实施模式和分析框架 [J]．中小学英语教学与研究，2002(2)：1.

⑥ 转引自闫露．双语教育的概念界定、实施模式和分析框架 [J]．中小学英语教学与研究，2002(2)：1.

⑦ 转引自王斌华．双语教育与双语教学 [M]．上海：上海教育出版社，2003：4.

术语，指的是以两种语言作为教学媒介的教育系统，其中一种语言常常是但并不一定是学生的第一种语言”①。

双语教育学家卡明斯（Cummins）则进一步解释道：“‘双语教育’这个词通常是指在学生教育生涯的某个阶段使用两种（或更多）教学媒介语言。这两种语言被用来教授科目内容而不单纯是语言课程本身。”②

我国外语教育专家张正东教授认为，双语教育指的是“在一个国家或地区里用两种语言上课。这两种语言一种是学生的本族语/母语，另一种是学生所在地区的通用语言（二语）或学生所学习的目的语（外语）”③。

陆谷孙主编《英汉大辞典》解释为：双语教学制（指在用英语教学的学校里对不能熟练使用英语的少数民族学生同时以其民族语言进行教学的制度）。④

香港卢丹怀博士认为，双语教育指的是用两种语言作为教学媒介语，从而使学生通过授课语言的运用来达到掌握两种语言的最终目标。⑤

从上述观点中我们可以看出，双语教育的含义有多种。而前面所言双语教育的广义和狭义是从两种语言是否属于一个国家来划分，还有一种划分标准是看是否包含外语教育。广义的双语教育包括外语教育，狭义的双语教育不包括外语教育，特指用外语来讲授学科知识以培养双语者的教育系统。

二、几组常用术语辨析

（一）双语教育与双语教学

关于双语教育（bilingual education）与双语教学（bilingual teaching）的关系有不同的观点。有代表性的有下面几种：

钟启泉教授认为应该分层次地把握“双语教学”，他从三个层面来把握双语教学。最广义的层面就是作为一个国家的语言政策所驱动的“双语教育”，许多欧美国家推行的“双语教育”制度属于这个范畴；广义的层面是指以两

---

① ［加拿大］W. F. 麦凯，［西班牙］M. 西格恩．双语教育概论［M］．严正，柳秀峰，译．北京：光明日报出版社，1989：45.

② Cummins，J.（1997）Introduction. In J. Cummins and D. Corson（eds.）*Encyclopedia of Language and Education*，Volume 5. Dordrecht，the Netherlands：Kluwer Academic Publisher.

③ 张正东．论双语教学［J］．北京：中小学外语教学，2002. 8.

④ 陆谷孙．英汉大词典（缩印本）［M］．上海：上海译文出版社，1993：164.

⑤ 卢丹怀．双语教育面临新挑战［J］．全球教育展望，2001（10）：55.

种语言作为教学语言的教学；狭义的层面是指外语教学（英语教学）本身。①

刘钦永认为双语教育与双语教学是两个不同的概念。双语教育是指国家为推行官方语言（第一语言）而采取的对少数民族地区学生进行官方语言与民族语言（第二语言）并用的一种教育制度，或为了满足社会需要，培养双语人才所推行的一种教育系统，而双语教学是指使用外语或非本民族语言进行教学的过程。双语教育是一种教育制度，而双语教学则偏重于一种教学方法或手段。两者比较起来，前者是一种教育要求，后者是一种教学方法；前者偏重于宏观管理，后者更偏重于微观操作；前者注重目的，后者更注重过程。

我们认为，双语教育与双语教学是两个既有区别又有联系的概念。双语教育是一个完整的宏观教育系统，它不限于教学，更不限于课堂教学，它的实施依赖于更广的教育领域、更多的教育环节，乃至更大的社会和经济发展背景。双语教学是指在教学中，尤其是课堂教学中运用两种语言（母语和外语）作为教学媒介语进行教和学的教学形式。

因此，双语教育的范畴广于双语教学，包含双语教学；双语教学是实施双语教育目标的主要途径，是双语教育的重要组成部分；双语教学是双语教育的初级阶段，其发展的必然趋势是壮大为双语教育，双语教育则是双语教学发展的必然结果和高级阶段。这也许是许多研究者把我国刚刚起步的双语教育叫作双语教学的原因。

（二）双语教育、双语教学与外语教育、外语教学

从广义上看，双语教育、双语教学这两个概念分别包含了外语教育（foreign language education）、外语教学（foreign language teaching），它们的共同特征有两个，一是教学过程中使用两种语言作为教学媒介语，二是以培养双语者为目的。

从狭义上看，双语教育、双语教学这两个概念不包括外语教育、外语教学，它们的最大区别在于外语是被作为教学手段还是教学内容。在双语教育、双语教学中，外语主要作为教学手段而不是教学内容，比如用英语来传授数学、计算机等学科的知识内容，这类课最看重的仍然是数学、计算机等的学科知识，外语是一种背景，是辅助的产品、副产品。教师自觉地、有意识地用外

---

① 钟启泉．“双语教学”之我见［J］．全球教育展望，2003（2）：5-6.

语教授学科知识的过程中，教会了学生外语；学生在听老师用外语传递学科知识的过程中，自觉或不自觉地、有意或无意地学会了外语。双语教育、双语教学的评价指标必须有两个，学科知识和外语，而且学科知识必须排在第一位，不能造成学科损伤。造成学科损伤的双语教育、双语教学是得不偿失的，不是好的双语教育、双语教学。

在外语教育、外语教学中，外语主要作为教学内容，如外语课主要传授外语这种语言本身，而这种语言所传递的内容则是无关紧要的。外语课展开的主要路径是这种语言本身的逻辑顺序，而不是它所表达的内容的逻辑。如我们可以用日常生活或天文、地理任何一个学科内容来讲授英语的虚拟语气等语法知识，但评价标准主要是外语语言本身，而不是天文、地理等学科内容。

（三）双语教育与母语教育（mother tongue education）

在不同类型的双语教育中，母语（mother tongue）的地位是不同的。按照科林·贝克《双语教育与双语制度的基础》一书的分类，双语教育可以分为弱势双语教育和强势双语教育两大类。弱势双语教育，是指学校拥有双语学生，课堂教学语言采用多民族语言。可以允许学生短暂使用少数民族语言，以便尽快运用多民族语言学习课程。其目的不是为了把学生培养成熟练掌握两种语言和双元文化的人才，而是把学生培养成单语人或低水平的双语者，帮助学生尽快过渡乃至同化到主流语言和主流文化中去。强势双语教育，是指学校对两种语言一视同仁，其实施双语教育的目的不仅是为了把学生培养成熟练掌握两种语言和双元文化的人才，而且是为了保留少数民族语言，营造双元文化和多元文化的社会氛围。（王斌华，2003）

由此可见，这种分类的主要标准是母语在双语教育中的地位是弱还是强。在弱势双语教育中，母语的地位很弱，仅仅出于学生适应课堂环境的需要，才被允许短暂使用，其结果是母语被逐渐弱化、同化以至替代。在强势双语教育中，母语的地位很强，它与第二语言同等重要，甚至更重要。

母语习得为人们提供的，远非单纯交流的媒介，而是一种直接影响人们的“文化归属意识”乃至世界观建构的媒介，而双语能力则为人们开拓了多元文化的视野。正因为如此，联合国教科文组织强调，作为21世纪人才的基本素养，“第一是母语能力，第二是外语能力，第三是信息能力”。

我国的双语教育显然属于强势双语教育，是在不影响乃至发展和提高学生汉语水平和能力的前提下，创设尽可能多的外语环境，以培养学生成为熟练掌握两种语言和双元文化的人才。

因此，不能忽视母语（汉语）教育。不仅如此，目前我国双语教育研究者和实践者已经达成共识：坚决反对在汉语语文等语言学科进行双语教育。

为此，双语教育必须坚持适当分配的原则（余珍有，1995），即在教育系统内适当分配两种教学语言。双语分配的方式既可依据时间，也可依据学科内容。依据时间分配双语的形式有上午用一种语言，下午用另一种语言；或者一星期中的某几天用一种语言，其他几天用另一种语言；等等。依据学科内容分配双语是指某些学科（如语言课等）使用母语，而另一些学科（如数学等）则使用外语，这样儿童容易形成对某一语言的学科反应定式。

（四）第一语言、第二语言与外语

第一语言（first language，简称 L1）是指一个人自咿呀学语起就从父母那里和环境中自然习得并用于交际的语言，即本族语（native language）或母语（mother tongue）。

第二语言（second language，简称 L2）是指在一个多民族居住的国家或地区，人们除了拥有自己民族的语言外，为了适应复杂的语言环境，往往还要学习一种非本族的语言或主体民族的语言来进行交际，这后两类语言都是第二语言。

外语（foreign language）是指人们用来和外国人进行交际的语言。人们对外语有两种看法：有人认为外语也是一种第二语言，不必另立一类；有人则认为外语与第二语言不同，应另立一类，因为外语跟第二语言使用的环境不同。在一些地区，第二语言和第一语言是同时使用的，一部分人把甲语言当作第一语言，把乙语言当作第二语言；而另一部分人则把乙语言当作第一语言，把甲语言当作第二语言。比如在加拿大，魁北克省的人把法语当作第一语言，把英语当作第二语言；而其他地区的人则把英语当作第一语言，把法语当作第二语言。外语则不同，在把它当作外语的国家或地区，除个别情况外一般没有使用它的环境，不会有人把它当作第一语言。使用第一语言和使用第二语言的民族往往在政治、经济、文化生活中有密切联系，共处一个地区，互相帮助，共同发展，这是使用外语所没有的。

第二语言和外语，相对于第一语言或母语，又都可以称作目的语或目标语。

（五）语言习得与语言学习

有的学者严格区分语言习得（language acquisition）和语言学习（language learning）这两个概念，认为语言习得是指第一语言（母语、本族语）的获得。每个民族的每个人从咿呀学语开始，随着身体器官、思维能力的发育成长并在周围语言环境的作用下，自然地掌握了本族语，这就是语言习得。语言习得不经过正式的课堂学习，没有系统的教材，没有组织学习的教师。语言学习是指儿童在习得第一语言之后开始的另一语言的学习，它包括第二语言和外语的学习。语言学习一般都需要通过学校正式的课堂教学，而且学习效果不一，有成有败。① 这里，语言习得强调的是儿童从小在第一语言（母语、本族语）环境中自然而成地获得第一语言（母语、本族语），而语言学习则需要通过一定形式的训练才能掌握第二语言和外语。

有的学者则通用语言习得与语言学习，但是区分第一语言习得与学习和第二语言习得与学习，而且认为第一语言和第二语言习得与学习是有差异的（左焕琪，2002）。

上述两种观点在是否严格区分语言习得与语言学习方面有区别，但在对二者基本特征的看法上是一致的，都认为第一语言的获得有得天独厚的条件，效果好；第二语言的获得缺少这些条件，所以其效果有很大的人际差异，第二语言的获得复杂于第一语言的获得。

（六）双语现象和双语教育

双语现象（bilingualism），是指同一言语集体中存在两种语言（包括两种以上语言）的多语现象，该集体根据社会环境在相应的交际范围内交替使用两种语言。双语现象一般可以划分为社会双语现象和个体双语现象。

双语教育既是社会双语现象的一种体现，又是形成双语者的主要途径之一。一般说来，双语教育是双语现象发展到相当规模以后才产生的一种教育现象。双语现象古已有之，其历史有千年乃至几千年之久远，相比较而言双语教

---

① 盖兴之．双语教育原理［M］．昆明：云南教育出版社，2002：27-28.

育则年轻得多，如果从 1929 年国际教育局在卢森堡召开的第一次双语教育专门会议算起，其历史还不到百年。

第二节　双语教育的价值

一、双语社会与双语个体

如前所述，双语现象一般可以划分为社会双语现象（双语社会）和个体双语现象（双语个体、双语人、双语者）。社会双语现象和个体双语现象是双语现象这个整体中相互制约、相互联系、相互促进的两个方面。

社会双语现象的研究主要涉及语言社会学，研究者往往把重点放在理解社会中有哪几种语言势力，它们之间的关系如何，以及语言同政治、经济、教育和文化诸方面的关系如何。有关社会双语现象的研究规模可以相当宏大，研究成果可以为语言政策和语言规划、教育战略、社会工程等方面提供依据。

个体双语现象的研究，主要涉及双语者的标准、形成途径、社会融合和个性等，也需要从社会双语现象的角度来了解产生双语个体的社会和历史的过程。即使做微观的个案研究，通常也需要简略地介绍一下促使个体掌握两种语言的社会背景，因为社会双语现象是产生个体双语现象的社会根源，而任何两种社会双语现象都不可能是完全一样的。

（一）双语社会

双语现象与其他使用语言的现象一样，是社会发展的产物。它不仅是社会现象，而且是一种社会行为。

由于双语现象一般可以划分为社会双语现象和个体双语现象，两者又是双语现象这个整体中的两个方面，所以，从表面上看，给双语社会（bilingual society）下定义最为容易的方法是把它看作包括一部分双语者的社会。由此会得出这样的结论：首先产生双语个体，然后双语个体的累加就产生了双语社会。

实际上，个体成为双语者的原因，不是由于一时兴致或偶发事件，而是由于客观环境需要他在自己的家庭或其他社会环境中与使用另一种语言的人们进行交际。因此，首先产生的是使用各种语言的特定社会环境，随后才是某些个体双语者的产生。社会双语现象（双语社会）是产生个体双语现象（双语个体）的社会根源，而任何两种社会双语现象都不可能是完全一样的，因为影响双语现象的因素纷繁复杂、各不相同。那么，双语社会是怎么形成的？双语社会形成的主要影响因素可以概括为下列几方面。

1. 多民族杂居（民族交流与融合）

在多民族杂居的国家，各民族在不断交流与融合的过程中自然产生和逐步形成双语现象。例如，双语是我国语言使用中的一个普遍现象，它是在久远的历史发展过程中自然产生和逐步形成的。在我国辽阔的土地上，自古就共同生活着使用不同语言的众多民族。史书上很早就有东夷、南蛮、羌、戎、狄等少数民族名称的记载。历史学家范文澜曾讲过我国历史上几次大的民族融合："春秋战国时期是一次大融化，十六国南北朝也是一次，唐朝又是一次，辽、金、元、清四朝融化的规模大小不等，多少都增加了汉族的数量。"① 这不仅说明了我国自古以来就是多民族的国家，同时说明了东西南北中五方民族的接触交往直至民族融合的密切程度，这无疑也是比较大的几次语言的融合。

双语使用是语言融合过程中的一种必然发生的过渡语言现象，由此可以想见春秋战国以来，我国复杂的语言情况和双语使用情况。《礼记·王制》中曾指出秦汉以前的语言情况是"五方之民，言语不通"。戎子驹支说："我诸戎饮食衣服不与华同，贽币不通，言语不达。"（《左传·襄公十四年》）双语现象在古书中也有零星的记载，比如《三国志·魏志·东夷传》记有氐族"俗能织布，善种田，畜养豕、牛、马、驴、骡……多知中国语，由中国杂居故也"。又据史籍记载，辽代契丹境内的不同民族，由于语言不同，相互交际"则各以汉语为证，方能辨之"（《三朝北盟会编》卷二十）。由此也可以看出汉语在当时我国各民族语言生活中的地位与作用。从史书中记载的西羌《白狼歌》、北方胡人的《敕勒歌》、南方越人的《越人歌》的汉语译文看，三篇无不形象、生动、传神、感人，反映了当时双语的水平已达到了相当的高度。②

目前我国 56 个民族，使用 80 种以上的语言，其中 25 个民族有代表自己的文字，总共有 33 种文字。许多少数民族如维吾尔族、蒙古族、朝鲜族、傣

① 范文澜．中国历史上的民族斗争与融合［J］．历史研究，1980（1）：4.

② 盖兴之．双语教育原理［M］．昆明：云南教育出版社，2002：27-28，7-8，11-12.

族、景颇族、藏族等在学校教育中使用本民族语和汉语授课，建立了民（民族语）汉（汉语）双语教育体制。①

2. 扩张与殖民的结果

在漫长的历史过程中，从自己的发源地向四处迁徙的民族把自己的语言带到新的居住地区，并强行在那里推行使用。如拉丁语在欧洲的传播，正是由于罗马人扩张的结果。再如英语随着英国的殖民扩张在殖民地各国（如印度）的传播。

但是，还有一种可能的情况，有一部分人的语言没有受到外来的影响，他们现在所处的环境只是从过去保留下来的。中美洲和安第斯山区的土著居民就是这种现象的一个极好的例子。例如在秘鲁和厄瓜多尔，操奇楚亚语的古老印加帝国的后裔人数众多，他们在以西班牙语为文化和行政语言的国家中形成了占绝对优势的单语社团。其他的例子还包括一些生活在远离现代文明的原始环境里的弱小社团。人们可以在澳大利亚、巴西、加拿大北部以及斯堪的纳维亚国家找到这样的群体，他们所处的双语环境的突出特点和文化上显著差异的形成，毫无例外是由于与其他居民相互隔绝。

3. 移民

如同扩张一样，移民本身也包含人们把自己的语言从一个国家带到另一个国家的运动。但是，对扩张来说，外来者是强者，他们可以强行使用自己的法律和语言，而对那些外来的移民来说，用他们的东道主的眼光看，他们是弱者。有时，经过一段过渡时期后双语现象会发生变化，移民会与东道国的社会完全同化，忘却自己的母语。而另一种情况是，移民会在东道国的社会中形成一个封闭的群体，保留着自己原来的习惯和语言，同时在整个东道国社会中寻求各种方式和途径来争取自己这个群体本身的社会地位。这种情况自然而然也包括某种程度的双语现象。这样一些保持自我认同和自身繁育的移民群体，在东南亚各国和其他地方随处可见。而一些工业化国家如美国、加拿大，以及中欧和北欧的一些国家，移民越来越多，分散在全国各地。从理论上说，这些移民具有成为东道国社会一个组成部分的权利和愿望，但实际上却遇到各种各样的困难，他们发现自己被限制在低下的社会地位中。这里并没有移民侨居地，不能通过形成封闭的有组织的群体来保持他们自己的群体认同，而是群体社会

---

① 黄艳．浅析世界双语教育类型［J］．民族教育研究，1998（2）：41，6.

地位的下降和文化失落。①

4. 社会政治因素

一个特定社会的各种语言群体的环境是诸多历史因素作用的结果，这些群体是通过社会、经济和政治关系的复杂网络联系在一起的，归根结底表现为权力和威望的关系，反过来又对每种语言的社会功能和地位发生影响。在语言统一的过程中，国家语言（state language）比所谓的地方语言或区域语言具有更大的权力和威望；在移民居住地区的环境里，移民的语言显然比当地居民的语言影响更弱、地位更低；即使在世界范围内，在个体祖国之外可以使用的各种语言的权力和地位也具有明显的差异。影响强、权力大、地位高的语言自然就会成为人们追逐和学习的目的语，因而形成双语现象。

5. 跨国的交流与合作

在人类历史的进程中，商业及各种交往持续不断，由此促成了许多新的居住区、国际机构等的建立，同时促进了国际交往语言的使用及双语多语现象的产生和发展。历史上，地中海的港口、商队来往道路上的沙漠绿洲、大型商业市场；当今社会，世界性的大城市、国际组织的总部、旅游中心和机场都有这种现象产生的典型事例。

6. 双语多语家庭

家庭因其自身的显著特点，在双语和双语教育中发挥着极其重要的作用。在家庭中，对语言的忠诚受到培养，语言的变化得以产生，最牢固的双语形式被掌握。

双语家庭有不同的类型。一种分类形式是考虑家庭成员的语言：

（1）父母各有自己的第一语言，但他们每个人都懂得这两种语言，并且交替地与对方和孩子们使用它们。

（2）父母各自都有自己的第一语言，但仅使用其中一种语言作为共同的语言。除了这一种共同使用的语言之外，配偶的一方将另外一种语言当作第一语言，与孩子或其他家庭成员如双方的老人交流时在不同程度上使用它。

（3）父母掌握相同的语言，但其他家庭成员中有的使用另一种语言。例如，配偶之一的双亲或亲戚可能使用这个家庭不再使用的一种语言，或者一个

① ［加拿大］W. F. 麦凯，［西班牙］M. 西格恩．双语教育概论［M］．严正，柳秀峰，译．北京：光明日报出版社，1989：26.

用人可能使用另一种语言（例如一种在某团体之外的语言），或者某人也许和这个家庭生活在一起，因此孩子们能学会另一种语言。

另一分类形式把注意力放在家庭内部和外部使用的语言之间的关系上。从理论上讲，存在下列可能性：

（1）一个双语家庭，其中一种语言与家庭外部的语言相一致，这种语言将得到极大的强化。

（2）家庭及其社会都使用两种语言，而且家庭内部使用的语言与外部使用的语言一致，这种情况在双语地区十分常见，在那里人们常常越过语言的障碍而结婚。外部的双语现象会强化家庭内部的两种语言，尽管在家庭内部最常使用的一种语言可能是社会上较弱的或者较强的一种语言。

（3）一个单语家庭，其语言又不同于社会上使用的语言。这并不是说这个家庭的成员未掌握外部社会语言，只不过是说他们并不在自己的家庭中使用外部社会语言。外部社会语言通过许多不同的方式进入这个家庭：外出访问、朋友往来、收听广播、观看电视。如果外部社会使用几种语言，那么占统治地位的那种语言将会产生极其强烈的影响。

（4）大体上说，这是一个单语家庭。但是它与其外部的语言的长期接触，会促使一部分家庭成员即使在家庭中也使用外界语言。在这种情况下，一些家庭成员将仍旧或者优先使用旧的语言，另一些成员则用新的语言，而还有一些则根据交际对象使用新的或旧的语言。新的语言进入一个家庭的途径，往往是通过在外面工作的成员或者与族际语（interlinguistic）接触十分频繁的儿童。这类家庭在移民环境中十分常见。

在双语家庭因素方面值得注意的问题主要有以下三个。

一是不同社会阶层使用的语言变体，不仅是同一种语言的方言，而且也可以具有不同的使用功能。尤其是在贫困地区使用这种形式的语言，也许十分适合于实际运用和交际但并不适用于抽象思考或客观化。我们应该注意到来自某些社会背景的儿童在入学前所使用的语言形式，因为这些儿童已经掌握了相当丰富的词汇或十分正确的句法，并对使用语言的特殊方式习以为常，而来自其他社会背景的儿童可能形成行为和情感更为密切的和更为基本的语言习惯。众所周知，这些差异对学业的成败有着重要影响，在评论双语教育的结果时也必须考虑这些差异。

二是语言在不同家庭中的地位是不同的。在某些家庭中，语言仅仅被看成是一种交际工具而没有一种独立存在的地位；在另外一些家庭（往往是文化教育水平较高的家庭）中，语言对它们来说具有内在的价值，因而准确的词汇、严谨的句子、正确的句法、清楚的措辞都是比较重要的。这种在家庭中对语言的态度也应该是学校对语言的态度，这使儿童更容易适应外界环境。

上述有关语言使用以及关心其正确性的论述，同样可以应用到单语家庭和双语家庭中。而且对于一个只注意语言的实用功能与交际功能的双语家庭来说，它们非但不重视正确使用语言，而且从来不反对交替或同时地使用两种语言。一个具有高度语言修养的家庭不仅坚持要正确使用两种语言，而且要使两种语言保持完全的分离。这一点，在它们对儿童语言学习所采用的方法上表现得特别明显。

龙贯特（Ronjat，1913）推行的“格兰德英德原则”对上述做法做了很好的解释。这一原则认为，双语家庭的每一个成员对孩子都应该只说一种语言，以便帮助他区别两种语言系统并分别掌握之。尽管没有足够的证据来证实这项原则具有龙贯特所宣称的重要意义，但是的确有一些家庭严格地遵循这一原则，而另一些家庭也许有许多例外，另外一些家庭也许完全对此漠然不顾。

三是每一个双语家庭会对某种语言表现出偏爱的态度，这一般也反映了这个家庭所在的社会群体的态度。在较低的社会层次中，这些态度主要出于某些纯粹实用的考虑，例如继续使用家庭自己语言、外界环境语言或最高社会层次所用语言所具有的相对便利的条件。在语言意识的更高发展水平上，语言态度将建立在更为抽象的概念上面。例如对家庭语言的忠诚与否有赖于某些文化或政治的原因，对另一种语言的偏好将根据有利于事业的发展或儿童的未来来解释。

当人们准备确定儿童首先学习哪种语言以及他接触其他语言的顺序和时间的时候，语言态度问题就十分尖锐地提出来了。这种选择也许是深思熟虑的结果，甚至会涉及家庭语言行为模式的改变，而且此后将影响学校或教育类型的选择。因此，可以毫不夸张地说，家庭也有语言政策的问题。

7. 语言学因素

语言之间的异同，可以对有关的社会行为模式产生十分突出的影响。一方面，语言的相似之处会使两种语言的互相转换、互相学习和互相理解变得更加容易，也促使语言发生变化，弱势语言同化到强势语言中去甚至最终消失或下降到方言的地位。另一方面，语言的不同之处使得语言的学习和相互理解更加困难并使两者保持分离。例如，在法国，葡萄牙和西班牙移民比马格里布（阿尔及利亚、摩洛哥和突尼斯）移民更易于融合，其中一部分原因就是他们的语言有相同之处。像西班牙语、加泰隆语和加利西亚语都属于罗马语言，然而巴斯克语在欧洲语言中则完全独立，这个事实对于双语教育和一般语言政策都具有重要意义。

各种语言不仅在距离或亲缘关系上各不相同，而且在发展水平上也有所不同。从理论上讲，每一种语言都是"自给自足"的，能够适应特定文化中所有人类的表达需要与交流需要。然而众所周知，当今世界对某些文化形式尤其是科学技术格外青睐，这种趋势日趋普遍，而那些所谓的原始文化的地位则每况愈下。

两种语言在互相接触中潜在的不均衡是比较明显的。因此，要注意这一事实，它对于任何双语环境都具有极为现实的意义并制约着包括双语教育在内的语言政策的各个方面。

8. 文化因素

语言不仅是交际的手段而且是文化的媒介。由于各种文化具有巨大差异，对任何一种双语环境的描述，都不仅应该考虑两种语言之间的异同，而且还应该考虑两个语言群体在文化上的异同。可以断言，稳定双语环境的复杂困难程度，通常与语言群体之间的文化差异成正比。

随着技术的进步和社会的发展，全世界盛行多元价值观念和多元生活方式，这种趋势在发达国家尤其突出。正是这些国家吸引了大量移民，并成为贫困国家仿效的榜样。在这样的情况下，双语现象和双语教育的背后就远不是一个不同语言群体间对抗或协调的政治问题，而是一个文化的融合或冲突问题。

9. 语言群体的自我意识和理解

语言群体的成员意识到客观语言环境的存在及其对他们的影响，他们对形成环境的根本原因做出自己的理解。这种意识和理解对个体的行为产生了决定性影响，因而也对语言环境本身产生了影响。

简要地说，语言环境中语言群体观点态度的特点，至少应该包括以下几点：对个体所在群体和其他群体界限的理解；对个体自己所在群体和其他群体成员特征的理解；语言上差异引起的社会学方面的差异；语言群体的凝聚程度及理解这种凝聚的途径：交流的顺畅、共同的利益和共同的文化和政治目标；

对语言的具体态度：离弃、保存、保卫、改善等。①

（二）双语个体

1. 双语者的类型

个人双语现象研究碰到的一个最棘手问题是，一个人要达到什么样的双语程度才能被称为双语者（bilingual，bilinguist）或双语人。对这个问题的回答，莫衷一是，可以从多种维度来划分。

（1）最低标准双语者和最高标准双语者（完美双语者）。豪根（Haugen，1957）的观点是："当一个人除了自己的母语外，能够用另一语言说出完整意义的话语时，他就可以被称为双语人。"这差不多是最低的双语人标准。这一观点听起来似乎是适当的，但它经受不起即便生活常识的检验。例如，我国许多从未系统学习过英语的人也能讲一两个英语单词，尤其是会说"bye-bye"，这无疑是一个完整的意义表达，但谁会承认这就能算是双语人呢？

与豪根相反，哈利迪（Halliday）等人则提出了双语人的最高标准——完美双语。他们认为双语人的概念只应当用于那些完美地掌握了两种语言的人，他们能够在所有语言活动的各个方面都同样好地运用两种语言，同时在他们使用一种语言时不带有另一语言的任何痕迹。

这是一个理想化的高不可攀的标准，即使是经过专门训练的职业性高级翻译人员，也常常发现在某些领域里一种语言顺手些，在另一些领域里另一种语言强些。他们也许能够讲两种地道的语言并且两种语言之间没有任何干扰，但他们在一些话题上使用甲语言的经验更多些，而在另一些话题上使用乙语言的机会更多些。虽然在他们的记忆库里两种语言的词汇都有，但长期的功能性的语言分工会使他们用甲语言谈论常用乙语言谈论的话题时就不那么顺手自如。原因是一个人的语言活动总是同他的日常活动和经历紧密联系的，而日常活动的一些方面大多使用一种语言，另一些方面则主要使用另一种语言，两种语言在生活的各个方面很难都具有同等使用的机会，因而即使在词汇的水平上，两种语言在各个方面都匹配的情形也是极为罕见的。

最低标准双语者和最高标准双语者，是这一分类维度上的两极，大多数双

① ［加拿大］W.F. 麦凯，［西班牙］M. 西格恩. 双语教育概论［M］. 严正，柳秀峰，译. 北京：光明日报出版社，1989：38.

语者应该介于两者之间。

（2）熟练双语者与非熟练双语者。熟练双语者相当于完美双语者，生活中极其罕见；非熟练双语者是指双语者的两种语言在质量上明显区别于相应的单语者，有时在两种语言上都有所表现，但更多的是在一种语言（第二语言）上表现得更加突出。在实际生活中，绝大多数双语者是非熟练双语者。

（3）自然双语者与非自然双语者。自然双语者是指那些从未受过专门训练的双语者，他们通常不能流利地将两种语言互译。自然双语者也叫原初双语者（primary bilingual），即是说一个人童年时从日常环境中习得两种语言，或者是在家里，或者是迁居到一个必须使用两种语言，但没有提供系统的两种语言教学的社区。作家格林（Julier Greer）就是一个很好的自然双语者例子，他很接近于完美双语水平，在读写听说诸方面，他的法语和英语都是同样的熟练，但是他却不能够把自己用法语写的书成功地翻译成英文。非自然双语者是与自然双语者相对应的，应该指那些受过专门训练的双语者，如前文提到的经过专门训练的职业性高级翻译人员等，从逻辑上推理，非自然双语者应该能流利地将两种语言互译。①

（4）复合双语者与并列双语者。即复合双语现象（compound bilingualism）与并列双语现象（co-ordinated bilingualism），区别双语现象的基本标准是掌握和运用语言的平衡程度。奥斯古德（Osgood，1965，他受到温雷克 Weinreich 观点的启发，1963）最初认为这两种类型的区别是：并列双语者，运用两种独立的言语系统。一方面运用语言 A 理解同样用语言 A 传达的信息并给予回答，另一方面运用语言 B 理解同样用语言 B 传达的信息并给予回答。而复合双语者，只具有一种占优势的语言系统即语言 A，因此当他收到语言 A 的信息时能用这种语言进行理解、做出回答，而当他收到语言 B 的信息时就要把它翻译成语言 A 进行理解并用语言 A 做出回答，然后再翻译成语言 B 表达出来。

这种两种类型双语现象的区别已经普遍为人们所接受，同时也受到激烈的批评，对复合双语者提法的批评更是激烈。复合双语者为了用另一种语言理解和传递信息不得不逐字逐句地进行翻译。因此，他们算不上是真正的双语者而只是学习第二语言的学生。并列双语者则是真正的双语者。但是这样的描述还不能解释那种对于双语现象十分重要的翻译能力。

---

① 余强．双语教育的心理学基础［M］．南京：江苏教育出版社，2002：5-9.

面对各种各样的批评，一直坚持这两种双语类型观点的学者已经改变了原来的描述来适应心理语言学家们在思维与语言关系上的新观点，对这两个术语的内涵给予了重新描述：认为并列双语者具有双重语义系统，而复合双语者只具有一套语义系统，这两种类型只有程度的差别而没有截然地割裂。

（5）平衡双语者与非平衡双语者。在对复合双语者与并列双语者研究的基础上，对纯言语水平和语义水平两者进行了区别，产生了一种新的思路，提出了平衡双语者与非平衡双语者的类型。把复合双语者看作是真正的双语者，复合双语者与平衡双语者（balanced bilingual）含义大致相同。平衡双语者是进行定义的依据，据此列出双语现象的两种基本形式，即平衡双语现象（balanced bilingualism）和非平衡双语现象（unbalanced bilingualism）。平衡双语者具有来自两种语言的一套共用的语义系统；非平衡双语者尽管也具有一套共同的语义系统，但它与两种语言中的一种有着更紧密联系。当然，这不是老生常谈的陈规旧套，而是千变万化中的一般特点。①

（6）完全双语者和不完全双语者。还有学者把双语人分成完全双语人和不完全双语人两种类型，主要根据是双语人运用双语的程度和第二语言获得的不同途径（这两种类型的内涵与复合双语人和并列双语人很接近，但细微处又有些区别，因此列出供参考）。

完全双语者在两种不同的语言环境中，能运用两种独立的语言系统自由地进行交际。一方面运用A语言理解用A语言发出的信息并能用A语言表达对信息的理解，一方面又能运用B语言理解用B语言发出的信息并能用B语言表达对信息的理解。这种类型的双语人主要是指儿童在开始学话时就接触两种语言，第一语言和第二语言几乎同时习得，自然地掌握，并能像操单语的儿童掌握一种语言那样轻松自如。双语儿童不仅掌握两种语言系统，而且具有双重语义系统并能区别这两个系统，按照语言的交际情况毫不费力地从一种语言转换到另一种语言。他明确地意识到自己会讲两种话，社会上存在两种不同的语言。根据观察、了解，学习第二语言的时间可稍迟一些，比如三四岁的儿童仍能自然地、完美地掌握第二语言，并跟第一语言同样的熟练。关键在于他的生活环境，如双语家庭、双语学校、双语社会等。在这样的环境中他时时、处处

① ［加拿大］W. F. 麦凯，［西班牙］M. 西格恩．双语教育概论［M］．严正，柳秀峰，译．北京：光明日报出版社，1989：8-9.

都能听见双语，说用双语。当然这种环境也能使个别的在童年后学习第二语言的人达到完全双语人的水平。

不完全双语者只具有一种占优势的语言系统，不完全具有双重语义系统。他能运用A语言理解用A语言发出的信息并能用A语言表达对信息的理解。但是对B语言发出的信息需要经过A语言的翻译才能清楚地理解，同时用A语言组织句子回答并翻译成B语言后再用B语言表达对信息的理解。这种类型的双语人主要是指操单语家庭的儿童，上学后开始接触第二语言。比如傈僳族儿童在学校学习汉语，社会上除机关、商店使用双语外，一般是使用傈僳语。从教学语言中学到的汉语不会是很扎实的，由于社会环境的不同会造成汉语、傈僳语两种语言在功能和使用上的不平衡。这种类型的双语人在他的语言生活中占主导地位的语言（即主导语言“principal language”）通常是他们的母语傈僳语，这是他们最了解的语言，并经常用于思维和表达思想，因而也是他运用自如的得心应手的语言。而汉语仅使用于正式的社交场合和商品贸易的社会交际，使用范围窄，使用频率低，往往是满足于最低限度的交际需要，因而限制了汉语熟练程度的提高，使他们难以达到完全双语人那种自如运用两种语言的境界。反之，如果社会环境提供了经常使用汉语的条件，他们的双语可以得到相当大的提高，其中的佼佼者可以过渡为完全双语人，但大部分人是徘徊于这两种类型之间，仍然要把他们列入不完全双语者的类型。①

事实上，要严格地、准确地将双语者分类是难以做到的，大多数情况是类中有类，而且，同一个双语者可以按照不同的分类标准划分到不同的类别中。

参照前文引用的多个对双语（bilingual）的解释，我们可以给双语者下一个概括性的定义：双语者是指能运用（尤指能熟练运用）两种语言的人。

2. 双语者形成的途径

双语现象的类型和种类还可以通过研究一个人成为双语者的不同途径来确定。大量的研究说明，个体掌握双语，成为双语者主要通过以下五种基本途径：②

第一种基本途径是，在第一语言习得的同时或稍迟一点，然而都是在婴儿时期开始第二语言的习得。

---

① 盖兴之. 双语教育原理［M］. 昆明：云南教育出版社，2002：7-8.

② 吕良环. 双语教学探析［J］. 全球教育展望，2000（4）：67-68.

通过一系列著名研究而得到的经验告诉我们，儿童在开始学话时接触两种语言，他们可以毫不费力地掌握这两种语言，就像他掌握一种语言成为单语者（monolingual）一样。儿童不仅能掌握两个语言系统，而且能把两个系统区别开来，并按照情况的变化，从一种语言迅速地转换到另一种语言。他甚至在幼小的时候就能知道两个语言系统的存在，意识到他自己是一个双语者。

用上述方法掌握两种语言具有十分广泛的基础，因为儿童完全了解并且非常熟悉这两种语言，语言底子十分扎实，并能够用其中任意一种语言进行思维。所以这种双语习得在广度和深度上的特点是十分突出的。这就是理想的双语使用者。

第二种基本途径是，儿童生长在一个只说一种语言的单语家庭（monolingual family）里，上幼儿园和学校后遇到第二语言，它可能是一种教学语言，也可能是他所生活的社会使用的语言。这一现象在新加坡部分讲华语的家庭表现得比较突出。在幼儿和童年期间跟随父母移民到其他国家的孩子，或因父母到其他国家工作而在异国他乡入园、上学的孩子，也是通过这一途径成为双语者的。用这种方法实现的双语习得的基础可能是相当扎实的。但是，由于社会环境的不同会造成两种语言在功能和使用上的长期不平衡。这样，儿童会出于个人的和日常生活的需要而继续使用他的第一语言，同时仍然保留在学校中掌握的另一种语言以满足更正式场合的交往和高层次的社会交际需要。

第三种基本途径是，童年之后，在使用第二语言的社会环境中，通过长期与当地居民的直接接触，自然而然地掌握第二语言。这一现象在成年移民身上表现得尤为突出。移民国的语言并不是他们的母语，但为了生存，他们在这种第二语言的环境中，通过长期与当地居民的直接接触，掌握了日常生活交际所必需的第二语言。虽然他们总体上的语言水平不高，熟练程度也十分有限，但是却可以达到满足他们日常交际需要的水平。

第四种基本途径是，童年之后，在使用第二语言的社会环境中，通过在学校系统学习和日常生活的直接接触，掌握第二语言。留学生大多是通过这一途径成为双语者的。目前在我国有许多学习汉语的外国留学生，他们在学校里边系统学习汉语，边学习中国文化。在日常生活中，他们也基本上“浸没”在汉语中。经过一段时间的系统培训，加上得天独厚的使用汉语的自然环境，他们大都能掌握一定的语言知识，具备一定的交际能力。

第五种基本途径是，在本国的学校里，通过上课系统学习第二语言。这也是学习外语的一种途径。一般来说，虽然学生大都能掌握一定的语言知识，但由于缺乏语言环境，使用第二语言的机会也比较少，因此通过这种途径所掌握的第二语言或外语的熟练程度往往比较有限。

在上述五种双语者掌握双语的途径中，通过前三种途径接触双语的双语者通常侧重语言的交际和语言的实际使用；而通过第四、第五两种途径接触双语的双语者则更侧重语言知识的掌握和书面语言的理解；前两者都是儿童在婴幼儿或童年期开始接触双语的，他们的双语熟练程度都比较高。在后三种途径中，学生也掌握了一定的双语，但他们的熟练程度却比较有限。这些启示也是同现阶段对第二语言导入的关键期的研究相吻合的。

3. *形成双语者的起始年龄*

有关儿童学习外语的起始年龄问题实际上就是形成双语者的起始年龄问题。

古罗马雄辩家昆体良（Quintilian）曾经主张让儿童早一点学习外语。文艺复兴时期，人文主义者 Erasnus 明确指出，5 岁是开始学习外语的最佳年龄。国外心理学和语言学界就这个问题做过不少科学实验，并进行了认真的研究。总的来说，第二语言习得起始年龄是一个比较复杂的问题，其认识过程经历了以下一些反复。①

第一阶段，二战后至 20 世纪 60 年代，外语教学起始年龄提前的理论和实践逐渐占上风。神经生理学家彭菲尔德（W. Penfield）和罗伯特（L. Robert）强调，根据脑心理学的要求，一般学校学习第二语言的起始年龄为 4—10 岁。伦奈伯格（E. Lenneberg）提出了著名的“关键阶段假设（the critical period hypothesis）”，认为自然的语言学习只可能发生在两岁至青春期（13 岁左右）之间。在这些理论的基础上，美国出现了小学外语教学热潮，大部分小学从三、四、五年级开始开设外语课，有些学校从幼儿园起即让孩子学习外语。一时间，FIES（Foreign Languages in the Elementary School）形成了专业术语，成为教育界与语言学界普遍关心的专题。与此同时，英、法、德、瑞士和荷兰等欧洲国家也开始了在学校提前进行外语教学的实验。

第二阶段，经过一段时间的实验和实践后，自 20 世纪 70 年代起，小学外语教学的热潮开始降温。主要原因是由于缺乏师资与教材，小学外语教学质量

① 左焕琪．外语教育展望［M］．上海：华东师范大学出版社，2002：88-90.

不够理想。早在 1963 年英国教育部就组织了在英格兰和威尔士长达 10 年（1964—1974）的实验。结果是，中学毕业时，不参加实验、从 11 岁开始学习法语的学生比参加实验、从 8 岁起就学法语的学生学习成效高。此后，美国、丹麦等国的不少实验报告都表明，从中学开始学外语的学生完全可以与从小学开始学了 11 年外语的学生达到同样的水平。同时，在理论研究方面，伦奈伯格的“关键阶段假设”也受到了质疑。“关键阶段假设”的主要依据是，大脑的侧化（lateralization）于青春期完成后不可能学好外语。可是，克拉申等人的实验却证实，大脑可能在四岁前即已侧化，而四岁后显然仍能学好外语。斯科维尔（T. Scovel）认为，不同的人侧化年龄不一样，不存在一个统一的“关键阶段”。此后，语言学家和儿童语言研究者普遍认为，影响第二语言习得的因素很多，年龄问题并不如一些人想象的那么重要。20 世纪 90 年代中期，美国开设外语课程的小学仅占总数的 26%。

法思曼（A. Fathman）和克拉申等人的观点比较集中地反映了这一时期第二语言习得研究者对年龄问题的看法。1975 年，法思曼调查了华盛顿地区的 200 个 6—15 岁移民儿童掌握英语的情况。这些儿童来美不到 3 年，在家不说英语。调查结果表明，在词法和句法方面，大龄儿童（11—15 岁）比小龄儿童（6—10 岁）掌握得好，但在语音方面后者则较前者强。克拉申等人总结了前人研究的成果后也指出，成年人与儿童相比，大龄儿童与小龄儿童相比，前者在词法和句法学习方面都比后者进展快；但在自然语言环境中，从童年开始学习第二语言的人比从成年开始的人最终掌握语言的水平高。

第三阶段，20 世纪 90 年代以来，从双语教育研究中又发现了一些新现象：有些 7 岁以下的低龄儿童接受了双语教育后，从小对第二语言和文化持积极态度。这种态度推动了他们在以后第二语言的学习中取得更好的成绩。同时，7 岁前开始学习第二语言的儿童，成年后基本具有以英语为母语的人的语音语调；14 岁后开始学习英语的人往往带有第一语言的口音；在 7 岁至 14、15 岁之间开始学习第二语言的人，则英语水平参差不齐。与法斯曼和克拉申等人研究结果一样，这一现象表明，自幼开始学习第二语言的人至少在语音方面占有优势。

但是，在语音学习方面也有一些例外，有些人在青春期后甚至在成年后才开始学习第二语言，在语音语调方面最终仍然达到了没有任何方音的母语般的水平。例如邦格茨（Bongaerts）等人在 1997 年筛选了 50 名英语高度熟练的被试作为实验组，他们的母语是荷兰语，都在青春期后才开始学习英语，对照组是5名以英语作为母语的人。研究者对两组成员自然情境下的英语谈话进行录音，并请一组英语母语人评判谁的语音语调更正宗，结果是裁判员们无法区分第二语言学习者和母语人，第二语言学习者中有5人的得分甚至比母语人还高一些。研究表明，这几位青春期后才开始学习英语的人最终达到了母语人的发音水准。

值得注意的是，青春期后或成年后才开始学习第二语言，但在语音语调方面最终成功达到母语般水平的个别例子并不能否定第二语言学习关键期的存在，它至多只能说明不能把“关键期”绝对化。实际上，特别成功者只是凤毛麟角，斯沃尔（Scovel）估计这类人只占人口的千分之一左右。不过，由于确实存在例外，许多学者认为用语言学习的“敏感期”代替“关键期”更为恰当。这些现象改变了一些国家关于外语教学起始年龄的看法。如荷兰又决定从小学起开设英语课程，并为此出巨资培训了全国的小学英语教师。

从上述关于双语教育起始年龄的三个阶段可见，第一、第三两个阶段是主张及早进行外语教育的，第二阶段中这种热潮降温的原因不是“及早”的问题，而是“缺乏师资和教材”，而且其主要依据——1963年英国教育部的研究，其研究对象是“8岁开始”和“11岁开始”学习外语的学生的成效，不是幼儿期开始的。因此，其研究结果证明不了“越早越好”或及早进行双语教育、外语教育是错误的，恰恰证明了没有“及早”进行的害处。

此外，操双语的人使用第一与第二语言的大脑机制一直是心理语言学家十分关注的问题。这方面的实验已经进行了几十年，至今还不能说已有一致的定论。目前仅知道使用单语的人司管语言的是大脑左半球，而使用双语时除了大脑左半球外，右半球也协同运作。这一事实表明，使用双语涉及更多的大脑功能，它确比使用单语复杂。至于其他一些重要问题，如掌握双语的人大脑中究竟是一个储存系统还是两种语言分别储存于两个不同的系统之中，双语体系是如何运作的，代码转移（code switching）是怎样的心理过程，等等，仍在争议之中。这些问题未能解决使双语教学工作在某些方面带有一定盲目性。

然而，在有些问题上是达成了共识的。其中与双语教育关系较密切的问题之一是：第一与第二语言之间存在着迁移（transfer）。正迁移（positive transfer）指由于第一与第二语言存在共同之处，将第一语言体系规则正确地运用于第二语言；负迁移（negative transfer）亦称“干扰”（interference），指由于第一与第二语言存在差异，双语使用者错误地将第一语言的规则运用于第二语言。

经验告诉我们，两种语言之间的干扰不仅在幼儿学习第二语言的过程中存在，在其他年龄段人的外语学习中都存在，而且这种干扰与年龄成正比。幼儿时期学外语与出生后就有第二语言环境的人比，两种语言的干扰稍大些（也许幼儿对这种干扰的意识很弱，且适应很快），但比其他年龄段的干扰都小。随着年龄的增长，学外语时，两种语言的干扰只会增大而不会减小，更何况，只要恰当引导、方法得当，充分利用正迁移的作用，幼儿双语教育的负迁移（干扰）是可以尽量减少或避免的。

世界公认的双语教育成效突出的几个国家，如加拿大（尤其是加拿大的早期浸入法语教学计划）、新加坡等国，都主张尽早开始双语教育，他们的双语教育始于幼儿园。我们日常生活经验也有力地证明，婴幼儿习得和学习第二语言的效果比成人好无数倍，最起码是速度快、语音正，而且年龄越小效果越好。此外，双语教育的初期阶段，儿童有一个缓慢发展时期或沉默时期，是正常的，必须正确对待。研究发现，双语家庭的孩子获得两种语言的速度要比他们只学习一种语言的同伴缓慢得多，然而这种落后随着年龄的增长就消失了，他们在两种语言上的精通最终会使他们达到自如地运用任何一种语言的境地。

最近的研究也表明，双语教育没有导致儿童的认知不足，双语语言技巧的缓慢发展以及学习两种语言引起的言语上的暂时混乱，恰恰表明双语孩子在一些认知领域的发展比只说单一语言的孩子进步更快，双语教育会促进孩子语言与思维的发展。至于一些负效应，如儿童没有兴趣、学得快忘得快等，往往是认识不深、组织和方法不当、没有连续性等因素造成的，绝不是幼儿双语教育本身固有的缺陷。

从各国开展双语教育的经验以及双语者形成的途径和效果看，我们主张双语者的起始年龄越早越好，当然前提是具备相应的条件。

二、双语教育的功能

双语教育是以两种语言作为教学媒介的教育系统，双语教育除具有教育的一般功能之外，还具备特殊的功能。对其功能进行探索，有助于我们更深刻地认识其价值，并使之更好地发挥作用。

（一）双语教育的学科教育功能

双语教育的学科教育功能是语言教育功能、政治功能、经济功能、文化功能的基础，是其他功能得以实现的前提条件。严格意义上的双语教育是用双语或外语/第二语言来传授学科知识的教育系统，因此，学科教育目的是双语教育的主要目的，学科教育的功能是双语教育的主要功能，对单语国家来说是双语教育的首要功能。语言是交际的手段，同时也是心智活动的工具，因为思想在相当大的程度上表现为言语活动。正是由于操双语者拥有两套交际手段和两套思维工具，所以掌握双语本身首先就意味着个体潜力的增长。双语教育最主要的意义在于，教师用两种语言正确地讲授知识、表达思想，使学生能听懂教师所讲的内容，保证教育教学活动得以正常进行，在这个基础上学习第二语言。

（二）双语教育的语言教育功能

双语教育的主要目的之一，是培养学生的语言能力。如新加坡现行的双语教育语言政策的语言目标可以概括为：一是通过学校制度确保学生的双语能力，以便加强不同语言群体之间的交流，削弱多元社会中所固有的分裂主义。二是促进作为中立语言——英语的使用，以使所有的种族平等竞争；作为一种团结各语言群体的共同语，新加坡人更好地使用英语并得益于它作为国际语言和作为现代交流、科学和技术语言的地位。

（三）双语教育的政治功能

双语的存在与发展同一个国家的政治和种族群体的基本信仰紧密相连，国家的政治主张和群体的政治要求都会促进或抑制双语教育的进程。双语教育能够做出的最有价值贡献是加强各民族相互理解；就国内和洲际水平而言，它是促进各个种族群体和语言少数民族和平共处的最佳途径。东西方国家凡是主张双语教育的政治家和教育家都希望通过双语教育来帮助实现本国各民族之间“平等、团结、民主、自由”。在一个特定国家，双语教育政策语言目标的确定本质上是一种政治决策，它与这个国家的语言政策是一致的。

加拿大是一个由移民组成的国家，它吸纳了全球140多个民族，全国98%的人口具有外籍血统。在这个“马赛克”国度里，各民族不同的历史背景、不同的民族心理、不同的文化传统、不同的价值观念相互碰撞，由此衍生出的尖锐民族矛盾和激烈政治冲突，一直是困扰加拿大最为棘手的问题。从1867年加拿大自治建立国家起，历届政府都为疏导、整合对立的民族情绪而进行着不懈的努力，通过推出不断更新的民族政策，逐渐改善了不合谐的民族关系。此后到第二次世界大战爆发前，一直对外来移民推行同化政策，“要求移民放弃自己祖国的文化与传统，接受‘盎格鲁-撒克逊’集团的行为方式和价值观”。同化途径之一是要求外来移民学习英语，从了解和适应加拿大日常生活开始，进而适应国家的政治、经济制度。1947年，《加拿大公民权利法》付诸实施，非英、法裔种族第一次获得公民权。60年代初，移民审查中的种族歧视有所解禁。1969年，联邦议会通过了《加拿大官方语言法》，正式以法律形式规定英语和法语同为加拿大的官方语言，一切政治文件、国家法令都使用英、法两种文字，联邦政府机构必须运用这两种文字进行工作。

新加坡是个多元语言、多元文化、多元宗教的国家，二战后开始提出双语教育政策初步构想，1956年《教育政策白皮书》发表后，双语教育政策正式形成，1966年开始正式实施。1979年“新教育体制”颁行后进行了重新修订，目前，正在全国普遍推广实施。新加坡的语言政策基本上是1970年稳定下来的，那就是四种官方语言并存，英语被法定为工作语言，因此，英语具有了实际的国语地位，而马来语则降为象征性的国语了。新加坡双语教育政策的基本精神是：英语作为第一语言来教学，官方规定的“母语”——华语、马来语和泰米尔语作为第二语言来教学。这意味着英语是教学用语，用于学习其他绝大部分课程内容，而母语则是主要的语言学习课。其目的在于让学生学习英语，以明了其实用价值；学习母语，以理解各民族的文化准则和价值观。通过双语教育，实现各民族之间的相互了解，增进各民族之间的团结，使受教育者接受和理解社会的政治观念，从而产生维护现行政治制度和遵守法律的行为，形成相应的政治意识。

（四）双语教育的经济功能

在现代国际经济生活中，语言是其中一个密不可分的构成成分。语言因素既是经济力量影响的对象，也是经济发展的相关因素之一。语言环境是一种间接的投资环境，但间接并不等于不重要，因为投资环境本身就是一个系统，是一个复合的整体。而系统的功能是由系统中各要素的功能复合而成的，只有各要素的功能得到充分实现，系统的功能才能达到最大值。语言环境指的是一个地区或一个社群语言生活的状况，是社会使用语言文字的基本面貌，是决定语言传播能力的首要因素。自有人类社会以来，语言生活和经济生活就有着密切关系。语言在劳动中产生，而经济行为又常常是与语言行为相伴而行的。在现代社会，经济活动能否顺利进行也在相当程度上取决于经济主体的语言交际能力。现代企业对内实施管理职能、调节生产环节，对外开拓市场、化解争端无不借助于现代语言交际的方法与手段。在区域经济甚至世界经济一体化的当代社会，经济行为要超越地域和文化上的限制，就更要考虑区域语言生活状况对经济行为的影响，以排除障碍，实现语言的经济价值。

正因为语言环境对经济行为有着重要影响，在投资行为发生前，有必要评估当地的语言生活状况。一方面，国际性的企业、金融、旅游业在选择目标国家时，语言常常是考虑因素之一。另一方面，跨国公司往往在海外设立分部或合资企业。而要想在这样的机构就业，本地雇员要有一定的公司工作语言知识。英语、日语、德语以其国家经济实力为后盾，被称为“挣钱”的语言。英语作为国际上最为广泛使用的语言，也是被最为广泛学习的语言，成为国际间通讯语言的最佳选择。从社会发展的历程来看，社会现代化的水平是与语言多元化的程度成正比的。大凡国际化大都市，在当今历史条件下必定是一个语言多元化的城市。反过来，语言多元化状况也可看作是社会开放、现代文明程度提高的一个标志。共同语的普及也有着现实的市场意义。市场的形成以社会开放为条件，表现为商品的流通、不同地域人群的相互流通。统一的语言对于跨地域经济行为的实现又起了重要的辅助作用，促进了市场的繁荣。

（五）双语教育的文化功能

双语教育的政治功能和经济功能都是以双语教育的文化功能为基础的。离开了民族社会文化的传递和发展，双语教育就无法在维护政治制度方面发挥作用。双语教育的文化功能主要表现在：

第一，传递传统文化和现有的社会文化，提高全社会的文化水平。语言是文化的载体，是一个民族历史和文化的产物，是文化的有机组成部分，没有语言就没有文化。每个社会的文化都是独特的，它包含在其民族独特的（其他民族没有的）规范和价值标准的复合体中。这些传统文化渗入社会生活的各个方面，也影响着教育。因此，文化和教育是经常结合在一起的，它们既是两个独立的系统，又相互渗透。学校教育对社会文化的影响是极为深刻的。

第二，传递多元文化，有利于走向世界。双语教育可以使受教育者得到多元文化的教育。这种多元文化必须是在保持和发展本民族传统文化的基础上，不仅通过自己的母语学好科学文化知识，而且还要面向世界，学习外国的语言和文化，吸收他们先进的科学文化知识，使青少年能够适应时代的要求，适应世界发展的要求。

双语教育的文化功能不仅重要，而且显得非常复杂，很难给予全面的考察和评估，它不是独立存在于双语教育系统内，而是交织地存在于其中。因此，研究双语教育的文化功能具有重要的价值。双语教育的文化功能是为一个社会服务的，这种服务必须力求在两种社会群体和两种文化系统之间达到和谐，不能偏离，如果不自觉地偏离哪一种文化，其功能就难以正常发挥。①

三、双语教育的目的、特征与实质

通过对双语教育含义的分析以及几组常用术语的辨析，我们可以尝试着概括出双语教育的目的、特征和实质。

双语教育的目的具有多样性。虽然双语教育十分强调儿童的第二语言须达到一定的熟练程度，但这并不是双语教育追求的唯一目标，从双语教育获得的最终结果来看，其目的可以从下面五个方面来确定。

第一，学科目的。双语教育必须达到与单语教育系统完全相同的学科目的，如双语数学课必须达到与单语数学课相同的数学学科目的，不能降低学科要求。

第二，语言目的。双语教育的语言目的是使儿童两种语言的技能达到一定的熟练程度，并使儿童两种语言水平的提高相得益彰，使他们具备的对两种民族语言文化的鉴赏能力能相互促进。

第三，个人发展的目的。双语教育也是以儿童身心发展规律为依据的，期望通过双语教育促进儿童身心和谐发展，使儿童的潜能（语言及非语言的）得到较大程度的发掘。

第四，满足社会对双语人才需求的目的。大多数开展双语教育的国家，尤

① 郭卫东．论双语教育的功能［J］. 新疆师范大学学报（哲学社会科学版），2004（9）：76-78.

其是开展双语教育的单语国家，其双语教育的目的之一是为了满足社会发展对双语人才的需求。

第五，文化认同，社会稳定的目的。满足种族同化、文化认同、社会稳定，乃至民族和谐共处、避免国家分裂的需要，这是双语多语国家进行双语教育的主要目的。

双语教育的特征可以从不同的角度来表述，概括地说有下列几方面：

第一，在教育教学过程中使用两种语言，而且以两种语言作为教学媒介语，其中外语是教育活动的媒介、手段，而不是内容。若仅仅开设一门外语课，则不是严格意义上的双语教育。

第二，双语教育通过创设大量模拟的外语情境，使儿童尽可能自然直观地习得和学习外语。

第三，双语教育是一种教育体系、教育系统，它具有整体性、连续性和复杂性。

第四，双语教育是一个国家完整的教育系统，单纯的学校教育只是其中的必要组成部分，要实施真正的双语教育还需要外部环境、政策、经济等因素的合力作用。①

双语教育的实质，是用两种教育语言来促进儿童两种语言能力的发展，进而满足个人和社会对双语与双语人才的需求。

QUESTIONS

1. What is bilingual education? What is bilingual teaching? What is their relationship?

2. What is the relationship between bilingual education and foreign language education?

3. Try to differentiate and analyse bilingual education and mother tongue education.

4. How do we distinguish first language（L1）, second language（L2）, and a foreign language?

---

① 黄艳．浅析世界双语教育类型［J］．民族教育研究，1998（2）：41，6.

5. Is there any difference between language acquisition and language learning?

6. Try to differentiate and analyse bilingual education and bilingualism.

7. How do we understand the characteristics, the nature, and the purposes of bilingual education?

第二章　双语教育与双语师资

双语教育的产生，是社会客观因素决定的，是社会存在、变化、发展的客观需求，是不以人们的主观意志为转移的。如第一章所述，双语教育既是社会双语现象的一种体现，又是形成双语个体的主要途径。一般说来，双语教育是双语现象发展到相当规模以后才产生的一种教育现象，即社会需要大量的双语人才，需要依靠某种方式较大规模地、有效地培养双语人才时，双语教育便会应运而生。

在近百年的历史中，双语教育作为世界范围内的一种教育现象得到了长足的发展，尤其是20世纪60年代以后发展规模和发展速度明显加大加快。目前已经形成了比较成型的双语教育理论和双语教育模式，在双语教师的任职条件、资格认定、双语教育效果的评价等方面已经进行了实践与理论上的探索与研究。

但总体上看，双语教育理论研究相对滞后于实践探索，双语教育的诸多问题亟待进一步探讨。

双语教育的关键之一是教师的质量。联合国教科文组织曾提出一个公式：教学质量=［学生（1分）+教材（2分）+环境（4分）+教法（3分）］×教师。在这个公式中，括号内的数值是个常量等于10；教师素质是个变量，教师素质分值越大，乘积就越大，教学质量就越高。这说明教师素质对提高教学质量起着举足轻重的作用。

第一节　国外双语教育与双语师资

到目前为止，不仅加拿大、美国、新西兰、卢森堡等双语或多语国家开展了双语教育并且获得了成功，而且德国、澳大利亚、日本、俄罗斯、匈牙利和保加利亚等单语国家也开展了双语教育并且同样获得了成功。这些国家的国情不同，开展双语教育的背景、目的、模式等也不尽相同；但是，从中我们可以看出一些共同之处，看出双语教育的价值，可以验证我们关于双语教育特征、目的、实质等的观点和论证分析。各国发展双语教育的政策、对双语教师任职条件的要求、培养双语师资的举措等，更是值得我们借鉴和吸收。

一、单语国家的双语教育与双语师资

单语国家的双语教育一般是母语/外语两种语言为媒介语言的教育，其主要目的是培养双语者，以满足社会对双语人才的需求，同时还必须实现学科目的和个人发展目的等。由于单语国家没有广泛的外语环境，因此其双语教育的难度明显大于双语多语国家的双语教育，普遍存在教师和教材等方面的困难，以及双语教育是否合理公平适应等问题。德国和澳大利亚等国的双语教育是成功的，值得借鉴。

（一）德国的双语教育与双语师资①

德国的双语教学始于20世纪60年代末期。从1989年起，学校开设双语课程的势头风起云涌，每年都有20~40所学校加入双语教学的行列。德国是单一语言的国家，实施双语教学主要以提高学生外语能力为出发点。从这种角度而言，介绍德国的双语教学对促进中国的双语教学有很大的借鉴意义。

1. 德国“双语教学”的界定

德国的双语教学采用bilingualer unterricht（双语课）或bilingualer fachunterricht（双语专业课）这两个名称。中国和德国的提法虽然不同，但概念的内涵相仿。德国的双语教学是指课堂内的、由教师传授和学生学习组成的双语教学活动，当然也可包括第二课堂的活动，主要以提高学生外语能力为出发点。

德国对“双语课”的定义与中国对“双语教学”的定义基本相同，是指把外语作为专业课的授课语言。在专业课上，外语仅仅是工具，而不是授课对象。目前，德国有关双语教学的研究主要集中在基础教育阶段。与我国不同的是，尽管德国各大学开设了以英语为授课语言的各类课程，但是他们对大学的

---

① 黄崇岭．双语教学在德国［J］．中小学英语教学与研究，2007（1）：41-44.

做法不冠以“双语教学”的名称。也就是说，德国的“双语教学”属于基础教育阶段外语教学的范畴（包括学前教育、中小学教育），其目的是通过专业学习促进学生的外语能力，而大学使用英语为授课语言是为了通过外语传授先进的专业知识，两者的侧重点有所不同。

2. 德国基础教育阶段双语教学的历史与现状

联邦德国开展双语教学的契机源于1963年1月22日签署的《关于加强联邦德国和法国双边合作的协议》。双方一致认为，加强两国间的交往对两国人民有重要的意义，并且对推动欧洲统一进程至关重要。按照此协议的精神，德、法双方都开设了双语教学的课程。第一所开设双语课程（德、法双语）的德国学校是Singen市Hegau—Gymnasium（Wode，1995：114）。双语教学开设之初，以德法双语课程为主，德英双语也有一定的比例。截至1970年，共有14所德国学校开设了德法双语课。70年代以后每年都有一至两所德国学校新开设德法或德英双语课程，这样的状况一直持续到1988年。1989年起，开设双语课程的势头风起云涌，每年有20～40所学校加入双语教育的行列。而且新加入的学校不约而同地选择了德、英双语。1991年，开设德、英双语课的学校总数已经超过了开设德、法双语课的学校总数。到1996年，全德境内共有267所学校开展双语教学，其中200所学校开展德、英双语教学，67所学校开展德、法双语教学。德、英双语教学后来居上的理由非常简单，那就是英语在全球范围内，尤其是在科技界是名副其实的通用语。随着欧洲一体化进程的不断推进，欧洲各国间的经贸合作和人员往来日渐加强，英语已经成为一个越来越重要的工具，提高德国年轻一代的英语水平成为当务之急。

3. 德国双语课程的目标与思路

不论是德、法双语教学还是德英双语教学，它们有一个共同的目的，即把外语从教学对象转变为教学工具，以直觉学习代替规则讲解，通过增加语言的输入量提高学生的语言应用能力。因为开设德、法双语课程和德、英双语课程的思路有所不同（前者出于德、法伙伴关系的考虑，后者出于英语为通用语的考虑），所以两者的目标是不同的。如果说介绍法国文化，增进对法国的了解是德法双语课程的任务之一，那么德、英双语课程更看重提高学生专业外语的能力，为今后在大学阶段接触最先进的学科知识打下良好的外语基础。由于德国小学没有正式的外语课程，所以双语教学从中学才逐渐展开。考虑到双语课程对学生可能带来的学业压力和心理负担，开设双语课程的学校几乎为清一色的重点中学（Gymnasium）。

进入20世纪90年代以后，小学也开始尝试双语教学。1992年，柏林国家欧洲学校（Staatliche Europaschule Berlin，简称SESB）项目正式启动，截至1998年，柏林共有12所这样的小学。最初的六所学校包括德英、德法、德俄双语学校各两所，随后又建立了德西双语学校两所和德意、德土、德希、德葡双语学校各一所。在上述12所学校中，只有2所学校是完全的双语学校，其余10所均是普通学校和欧洲学校的结合体。近两年，柏林国家欧洲学校发展规模不断扩大，学校的范围也延伸至中学。自两德统一和重新定都柏林后，柏林作为欧洲政治文化中心和连接东西欧的纽带，重新焕发出勃勃生机。与此同时，柏林也成为各种文化接触碰撞的大转盘。柏林国家欧洲学校项目采用的是双向双语教育，在学校里德语和另外一种欧洲语言拥有相同的地位，这种对等的地位不仅要求两种语言的授课比例各为50%，而且学生和教师的比例也是严格的五五分成。设立柏林国家欧洲学校是为了让孩子从小开始接触本国之外的欧洲文化，树立一种欧洲的身份感和对欧洲其他国家文化的认同感。由于柏林欧洲学校属于双向双语教育范畴，在单一语言国家不具有普遍性，因而不可能在德国大规模推广。

4. 德国双语课程的设置与评价

双语课程具有很大的挑战性。对一个刚刚进入九年制重点中学（五年级到十三年级）的孩子来说双语课程非常新鲜，但并非适合每一个孩子。学校除了在新生入学之初向家长和学生介绍整个学习过程以外，还如实告诉他们可能出现的困难，让家长和孩子做好必要的心理准备。之后，由家长和孩子共同做出是否参加双语班的决定。一旦加入了双语班便不可以随便退出（有的学校在每学年结束时，有的学校在十年级结束时，允许学生自由转班）。学校方面为了把好关，要求每个孩子提供小学最后一年的德语成绩和在校评语。虽然没有一个具体的分数作为录取线，但学校由此获得了参考信息。

德、法双语课程在德国开设的历史最久，课程设置较为完善。由于德国的教育归各州文化部管辖，在具体的操作细节上各校略有不同，但总体的指导思想是一致的。从五年级开始，学生正式学习法语。作为外语科目，法语课程每周有7~8节课，比正常的教学计划多了2~3节。在六年级，法语课继续得到强化。为了加强对法兰西文化的直观认识，六年级双语班和一所法国学校进行学生交流互换。由于两国间地理位置邻近，加上德、法青年促进机构在经济上的支持，这种交流已经成为现实。七年级开始开设双语地理课，其课程内容直观且具体，老师借助图表、地图、图解的帮助，非常容易地描写和展示事物的因果关系。实践表明，地理课是最适合双语教学的学科。八年级继续开设地理双语课。九年级，除了继续开设地理双语课以外，又开设了历史双语课和政治双语课。十年级，地理双语课结束，但是继续开设历史双语课或政治双语课。十一至十三年级，继续开设双语课程。一般而言，历史课的内容和语境结合不很紧密，描述历史事件的语言要求较高，因此历史课常常作为第二双语课程。政治课的专题往往和日常生活及一些社会话题有关，从内容上来说对学生的要求不高，因此也作为第二双语课程。自然科学的学科知识和语言结合不如人文学科那么紧密，因此人文学科在双语教学中占优先地位。

在十年级以前，所有的双语课比非双语课每周多1课时，以保证学生不因使用外语作为教学语言而造成专业知识的缺陷。从七年级起，法语作为外语课，每周比正常课时多1课时，法语学习不断得到加强。为了不给学生造成过重的课业负担，在双语课和法语课上增加的课时量往往通过减少其余课程的课时量来取得均衡，最终使双语班和非双语班的课时总量大致相同，或最多只超出1课时。七年级刚刚开始双语课时，学生的语言能力较弱，对双语课程较陌生，课堂上使用母语的比例也较高，但教师始终坚持使用外语并鼓励学生同样使用外语，以后母语使用比例不断降低，到十年级时外语已经成为唯一的课堂用语。值得一提的是，学生在课堂上使用母语的门始终敞开着，学生不会因为语言障碍而丧失表述自己观点的热情和对专业知识的兴趣（Wode，1995：123，124）。

双语课程的要求完全按照非双语专业课程的教学计划来设定，语言能力的提高只是副产品。双语班的教材可以是法国中学的原版教材，也可以是州教育主管部门自行编写的教材，教师有一定的选择权。双语班的作业和考试均使用外语进行，教师使用专业课的评价标准，对于外语表达中的语法错误、拼写错误不去计较，只要表达流畅、达意就行，但专业术语的外文表达必须准确。如果学生直到毕业始终能够坚持双语课程，他们的毕业证书上将会给出“双语”的加注；如果学生选择在毕业考试时专业课（历史或地理）用法文答卷，并获得由德法双方共同组成的考试委员会的认可，他们将同时获得德国的 Abitur 和法国的 Baccalaureate，并可以就读德、法两国的任何一所大学（Christ，1995：4；Wode，1995：118）。

对于双语班取得的成绩，业内人士（包括法国同行）给予了高度评价。学生不仅在法语的日常表达方面体现出相当强的能力，而且在专业外语方面也达到了一定的高度，比非双语班的法文成绩明显要好。事实表明，双语班的双语专业课成绩也明显好于非双语平行班（Wode. 1995：126）。虽然在双语教学初始阶段，由于语言障碍可能会出现专业成绩的下降，但只要继续开设双语课，成绩下降会很快得到反转。是双语教学促进了学生认知能力的发展，从而促进了他们的专业学习？还是双语班的学生本身学习动机和能力就很强（入学之初的课程介绍让能力弱的学生望而却步）？对此目前尚无权威的数据。

德、英双语课程的设置与德、法双语基本一致，从五、六年级的英语强化训练到七年级双语地理课的正式开始，从学生参与双语课的自愿原则到绩效评价标准，两者都显示出很大的相似性。与德、法双语班不同的是，德、英双语班无法找到实施双语教学的英国学校进行交流。在双语科目的选择上，德、英双语比较重视生物课的双语教学，以 Singen 市某中学的课程设置为例：七年级 3 节地理双语课，八年级 2 节地理双语课、3 节历史双语课，九年级 3 节生物双语课，十年级 2 节生物双语课、3 节公共学双语课（集法律、政治、经济和社会学为一体的综合学科）。从十一年级起，学生可以选择双语研究性课程，这是德国高中新开设的课程，旨在让学生通过对某一感兴趣专题的研究提高实际运用能力和掌握研究方法，为大学阶段的学习做好准备。参加了全部双语课程和双语研究性课程的同学可以获得一份盖有州徽章的证书，参加了全部双语课程却在研究性课程开始时退出双语班的同学也可得到一份证书，但盖在上面的只能是学校自己的 Logo。由于德国教育体制与英美教育体制的不同，德、英双语毕业生的成绩无法被英美各高校普遍接受。所有参加德、英双语课程的同学，高中毕业考试用德文答卷。平时，教师会把专业术语制作成德、英对照的词汇表，并定期进行测验。

5. 双语教师与师资培训

德国是单一语言的国家，而且由于德国双语教学在普通义务制学校实施，完全依靠聘请外教作为双语教师显然是行不通的。但是，德国高等院校要求准备从事教师职业的学生必须主修和辅修两个专业，这为提供合格的双语教师创造了先决条件。也就是说，双语教师在他们成为双语教师之前，既是外语教师，又是某一门学科的专业教师，这为他们胜任双语教学奠定了基础。

随着双语教学在德国越来越普遍，联邦各州都为双语教师提供了各种培训机会。以双语教学开展比较成功的巴登符腾堡州为例，它们的培训计划于1999—2000 学年开始生效，由州文化、青年、体育部与培训学院共同合作完成。“双语附加培训班”（bilinguale zusatzausbildung）的录取条件是，学生必须掌握一门外语，并且是主修或辅修过一门学科的大学合格毕业生。此外，在目标语国家的逗留时间不少于 3 个月。以外语为母语者，即便没有获得高校外语专业毕业资格，但在目标语国家长期工作或学习过，且有某一专业毕业资格者，也有可能成为培训班成员，但是必须通过培训负责人的面试。整个培训过程分成两部分，前半段为期 7 个月，后半段为期 12 个月。前半段每周四个半天，主要内容是介绍双语教学的理论，传授双语教学法，介绍双语教学的教材，通报学生和家长的意见，等等。在后半段培训中，学员除了参与双语教学实践外，每周还要进行两小时的经验交流。最后，每个学员要在专家面前进行一次双语试讲，并参加 20 分钟的有关双语理论知识的面试，专家随即告知考试结果。

6. 批评的声音

双语教学在德国取得的成功是有目共睹的，但在成功的同时，也传来了批评的声音。批评意见主要集中在以下几个方面：

（1）虽然目前的双语教师外语水平较高，但与说母语相比仍有较大距离，他们的能力真的能胜任用外语讲授专业课吗？

（2）用外语讲授专业课对每位学生的难度是不同的，那些外语能力不是很强的学生在专业学习开始之前处于不利的地位，双语教学对他们来说是不公平的。他们外语能力的提高以牺牲专业知识为代价，这也是不公平的。

（3）迄今为止的双语教学采用的都是精英式的教学，而普通中学（Realschule 和 Hauptschule）的学生根本没有机会接触这种教学方式。那么，双语教学作为外语学习的一种方式是不是失去了普遍意义呢？

（4）语言和学科内容是不可能被严格分割开的，虽然一再要求专业术语用两种语言传授，但仅仅用外语学习专业知识的学生真的不会丧失一些用母语表达专业知识的能力吗？

（二）澳大利亚的双语教育与双语师资①

澳大利亚是英联邦国家，英语是它的通用语。长期以来，“澳大利亚双语教育主要在中学进行，实施的是一种广义的双语教育——即在学校中使用两种语言的教育”。即使如此，由于受到“英语是全球化语言，我们不需要学习英语以外的语言”的单语主义等因素的影响，澳大利亚的双语教育发展缓慢，“甚至在近一二十年里，这种单语主义心态发展更甚了”。然而，近年来，澳大利亚政府开始对国家的语言政策进行反思，制定了适应时代发展需要的新语言政策，并借此加快发展国家的双语教育。

1. 澳大利亚强化双语教育的背景

全球化背景。全球化对澳大利亚的影响是明显的。就教育而言，在全球化过程中越来越需要强调发展跨文化间的理解。跨文化语言学习不但有助于学生理解他们周围的世界，而且有助于学生理解共性、差异性以及全球性的联系方式。澳大利亚政府认为，为了促使学生成为具有外语及其文化意识的世界公民，并成功地生活与工作，必须致力于发展学生的双语能力，努力发展双语型国家。

培养世界级领导人才的需要。“在 2000 年，有关方面对经济合作发展组织（OECD）28 个主要成员国的企业领导进行了调查发现，多语语言能力水平最高的国家的企业领导是荷兰、瑞典、巴西、德国、菲律宾以及法国，而澳大利亚的平均多语语言能力只有 1.4；他们的多语语言能力甚至比英国、美国以及新西兰的同行还要低。”调查结果震动了澳大利亚政府。澳大利亚政府认为，国家的未来需要领导型的学习者，提高他们的语言技能与文化理解力是国家能力与价值资源的一种投资。

丰富的语言资源有待开发。澳大利亚拥有世界上使用最广泛的语言资源，其中包括汉语（包括粤语）、西班牙语、印地语、阿拉伯语、德语、法语、意大利语、韩国语、越南语等。澳大利亚政府认为，面对如此丰富的语言资源，应该多样化地利用已有的语言资源，尽可能早地发展儿童的双语教育，使国家可以极大地受益于已经拥有的语言基础，也有利于每一个人参与到多元世界

① 张树德．澳大利亚发展双语型国家的语言政策述评［J］．中小学英语教学与研究，2007（2）：43-46.

中去。

语言教育中亟待解决的问题。① 单语主义心态。② 语言教育落伍。表现在：第一，当前许多欧洲国家和亚洲国家的儿童普遍学习一至两门外语，而在2003年，澳大利亚只有13.4%的一年级学生学习一门外语。第二，许多学生抱怨另一门语言“太难学了”或“太枯燥无味了”。更严重的是，许多学生家长根本不要求孩子选学语言课。第三，许多学校在八年级后就把外语课当作选修课，它们把双语教学划入戏剧、艺术、体育、音乐等选修课程模块中。③ 时间不足。在澳大利亚，许多小学每周安排的双语教学时间只有90分钟，每个学年安排的教学时间还不到12天。

2. 澳大利亚强化双语教育的主要策略

教学。① 提高在义务与非义务教育阶段双语学习的参与率。② 发展并实施基于网络的策略，发布国内外研究与发展以及资源开发的最新信息；支持信息交换，鼓励合作。③ 共享有关有效教学、跨文化语言学习以及基于课堂教学的研究。④ 进一步促进地方层面的变革，在全国范围内分享研究与发展的经验。如：跨文化语言学习中教学方式以及评价的启示，语言学习及素养的发展，影响语言习得的因素，影响教与学效果的因素，影响语言教育成功的因素，小学与中学的过渡与衔接，宗教团体/集团开办的业余语言学校的需要，“澳大利亚本土语言”的教学要求，“澳大利亚本土语言”对文化渗透与革新的贡献，当前为中学高年级学生提供的语言，在学校教育早期阶段的语言学习，语言及职业教育，信息与通信技术在语言课堂中的应用。

师资。① 监控并分析有关教师供需的信息，以便支持州（区）层面上的人力资源规划。② 共享当前在州（区）层面上有关人才规划策略的信息。③ 采取行动，吸引与保持更多的语言教师，应该考虑的行动包括：设置教学奖学金，鼓励学生毕业后从教，尤其应该鼓励学生到农村及边远地区担任教师；增加“高等教育贡献计划”（HECS）的费用；在教师培训的最后一年提供学生实习；发放国内培训的奖学金；增加在高等教育中接受语言教育人员的名额；设置奖励报酬；安排固定就业；承认并支持在海外培训的教师；实施同行教学与辅导计划；提供二次培训的机会。④ 评价教师教育课程的内容与结构，增加、提高语言教师的数量、质量。⑤ 探索为澳大利亚本土语言以及宗教团体/集团开办的业余语言学校提供教师培训课程的途径。⑥ 鉴定、认可并支持在学校语言计划中的澳大利亚本土语使用者的策略。⑦ 鉴定、认可并支持在宗教团体/集团开办的业余语言学校中多语使用者的策略。

澳大利亚昆士兰州政府规定：所有中小学教师必须是澳大利亚居住者；接受中学后师资培训至少 3 年以上；非英语教师必须达到昆士兰州教师注册委员会规定的英语水平，并在昆士兰州教师注册委员会注册登记。依据这个规定，双语教师必须具备用英语和法语两种语言教授学科的能力。

例如，贝诺瓦州立中学开始实施双语教育时，确实遇到双语师资的问题。幸运的是，该校有一位法语教师曾获得过理科学位，并担任初中和高中科学教师数年，是担任科学和数学学科双语教师的理想人选。另一位音乐教师也曾获得过法语学位，是担任音乐学科双语教师的理想人选。这样，校方决定从 1985 年起，在学校首先开设科学、数学和音乐双语课。

1993 年以前，澳大利亚还没有专门开展双语师资培训工作，仅仅在外语教师培训中粗略介绍一些双语教育的方法。1993 年，澳大利亚两个教师培训中心率先开展了英语/日语、英语/法语等双语师资的培训工作。当时，绝大多数双语师资培训属在职培训。1995 年，南昆士兰大学通过远距离教育的方式在澳大利亚全国开设了双语教育课程，大大缓解了双语师资紧缺的局面。

目前，贝诺瓦州立中学的双语课程跨越 3 个年级，每个年级 2 个班，双语教师的数量、质量大幅度增加和提高。他们大体有四种类型：来自本校的教师，国内招聘的教师，曾在法国结婚、生活、工作或学习过的法籍澳裔教师，来自其他行业、受过师资培训的教师。法国政府也为贝诺瓦州立中学提供教学助理，协助双语教师开展双语教学。

一般而言，双语教师都是精通英语和法语的双语者。贝诺瓦州立中学要求双语教师既精通学科知识，又具有使用法语授课的能力，同时具备用英语和法语两种语言教授学科的能力。也就是说，双语教师在担任双语班教学任务的同时，还要担任常规班的教学任务。校方通常安排双语教师担任两个并行班的教学任务，其中一个班采用英语授课，另一个班采用法语授课。这样，不仅减轻了教师的工作负担，也确保了并行班的教学进度和教学要求。

校方为双语教师制定了专门的优惠政策。譬如，利用联邦政府提供的专项资金，为双语教师聘请教辅人员，帮助打字和从事文字整理工作；适当减轻双语教师的工作量，给予双语教师准备教材的额外时间。

专业学习。① 为了维持并加强语言教师的语言能力，进一步理解跨文化间的语言学习、课程设计、教学方式以及学业评价，考虑实施下列专业学习计划：认可高等教育的学习，周末浸润学习，假期研讨会，国内学习与交换，教师参与澳大利亚本土语言计划的社区体验，认可和鼓励校本研究项目。② 共享国家与州层面上专业学习成功模式的信息。③ 鼓励教师参与正在进行的、可持续发展的专业发展计划，诸如：补偿参与研究生学习的学费，允许教师离岗参加研究生学习，提供国内学习及学术旅游的补助，安排公休假，认可选修高等教育的课程，承认研究生资格。④ 探索参与专业学习的途径，如：有关澳大利亚本土语言的专业学习途径，宗教团体/集团开办的业余语言学校的教师专业学习途径。⑤ 学校领导的专业学习途径。

规划方面。① 共享学校与州（区）的有关信息。② 宣传不同学校语言教育的经验以及有效管理的模式。③ 开发课程资源，支持语言教学。④ 共享远程教育，研究未来发展的合作范畴。⑤ 在语言计划中灵活利用学习技能，探索其未来发展的模式。⑥ 探索行动措施，加强语言与就业之间的联系。

质量保证。① 制定一种细化的评价策略，监控该“规划”的实施。② 为了制定国家规划，每年收集并分析学生参与语言教育的数据信息；同时，使当前提供的语言教育具有可测量性。③ 探索通过“全国学校教育”论坛报告参与语言教育数据收集分析的可能性。④ 探索制定和利用学生标准、规划标准以及教师标准支持评估的可能性。⑤ 为测定学生的学习结果，开展全国性的样本评价。⑥ 通过基于网络的策略，共享州（区）与学校开展有效评估的信息。

促进语言学习。① 制定措施，促进语言学习对教育、社会、学生认知以及就业的推动，如：评定全国性的优胜者；出版文字读物、电子读物以及其他宣传材料；组织全国性的论坛和会议；指定“澳大利亚语言年”，强调语言学习的重要性；利用媒体的参与，营造语言学习的积极氛围。② 共享州（区）和学校的成功经验。③ 制定措施，提高和保持学生在中小学以及高等院校的学习动机，措施包括奖学金评定、过渡计划、学生交流、学术旅游、姐妹学校、高等教育奖学金等。

3. 最主要的疑虑

（1）双语教学是否会干扰母语的学习？学生是否应该在中小学同样接受双语教育？

（2）怎样才能把双语教育安排到已经够多的课程中去？

（3）在一个以盎格鲁人/澳大利亚人/农牧业为主的单语社会里，学习双语有何用处？学生连语文都学不好，为什么还要学习双语？对他来说，学习双语的益处是什么？

针对这些问题，教育部门都做出了明确的解释和答复。就“双语教学是否会干扰语文学习”的问题，教育部门做出了否定的回答，并指出：语言技能在任何语言中都是必需的，它们会在各种语言学习中产生迁移作用。就如何安排课程等问题，教育部门认为：可以采用整合的方法，最有效的方法是将它整合到学校的整体课程中。在其他学习领域采用外语授课，不但可以强化学科教学内容，而且可以提供目的语的教学，增强学习动机的潜力；双语学习可以提供利用和发展多元智能的机会；每种智能都能促进学生在整合课程中的学习灵活性。

二、双语国家的双语教育与双语师资

双语和多语国家的双语教育一般是母语/第二语言为媒介语的教育，进行双语教育的主要目的是满足种族同化、文化认同、社会稳定，乃至民族和谐共处、避免国家分裂的需要。由于拥有良好的双语环境，双语教师和教材等资源丰富，因此双语和多语国家的双语教育相对难度较小。但其发展之路仍不平坦，需要国家语言政策和家长等多方面的支持。

（一）美国的双语教育及双语师资①

1. 概况

美国是世界上最早开展双语教育的国家之一，在长期实施双语教育的过程中，积累了丰富经验，而且颇具特色。美国双语教育的历史大体分以下四个阶段：① 开始阶段。历来以民主、自由、平等、开放自居的美国，对世界各国的移民具有强大的吸引力，从 19 世纪末起，世界各国的移民大量涌入美国。从此，美国便开始了“早期的移民教育”。迫于移民的呼声，美国联邦政府于 19 世纪后期至 20 世纪初期，在许多移民社区相继建立了移民子女母语教育机构，并开始在一些学校设立双语班，对移民子女实行双语教育。② 中止阶段。1917 年，由于社会政治、经济等多方面的原因，美国联邦政府在全国范围内实行了明显的种族歧视政策。许多州的法律明文规定，禁止在学校进行非英语

① 王莉颖．透视美国双语教育［J］．中小学英语教学与研究，2002（12）：4-5.

教育。源于 19 世纪末 20 世纪初的双语教育随之销声匿迹，移民子女的教育再次成为一个严重的社会问题。③ 恢复阶段。1960 年，美国再次掀起移民浪潮。来自我国香港地区、台湾地区以及德国等的移民大量增加。移民子女的多种语言现象渐次成为美国社会十分敏感的政治问题。为了缓和社会矛盾，美国联邦政府做出决定，恢复对移民子女实行双语教育。④ 发展阶段。1967 年，美国国会通过修订后的《中小学教育法》规定，由联邦政府拨款给各学区，为英语水平比较差的移民学生开办双语教育。1968 年，美国政府通过了《双语教育法》，从此，双语教育正式在全美展开。根据美国应用语言学中心 1999 年的统计，美国实施双语教育的学校已经遍及全美 24 个州（其中包括哥伦比亚特区），分布在 143 个学区的 259 所学校。

2. 措施

（1）政府高度重视，渐次加大投资力度。1968 年，美国政府通过《1968 年双语教育法》，双语教育正式在全国范围内展开。但当时的双语教育规模十分有限，联邦政府每年用于双语教育的经费大约 750 万美元。1974 年，美国国会通过了《1974 年双语教育法》，更加明确地要求联邦政府增加双语教育拨款，为所有英语能力不强的学生提供特别的双语教育，其中包括开设以学生母语为教学语言的双语班以及发展相关的配套项目。同年，美国国会又通过了《平等教育法》，规定学校必须帮助移民学生尽快克服语言障碍，使全体学生都享有接受平等教育的机会。为了进一步加强双语教育，政府相应地增加了双语教育拨款。1983 年，联邦政府用于资助双语教育的款项已达到 1.4 亿美元。1990 年，随着美国双语教育高潮的掀起，美国政府再次加大了对双语教育的投资。1995 年，联邦政府为双语教育的专项拨款已高达 80 亿美元。这些款项的分配具体由州政府负责，主要用于学区聘请高水平的双语教师，为英语水平较低的移民学生特设双语班或双语学校，以及资助其他为双语学生与家长服务的项目等。

（2）双语教师任职条件和素质要求高。在实施双语教学的过程中，美国政府特别注重双语教师的专业发展和素养。教育主管部门首先要求双语教师具有与其他教师一样的素质，譬如良好的职业道德、正确的教育价值观和先进的教育理念；拥有扎实的专业知识、广博的文化基础知识、丰富的教育理论知识；具备突出的教学能力、组织能力、科研能力和积极的教学态度。除此以外，双语教师还必须具备以下比较特殊的条件。

第一，双语教师必须是双语者和双元文化者。双语教育与常规教育的最大区别在于，双语教育是以两种语言开展教学活动的。教学语言的改变不仅仅是语言的变化，其背后更多的是文化的冲突与融合。双语折射出的是不同的文化、思维方式、价值观念等。双语教育不仅要培养双语者，而且要培养双元文化者。基于此，美国政府规定，合格的双语教师必须是：既要具备较高的两种语言或多种语言水平，即两种语言或多种语言均要达到能够听、说、读、写、译和顺畅交流的程度，而且要具有尊重多元文化的态度，熟悉两种或多种语言的文化背景，了解两种或多种语言的文化差异，尊重两种或多种语言的文化传统。更为重要的是，双语教师还要了解接受双语教学的学生母语的语言背景。譬如，学生的母语在他们所处的社区是否受到尊重，操这种语言的人数，等等。

第二，双语教师要具有高学历，要经过专门的培训，并持有政府教育部门颁发的任职资格证书。在美国，凡申请双语教师职位的人员，一般要求具备大学本科以上的学历（譬如，在 20 世纪 90 年代末期，美国在职双语教师中有 41%是硕士研究生毕业，还有 28%正在攻读硕士研究生课程）。此外，即使已经获得较高的学位，还必须在大学特设的双语教师培训班修习为期两年的双语教学课程，同时接受特殊的双语教师技能技巧训练。培训结束时，要经过严格的考试与遴选。考试合格者可以获得国家教育部门颁发的双语教师执照，承担双语教学任务。然而，这些教师此时获得的双语教师执照还只是临时的，假如他们想长期从事双语教学工作，还需在工作过程中再次接受在职培训和十分严格的能力考核，若各方面要求均达到国家规定的标准，方可获得永久性的双语教师资格证书。

第三，双语教师要具有从事双语教学的综合能力。双语教师在授课前要通过各种渠道查找、收集各方面的资料，挑选、整合教学内容，这些内容的设计既要易于各种语言背景的学生理解，又要使各种语言背景的学生都感到富有挑战性，而且要融语言知识与学科知识于一体、科学性与趣味性于一体。他们要有很强的人际交往能力，与各种不同语言和文化背景的学生建立良好的师生关系，同时还要与不同语言和文化背景的学生家长合作。譬如，在实施双向沉浸式双语教育的过程中，为了使美国本土学生更好地了解西班牙语言与文化，双语教师要聘请西班牙移民学生的家长，生动、风趣地向学生介绍西班牙文化、风俗、音乐、饮食、民间传说等；为了使西班牙移民学生热爱美国语言与文化，双语教师还要聘请土著美国人学生的家长，向学生详细描述美国的历史、文化、艺术等。此外，双语教师还要具备有效创造跨文化语言环境的能力，使各种不同语言背景的学生能够自由交流，尽快提高语言水平。

第四，双语教师必须具有特殊的教学策略。双语教育是一种特殊的教学活动，政府教育部门要求双语教师的教学要建立在科学研究的基础之上。语言心理学家指出，学生熟练地掌握第一语言势必有助于熟练地掌握第二语言。因此，在双语课堂教学中，教师都重视第一语言的正向迁移（positive transfer）功能，注重以学生本族语水平的提高来促进英语学习。当然，在双语教学的初级阶段，一些学生难免会受本族语的影响，出现使用“语际语”（interlanguage）的现象。双语教师会给学生以鼓励，而不是指责。

第二语言习得理论认为，学生的第二语言能力是在一定的语言环境中自然而然地习得的。基于此，双语教师都十分注重营造浓烈的双语教学氛围。除了利用布告栏、走廊等地方张贴相应的双语短句，用双语制作学校的各种标志语牌外，双语教师还应该跟学生一起制作双语挂图和标语布置教室，组织形式多样的双语活动，创设“双语角”和“小小双语阅览室”，教唱双语歌曲，做双语游戏，讲双语故事，开展双语竞赛活动等，为学生习得双语知识与能力奠定良好的基础。

（3）政府积极鼓励，力求稳定教师队伍。美国对双语教师的专业素养要求很高，然而双语教师的工资待遇却不高，这往往使处在高消费环境中的双语教师陷入困惑。一般来说，能符合双语教师条件的人很容易找到其他待遇更优厚的工作。因此，许多有双语、双元文化能力的人不愿意从事双语教育工作，导致美国双语教师严重不足。譬如，20 世纪 70 年代末 80 年代初，全国接受双语教育的学生为 20 万~30 万人，从事双语教育的教师却不足 6 万人，教师与学生之比严重失调。

由于美国政府实施双语教育的目的与少数民族家长、移民家长送子女接受双语教育的目的有一定的差异，甚至完全相悖，因此，在实施双语教育的过程中，双语教师常常处于两难境地，不知所措。美国政府所提倡的双语教育是针对英语水平有限的学生的，其目的是把这些学生培养成为只精通英语的人才，成为被同化的、真正的美国公民；少数民族家庭或移民家庭则期望子女通过接受双语教育，既能提高英语水平，尽快融入美国主流教育，享受平等的教育权利，便于将来在美国谋求生活出路，寻求发展，同时又能够保持自己民族的语言、文化和传统，成为双语、双元文化者。这或多或少会造成家长对双语教师的误解或误会，使双语教师感到非常困惑。

针对上述情况，为了稳定双语师资队伍，美国政府采取了一系列措施，如提高双语教师的工资待遇等。其中最为得力的举措是：凡是获得政府教育部门颁发的永久性双语教师资格证书的教师，在退休以前不受学区教师减员的影响。这在失业率极高的美国算是一个特例。在其他教师眼里，双语教师似乎是学区教师中的“另类”，是特殊阶层，人人敬慕。这一举措的实施在稳定双语教师队伍方面的确起到了重要的作用。

（4）双语教师的培训培养制度化。美国政府对双语教师的要求很高，而现有的受过专门训练和获得永久性双语教师资格证书的教师数量严重不足。联邦政府自《1968 年双语教育法》颁布实施以来，每年都给各州拨专款资助实施连续性的双语教师培训计划。譬如，1974 年，政府特设了“教师全员培训计划”基金；1978 年，政府又设立了“教育学院院长计划”基金，以确保双语教师培训计划真正落到实处。

美国双语教师的培训方式主要有两种。一种是脱产到大学接受双语教师培训。这种培训可以跨州，而且是连续性或永久性的。在这种培训中，双语教师主要研修有关双语教育的课程，其中包括语言知识、多元文化知识、教学技能与技巧的掌握，双语教育研究活动的参与等。双语教师通过这种方式的培训，学习成绩优秀者可以获得硕士学位，或硕士学位课程的积分，为以后获得学位奠定基础。另一种是在职双语教师培训，或称“校本培训”。这种培训主要是在双语教师任教的学区或学校进行，旨在进一步提高双语教师用第二语言从事学科教学的水平与各种语言能力。其主要内容包括针对不同教学对象的双语教育技巧训练，如学前双语教育技巧、小学双语教育技巧、初高中双语教育技巧等，还要定期开展双语教育理论讲座与研讨，其中，双语教师的行动研究颇受欢迎。与此同时，各学区还鼓励双语教师深入少数民族语言地区，接受少数民族语言环境与文化的熏陶。各学区还不定期地通过开展双语教育竞赛，或通过双语教育示范课程，检验双语教师的实际教学成效。

值得一提的是，美国双语教师的各种培训已经制度化。这种制度化的标志是：管理者的积极支持；非双语教师的积极态度；惯例性的基金资助；双语教师全员拥有享受特殊基金的权利；即便联邦政府停止特殊基金资助，双语教师培训计划仍不能中断；在双语教师培训计划的实施中，注重教师专业化水平的提高；制度的一致性优先考虑；动员全体双语教师积极参与培训，以保证双语教师计划的有效实施。

（二）新加坡的双语教育与双语师资①

作为“亚洲四小龙”之一的新加坡，经济发展十分迅速，创造了东南亚奇迹。新加坡的发展如此迅速，与其所具有的语言优势是分不开的。新加坡不仅能直接接收西方的信息，学习和掌握先进的科技知识和管理经验，而且也能与东方的文化传统很好地结合。

1. 措施

（1）政府重视双语教育，用政策予以保证。双语教育之所以成为新加坡教育的一大特色，与新加坡政府的一贯重视和一系列保证是分不开的。新加坡政府自独立时起就致力于建立旨在促进国家统一和发展的双语教育政策。从1973年开始，全国小学会考给予双语成绩加倍的比重。新加坡政府强调双语的重要性，一是因为英语是世界上最通行、使用最广泛的语言，学好英语可以直接吸收来自国外的最新信息，学习和借鉴西方先进的科技知识和管理经验。二是因为学好母语，学生可以继承东方文化，保留优秀的传统价值观。因此，政府不断采取措施，确保双语教育政策的贯彻落实。

（2）双语教育，始自托儿所、幼儿园。新加坡的双语教育开始于托儿所、幼儿园阶段。校方为不同年龄段的班级各配备一名英语教师和一名华语教师，让她们分别运用两种语言对儿童施教。教学环境也都充分体现了双语特征。驻新加坡的联合国儿童基金会亚太地区办事处教育顾问吉姆·爱温博士（Dr. Jim Irvine）认为：1. 5—6岁是儿童习得外语的关键期，双语教育应从幼儿抓起。新加坡从幼儿时期开始实施双语教育，可以使儿童在语言习得的关键期内毫无负担地接受两种语言。正因为新加坡的双语教育始于幼儿，所以至多再经过六年的小学教育和四年的中学教育，绝大多数学生便能熟练掌握两种语言。

（3）因材施教，阶段分流。新加坡小学一至四年级所开设的双语课程都是一样的。“公民与道德”和“历史”两门课程使用华文版教材，“数学”和“科学”等其他课程则使用英文版教材。到四年级末，学校将举办一次考试，并根据成绩将学生分流到三种不同课程的班级：EM1班、EM2班和EM3班。“E”代表英语，“M”代表母语，数字代表所教语言的等级水平。分流制很灵

① 姜德宏．新加坡的双语教育［J］．中小学英语教学与研究，2002（1）：7-9.

活，到小学五年级仍允许学生根据各自的学习水平，从一个班调到另一个班。

到小学六年级末，所有学生都要参加小学毕业考试。通过这项考试，学生将按成绩再次分班，学习适合自己程度的三种中学课程：一是“特选双语课程”（special bilingual course），即会考成绩最优秀的10%学生，可以兼修两种语文，用四年时间完成中学学习任务，英语和母语均维持平等的“第一语文”程度；二是“快捷双语课程”（express bilingual course），约有30%以上的学生兼修两种语文，用四年时间完成中学教育，但英语为第一语文，母语为第二语文；三是“普通双语课程”（normal bilingual course），约有40%以上学生兼修两种语文，用五年时间完成中学教育，不过这批学生所接受的“母语”教育水准比前者降低一个层次。“因材施教，阶段分流”政策的实施，保护了绝大多数学生双语学习的积极性，使不同程度的学生都能在原有的水平上有所提高。

（4）双语环境优越，利于习得。新加坡十分注重双语教育环境的创设。他们认为，语言是在习得的基础上学得的，良好的语言环境是习得语言的必要条件。因此，学校不仅为学生提供双语教学，还为学生创设良好的双语环境。无论是教室、实验室、阅览室，还是走廊、礼堂及其他活动场所，处处都有双语标记，学生随时随地可接受双语信息。

在众多家庭中，父母都非常重视从小对子女进行双语教育。特别是在华人家庭里，由于孩子在学校的教学语言大多是英语，所以父母便有意识地在家中对孩子实施华语教育。他们认为，孩子学好华语可以“不忘本，留住根”，继承和发扬中华民族的优秀文化传统。

除学校和家庭双语环境之外，新加坡的社会双语教育环境更是一大特色。新加坡大众传播媒体使用四种官方语言。电视台有两个频道为华语节目，有两个频道使用马来语，有一个频道为泰米尔语节目，其余的频道全部为英语节目。广播电台同样也使用这四种官方语言。目前，新加坡有三种华文日报和三种英文日报，一种马来文报纸和一种泰米尔文报纸。此外，街道、商场、车站、码头、机场、动物园、植物园、飞禽馆、科学馆，处处都体现一种双语气氛。人们在动物园等游览场所可以听到、看到比比皆是的双语解说和双语说明书，在飞禽馆里还能听到会说话的鸟用双语向游客致意并表演节目……良好的双语环境是提高新加坡双语教育水平的一个重要因素。

（5）重金聘请国内外优秀教师，对双语师资要求严格。与新加坡的人才战略相适应，新加坡政府在教育方针上强调英语教育和依靠国外教师及教育顾问。1993 年 9 月 6 日，新加坡总理吴作栋在“1993 年第一届校长会议”开幕式上提议改善教师待遇。他提道：“如果新加坡的教育制度还不能吸引优秀的青年加入教师行列的话，我们的未来几代人就无法有机会接受教育，充分发挥他们的潜能，我们的国家将为此付出代价。”目前新加坡教师的待遇仅次于国防军，师资水平因而得到了极大的提高。国内的教师有很多机会去国外进修，同时新加坡又重金聘请世界名牌大学的学者教授来新任教。例如，新加坡国立大学的教师将近 50%为外国教师，他们分别来自欧美、日本、澳大利亚等国家和地区的著名学府，所有的教师全部以英文授课，并使用英文原版教材；即使是国内的教科书也是在外国专家的建议下进行修订的。由于有优秀教师的加盟，新加坡双语教育的水平得到了提高。

国内双语教师的培训要求严格。《1985 年教师 3 级培训法规》由公共事业管理局颁布出台，此法规极大地推动了学前教师的培训工作。同时，学前教师的职业结构也被更严格地确定下来。按照此要求，幼儿护理师、教师和教学行政人员都分别在初级、中级、高级三个水平上接受专业训练。训练课程由国家教育署（当时称为教育署）来提供。这意味着，教师培训课程是国家级的，而不是地方级或校级的。另外两家具有资格提供同样培训课程的是 RPRC 和新加坡管理署。

所有申请参加学前教师培训课程的申请人在申请前必须达到一定的要求。基于所有教师都将使用英语授课的考虑，申请人必须达到英语“0”级水准才能有资格申请。虽然受训教师并非都成为双语教学的任课教师，但培训课程还是包括了双语教学基础理论、双语教学交际技巧以及一门有关语言学习经验的专门课程。由于这种较为正规的培训远远不能满足新加坡社会的实际需求，于是，一些机构尝试性地将他们的受训教师送到国外受训，特别是派往我国大陆和台湾地区接受汉语方面的培训。新加坡双语师资培训主要是为新加坡各级各类学校提供师资，同时灌输双语教学的思想。

2. 双语教育存在的问题①

（1）降低了母语的地位。精通英语意味着有更多的工作机会，而母语渐

---

① 李晓娣．新加坡双语教育对我国高校双语教学的启示［J］．现代教育科学，2004（2）：111-112.

渐成了交谈语言，甚至有人用是否会英语作为衡量一个人是否受过高等教育的标准。这样的一种环境必然造成母语地位的下降。

（2）过早的语言分流存在着缺陷。新加坡的分流教育政策对培养高素质的人才、因人施教确实起到了重要的作用，但是从小学三年级就开始进行分流的教育制度，使学生过早地参与社会竞争。同时，使进入双语流的学生有机会接受高等教育，而进入单语流的学生只能接受职业培训。过早分流的结果，一方面给学生心理造成极大的压力，另一方面承认双语学生优于单语学生，因而进一步降低了母语的地位。

（3）关于双语教育与智力发展的关系。在两者的关系问题上存在着两种截然相反的观点，一种是有益论，一种是有害论。近期有教育学家研究发现，双语者的语言能力和学业能力要比单语者差。这个问题还在进一步的研究之中。

第二节　国内双语教育与双语师资

我国是一个主从型的多民族国家，除汉语外，还有80多种少数民族语言。另外，还有少数外国移民使用的外语。我国主要存在三种类型的双语教育，即少数民族居住区的民族语/汉语双语教育，外国移民区的外语/汉语双语教育和单汉语区的汉语/外语双语教育。其中，汉语/外语双语教育，特指在我国单汉语区的幼儿园、学校里对儿童实施的一种教育形式，也是本书研究的双语教育。

一、国内双语教育

（一）中小学双语教育发展历程及前景

我国中小学双语教育源远流长，绵延一个多世纪，经历了多次潮起潮落。早在清朝末期，在两次鸦片战争失败以后，开展洋务运动和维新运动者认识到“西学”的重要性，在“师夷之长技以制夷”“中学为体、西学为用”“兴学造才”等思想的指导下，兴办新式学校，实施新式教育，引入“西学”课程，使用英语原版教材，除了采用汉语讲授部分传统课程以外，还采用英语（外语）讲授部分“西学”课程，培养了一批通晓“西文”“西艺”的双语人才，促进了中国与西方之间的交流。①

在民国时期，一些办学质量高和办学条件好的学校实施双语教育，如北京师范大学附中、天津南开中学、湖南明德私立学校、浙江省立高级中学、上海南洋中学校、上海中学、南洋模范中学、复旦公学中学科、民立中学校、澄衷中学校、上海公学中学部、招商局公学中学部、务本女中高中部等，采用英语原版教材，用英语讲授数学、物理、化学、生理、历史、世界地理、图画、博物、制图、商业、经济学等课程，培养了一大批学贯中西的优秀人才，为当时以及新中国的科技发展和社会进步做出了重要贡献。②

20 世纪 90 年代初，随着改革开放的深入和经济全球化，尤其是中国加入 WTO 后，外语交际能力成为人们更好地生存和发展的重要条件，我国当代中小学双语教育正是在这种社会背景下应运而生的。到 21 世纪初，在差不多 15 年的时间里，在上海市、辽宁省、天津市、江西省，以及苏州市、无锡市等各级政府的大力支持和推动下，全国 2000 多所中小学实施了双语教育。由于诸多原因，如缺乏双语教师的职称系列、缺乏配套齐全的双语教材等，双语教育从最初由政府的大力“推动发展”转变为部分学校的“自主发展”。

自 2011 年起，张家港市东渡试验学校、深圳市宝安区凤凰学校、郑州市惠济区实验学校、常州市武进区星韵学校等一大批中小学再度扬帆前行，将双语教育推向新高潮，且兼具“起点很高，适宜推广”等特征。这是我国历次双语教育的延续，也是一次名副其实的双语教育再出发。③

我国实施双语教育的直接原因，与澳大利亚等国家实施双语教育的直接原因完全相同，都是源于对外语教学质量不满。这不是一种偶然的巧合，而是一种必然的结果。长期以来，我国外语教育质量不高，成效不明显，培养了那么多“英语哑巴”和“英语聋子”。人们一直寻找原因，甚至把责任推到英语教师身上。实际上，英语教师教授英语非常努力，也非常辛苦，但教学效果不佳，其原因不完全在教师身上。外语教学质量低是全球性的普遍现象，越来越多的国家已经认识到，仅仅依靠开设一门外语科目（即滴注式语言外语），绝大多数学生只能掌握有限的外语，很难达到精通外语的程度。双语教育则在更

---

① 王斌华．为双语教育再出发点赞［J］．江苏教育（教育管理），2017（10）：23-26.
② 王斌华．为双语教育再出发点赞［J］．江苏教育（教育管理），2017（10）：23-26.
③ 王斌华．为双语教育再出发点赞［J］．江苏教育（教育管理），2017（10）：23-26.

大范围、更大空间、更高学术交流与要求的层面学习和应用外语，是世界公认的提高外语水平的更有效、更理想路径。

概括地说，我国当代中小学开展双语教育的原因主要有三个方面：一是社会经济发展需要更多的双语人才和更高外语素质的人才，这是社会宏观背景要求，也是间接原因；二是外语教学高耗低效，这是全世界范围的普遍现象，也是直接原因；三是双语教育本身是世界公认的提高外语水平的更有效、更理想路径，这是双语教育的功能性原因，也是双语教育被选用实施的内在原因。

关于双语教育的未来发展前景：

从我国当代中小学开展双语教育的主要原因可以推断，只要社会发展需要双语人才和更高外语素质的人才，双语教育就有生存必要，就会继续存在下去，因为它是世界公认的提高外语水平的更有效、更理想路径。

随着人们对高质量教育和个性化教育需求的日益增长，随着双语教育本身实践探索和理论研究的深入，双语教育将逐步发展壮大，但因为双语教育本身的难度较大，这个过程会是艰难的，发展道路会是曲折的。

那么，双语教育是大众的还是小众的？双语教育对教育政策、学校管理者的理念及领导力、师资队伍、社会心理语言环境等教育教学条件的要求比较高，因此，其发展规模趋于小众更理性一些。而且，社会对人才的需求本身是多元化、多样化的，因此，要通过多元化的教育培养多样化的人才，双语教育应该只是多元化教育中的一分子，而不是全部。

（二）中小学双语教育成效

如前所述，本书的双语教育是狭义的双语教育，主要是指用外语讲授汉语语文之外的学科课程，其目的是扩大、增多和提高学生使用外语的空间、时间和层次，进而提高学生的外语水平和应用能力。所以，双语教育的成效主要看三个方面：一是学科目标达成情况，即人们常常关注的双语教育是否造成学科损伤；二是外语语言目标达成情况；三是母语保持情况，即是否降低了母语水平或造成母语损伤。

根据汉语和英语使用的比例，双语教育的课堂教学一般可分为三个层次：初级层次（渗透型）：课堂用语以汉语为主，英语为次；中级层次（混合型）：课堂所用汉语和英语不分主次；高级层次（全英语型）：课堂教学语言全部采用英语。

初级层次（渗透型）的双语教学，课堂用语以汉语为主、英语为次，使用的英语词汇和句型是比较简单易懂、重复率较高的。一般是与英语课合作，把双语学科课上需要的英语词汇和句子在英语课上先教会学生，在双语课上再运用这些词汇和句子学习学科内容，或者在双语课上循序渐进地教会学生与学科内容有关的英语词汇和句子，起到运用和复习巩固英语的作用，也会一定程度改善学生的英语学习。这类双语教学的外语语言目标达成度在三个层次中最低，单凭经验就可以判断不会造成学科损伤和母语损伤。

中级层次（混合型），课堂用语汉语和英语不分主次，简单的内容用英语讲，难一点的用汉语讲，其外语语言目标达成度会比初级层次稍好一些，也不必担心学科和母语损伤。这种类型的双语教学上课时要在汉语和英语之间频繁转换，在实践中往往会出现一旦转到用汉语讲课就很难再回到用英语讲的情况，事实上变成了渗透型的，只是渗透的比例不同而已，而且外语语言达成度很低。所以，不提倡用这种类型。

即使是双向双语教育，也反对在一节课中混合使用两种语言。双向双语教育是指数量大致相等的多数民族语言学生和少数民族语言学生坐在同一课堂内接受相同的教育，在教学过程中使用两种语言。通常，两种语言交替使用。譬如，按照严格的顺序每天更换一种教学语言，或者按照严格的顺序每天更换具体学科的教学语言。但在任何一节课中，仅使用一种语言，反对在课堂中同时混合使用两种语言（请参看本书第三章“双语教育基本类型”）。

高级层次（全英语型），课堂教学语言全部采用英语。全英语型又分两种，一种是一门课程的部分内容用英语讲授；另一种是一门课程的全部内容都用英语讲授。

在用英语讲授一门课程部分内容的类型中，用英语讲授的那部分学科内容一般是选择难度较低、理论性弱而操作性强、适于学生参与的教学内容，或者是非重点、非考试范围、拓展性的教学内容，而且双语课的频率和比例也不高，练习复习用汉语，因而有效规避了学科损伤的风险。由于教学语言全部用英语，英语的输入信息量很大，又是用英语来学习学科知识，对学生学习英语提出了认知要求（请参看本书第四章“双语教育基本理论”中的“依存假设”理论），提高了学生学习英语的难度和层次，对学生英语的提高作用较大。这种类型的双语教学外语语言目标达成度显然会高于渗透型和混合型双语教学。

当代中小学双语教育大多属于用英语讲授一门课程部分内容的类型，2011

年以后重新启程的双语教育，其核心是在全语言教学理论指导下的数学、物理、化学、生物、英语、科学、音乐、美术、体育课程双语教学的协同实施，找到了双语教育的最佳路径——课程协同。实践再次证明，双语教育不但是可行的，而且是有益的、成效明显的。

第一，学科目标达成度高，没有造成学科损伤。一方面得益于精选数学、物理、化学、生物、科学、音乐、美术、体育等适合的学科开展双语教育；另一方面双语学科教师普遍自觉努力坚守学科本质、体现学科特质、遵循学科课程标准，对教学投入更多的时间和精力，对学生给予更多的关心与爱护。例如，双语数学课本质上仍然是数学课，只是用英语来讲，因此，双语数学教学必须体现数学学科特质，必须符合《义务教育数学课程标准》，达成数学课标所强调的“四基”，即基础知识、基本技能、基本思想、基本活动经验，不可以因为双语教学而背离数学课标的“四基”要求。① 深圳市宝安区凤凰学校每个年级 3 个双语教育实验班与 3 个对照班每学期期末考试数据表明，双语教育实验班学生的语文、数学、英语的平均分、及格率、优秀率无不明显高于对照班学生的水平。② 张家港市三兴学校双语班学生的各学科学业成绩明显优于同类学校的非双语班学生，尤其双语学科的学业成绩没有受到不利影响。③ 全国双语教育实验学校联盟每学期组织一次双语教育实验学校自愿参加的英语、双语数学的“联考”。与此同时，各地双语教育实验学校也参加所在地教研部门组织的质量调研，或自发地与当地同类学校进行联合命题检测。相关数据统计表明，全国范围内的双语教育实验学校的双语学科教学质量，基本上都明显高于当地同类学校同一学科的教学质量。多个双语教育实验学校关于双语教育调查问卷的统计数据也表明，双语班学生家长对这样的质量是普遍满意的，对双语教育课程改革这一举措是普遍支持的。④

第二，双语教育大幅度提高了学生的英语水平。学生的英语单词、句型和

---

① 王丹红．坚守学科本质——由数学教师转变成双语数学教师的专业发展体会［J］．江苏教育（教师发展），2017（9）：15-16.

② 廖柏灵．双语教育课程设计及课程资源——基于广东省深圳市宝安区凤凰学校双语教育课程建设的实践［J］．江苏教育（教育管理），2017（10）：16-17.

③ 张建明．家长学历层次不影响双语教育实施效果［J］．江苏教育（教育管理），2018（12）：14-15.

④ 龚海平．准确理解教育国际化　坚定推进双语教育——中国基础教育双语教育发展 2019 年度研究报告［J］．江苏教育（教育管理），2019（11）：10-15.

语法水平及听、说、读、写技能远远高于《英语课程标准》的要求和其他学校的学生。① 以张家港市东渡实验学校为例，读完小学三年级的学生已经掌握了1500个左右（这个数字，还不包含在英语以外的其他双语课程学习中所掌握的词汇）英语单词，而《英语课程标准》规定小学阶段掌握600~700个英语单词。

小学二年级学生已经熟练使用“there be”等句型，而《英语课程标准》将这些句型列为中学阶段的教学范畴。

小学三年级学生已经大量接触和使用被动语态、分词、从句等语法知识，而《英语课程标准》也将上述语法知识列为中学阶段的教学范畴。

绝大部分小学三年级学生英语口语流利，能够围绕某一主题表达若干语句连贯、意思清楚的句子。有一位学生一口气说了25句英语，基本达到“语言规范，语音准确，意思明确”的要求。

第三，双语教育提高了学生的自信心、自豪感、主动性、阳光向上等综合素质。双语学生在双语教育中会得到来自老师、学校、家长和社会等各个方面的更多关注和关爱，而且他们通过英语教学语言学会了数学、科学、美术、音乐和体育等学科的基础知识，形成了相应学科的基本技能和能力，极大地提高了他们的自信心、自豪感、主动交流、阳光向上等综合素质，也为他们的未来发展开阔了视野和路径。双语学生的这些品质在双语学校普遍可以感受得到，在江苏省张家港市三兴学校这样一所地处偏远农村地区的九年一贯制义务教育公办学校也看得到。其小学部从一年级开始推进双语教育课程改革，两年多后，“双语班学生的精神状态明显好于以往各届学生，学生变得越来越阳光、活泼、自信”②。

第四，双语教育促进了教师专业发展，教师的精气神更足。双语教育最重要的支持条件是双语师资的建设，随着双语教育的推进倒逼了教师的专业成长，使得一支一专多能的双语教师队伍快速成长。③ 双语教育让教师看到了学校发展的前途和希望，因而士气大增，凝聚力、战斗力明显增强，教师的专业

---

① 王斌华．为双语教育再出发点赞［J］．江苏教育（教育管理）．2017（10）：23-26.

② 张建明．家长学历层次不影响双语教育实施效果［J］．江苏教育（教育管理），2018（12）：14-15.

③ 陈晓东．九年一贯制新办学校的双语教育课改实践［J］．江苏教育（教育管理），2018（12）：9-11.

发展意识被唤醒，全校上下充满了不甘落后、只争朝夕的生气。[①]

第五，双语教育提升了学校的办学品质和社会影响。通过双语教育，张家港市东渡实验学校声名鹊起，已经成为家长争相选择和学生企盼进入的学校；深圳市宝安区凤凰学校、郑州市惠济区实验小学和常州市武进区星韵学校也已经成为当地的优质教育资源。[②] 南宁市友爱小学在社区百姓中的口碑迅速好转，优质生源流失现象得到了明显遏制。[③]

关于双语教育是否会损伤母语的问题，可以从下面几个方面来看：

第一，我国的双语教育是强势双语教育类型，在这种双语教育类型中母语的地位很高。从根本上讲，我们进行双语教育的目的是提高学生的英语水平，把学生培养成双语者，不是要弱化学生的汉语能力和水平，也不是要用英语取代汉语。

第二，坚决反对语文课用英语来上。我国的双语教育研究者和实践者，早已达成一致的观点，语文课是专门传授和学习汉语语言文字的课程，只能用汉语讲，不允许用英语上。在课程方案里，语文课的课时也是最多的，中小学各个年级几乎天天有语文课，单单是语文课本身就有保持住学生母语水平的实力，更何况还有其他保持母语地位的渠道和力量。

第三，我国的汉语语言环境辽阔、场域强大，学生除了在双语课堂上听和说英语，在非双语课堂、课间、家里以及节假日听和说的还是汉语，粗略算算比比就知道，双语课堂加上英语课堂听说英语的比例小得可怜，能撼动辽阔强大的汉语环境和场域的一丝一毫吗?!

第四，中小学生的汉语语言能力已经稳定成熟到足以保证其母语水平的程度，不会因为在双语课上少说少听了汉语而受影响。

由上述分析可见，双语教育不会弱化、降低或损伤学生的汉语母语能力和水平。至于人们常常听到的现在的学生“语言表达能力越来越差”“中国话都说不明白”之类的抱怨，与双语教育毫无关联，可能是语文教学本身、家庭教育、教育的更高普及程度、计算机的广泛应用、网络和影视的包围等综合因

---

① 吴静．双语教育课改促进发展滞后小学的嬗变［J］．江苏教育（教育管理），2018（12）：12-13.

② 王斌华．为双语教育再出发点赞［J］．江苏教育（教育管理）．2017（10）：23-26.

③ 吴静．双语教育课改促进发展滞后小学的嬗变［J］．江苏教育（教育管理），2018（12）：12-13.

素惹的祸。

（三）我国中小学双语教育成功要素

以张家港市东渡实验学校、深圳市宝安区凤凰学校、郑州市惠济区实验学校、常州市武进区星韵学校为代表的双语教育学校取得了比较令人瞩目的成绩，从中可以分析出其蕴含的若干成功要素。①

1. 政府支持

《国际教育百科全书》指出："研究发现，除非双语教育与政府保持一致，否则它们不会成功。"前述四所学校开展的双语教育都得到了当地政府和教育行政部门的大力支持。比如，自 2013 年以来，郑州市惠济区实验小学在双语师资专项培养和培训方面的经费投入已达 50 万元，张家港市教育局对东渡实验学校开展双语教育专项拨款计划总额达 1700 万元。

2. 精选学科

究竟应该选择哪些学科开展双语教育？目前国内外的趋势是，首先选择数学、物理、化学、生物、音乐、美术、体育等学科实施双语教育。原因是人文学科、社会学科等具有较强的区域性，涉及较多的本土文化、本族文化、民间传说，甚至宗教文化，用外语讲授比较困难；而数学、物理、化学、生物、音乐、美术、体育等学科具有较强的国际共通性，其表述、词义、专业术语等相对比较固定，在理解、诠释方面比较一致。目前，前述四所学校分别开设了双语数学、双语科学、双语音乐、双语美术等课程，这与国内外的趋势和做法完全契合。

3. 师资建设

双语教师是双语教育最直接的实施者，双语教育只能通过双语教师来实现。双语教育的关键因素是"师资"，没有高素质的双语教师，就无法实施高质量的双语教育。双语师资建设的主要途径包括：第一，招聘高校应届毕业生。现在本科生和研究生的英语水平越来越高，也出现了大批愿意从事双语教育的人选。第二，转岗培训双语教师。一方面把英语基础扎实的学科教师培养成双语教师，另一方面把愿意从事双语教育的英语教师培养成双语教师。第三，聘请外籍教师担任双语教师。此外，郑州市惠济区实验小学考虑到，"双

---

① 王斌华．为双语教育再出发点赞［J］．江苏教育（教育管理），2017（10）：23-26.

语教师的工作付出要大大超出一般学科教师的工作付出”，为了促进双语教师专业发展，该校专门制定了“双语教师教科研津贴”“评优评先”等倾斜性政策。张家港市东渡实验学校注重职后培养，采取了“异地跟岗”“校本研修”两项有效措施，大大加快了双语教师的成长。

4. 教材配套

教材是双语教育的基本教学素材，也是双语教育目标的具体体现，直接关系到双语教育的成败。通常，双语教材分为国外引进教材、国内出版教材、学校自编教材和翻译教材。这四种教材瑕瑜互见，各有利弊。目前，前述四所学校采用的均为上海教育出版社出版、中美专家合作编写的“双语教育实验教材”《英语》《数学》《科学》等。这套教材既遵循了我国教育部颁布的学科课程标准所做的规定，又确保了英语语言的地道性，还体现了多学科在英语语言学习和运用上的高度协同。

5. 协同教学

在开展双语教育的过程中，前述四所学校强调了“协同教学”的重要性，并体现在多个层面。首先，双语教育与英语教育协同。开展双语教育不是为了取代英语教学，也不可能取代英语教学。双语教育与英语教学有各自的目的和任务，它们互为支持，相互促进。其次，教学环节与教学过程协同。比如，“协同备课”。再次，课程内容与教学语言协同。双语教育具体课程的实施必须做到，课程内容和教学语言高度协同。

（四）我国中小学双语教育面临的困境与挑战

在经济全球化和区域一体化及我国全方位、各领域、多层面对外交往日益频繁的时代背景下，一些地区的政府及其教育行政主管部门和基层学校正积极创造条件，实施以双语教育为课程载体的一系列课程与教学改革，为中小学教育的“双语教育再出发”注入了新的活力。从办“适合的教育”的视角看，基础教育领域的双语教育课程与教学改革实验与探索，不仅是学校办学改革与发展的需要，更是新时代赋予基础教育办学内涵提升的新要求，也是基础教育对满足人民群众日益增长的对优质教育新需求的积极回应。在各方面的积极努力下，中小学的双语教育取得了切切实实的一系列成效，但是双语教育课程与教学改革毕竟是基础教育领域的一个新生事物，也是难度很大的事物，是不可能一蹴而就的，遇到困境在所难免，面临挑战也是必然。

我国幅员辽阔，不仅沿海地区与内陆地区，东部地区与西部地区的教育基础、教学条件和办学水平存在差异，即便在同一地区的不同学校之间，其教育基础、教学条件和办学水平也存在差异，因此，不同地区、不同学校在双语教育实施过程中遇到的困境和挑战也有所不同。

在双语教育边缘徘徊或刚刚进入双语教育领域的学校，面临的困境与挑战往往表现在下列几方面：

一是双语教师的数量不足。西安的一项调查很有代表性，该调查表明：现在能胜任双语教学任务的双语教师数量，不能满足当前西安市对于中小学双语教学的需求。在研究者对没有开展双语教学的 36 所中小学的校长或教务主任的访谈中，有 17 人表示没有开设的主要原因是考虑到没有能胜任双语教学的教师。在问及他们未来的规划时，其中 19 人（占未开设学校的 52%）表示只要双语师资问题得到解决，他们会尽快开设相关的双语教学以适应社会的需求。①

二是目前担任双语教学的双语教师双语教学能力、素养和双语科研能力普遍较低。前述调查的研究者在对西安市目前担任双语教学教师进行的进一步问卷调查中发现，目前担任中小学双语教学的教师存在着各种各样的问题，如学历偏低、教龄偏短、双语执教时间更短、缺乏足够的教学经验及双语教学知识等。②

三是缺乏适用的教材，可供选用的外文版的双语教材很少。

四是双语教育的社会认同度不高，双语教育的社会心理环境比较脆弱。

双语教育已经顺利开展起来的学校，在师资建设、教学研究、质量监测方面建立起了提高双语教育质量的保障机制，并且已经取得一定成效，但也面临困境和挑战，主要表现在下列几方面：

一是地方教育行政部门有待出台双语教师在职称晋升、骨干教师称号评定、评先评优等方面的激励性政策，有待制定双语教师培训培养的长远规划、得力措施及双语教师工作量标准。③

二是有待形成稳定的、有规模的、结构合理的、高水平骨干双语教师队伍

① 李征娅．基础教育双语教师职前培养模式探究［J］．大学教育，2014（5）：20-21.

② 李征娅．基础教育双语教师职前培养模式探究［J］．大学教育，2014（5）：20-21.

③ 龚海平．双语教师专业发展的基本条件和有效路径［J］．江苏教育（教师发展），2017（9）：9-10.

以及双语教育专家团队。

三是有待建成开放、多元、高层次双语教育教学和研究资源平台。

四是有待建设多版本、高级别、高质量双语教育教材库。

五是有待制订和出台国家和地方双语学科质量评估方案。

二、我国中小学双语师资培训培养的实践

伴随着我国当代双语教育的发展，在双语师资的培训培养方面，各地已经做了不少有益的尝试，积累了一些经验，尽管这些经验还不够成熟，但与国外的经验相比，更贴近实际，更符合国情，对建构双语教师培养培训体系的借鉴意义更直接。双语教师的来源与单语教师一样，主要也是两大途径，一是在职培训，二是职前培养。

（一）中小学双语师资的培训

双语教师的培训是对在职教师进行的训练，在职培训是中小学双语教师的主要来源，在双语教育发展的各个阶段在职培训双语师资都发挥着重要作用。通过下面三个例子来看其基本状况。

1. 上海市的双语教师培训①

上海在市、区、校各层面加大外语、双语教师的出国进修培养力度，并引进外教开展学科双语教师的强化培训。据粗略统计（2000 年至 2007 年）：赴英语国家进修的英语、双语教师约 2000 人次，聘请外教来沪进行培训的双语教师约 2600 人次，由上海外国语大学、华东师范大学、上海师范大学等高校进行培训的双语教师约 600 人次，由其他途径进行培训的双语教师约 1000 人次，进修后取得英语和学科双学历的教师有 400 余名。其中，有代表性的是上海新黄浦实验学校和上海金苹果学校的双语师资培训。

上海市启动中小学教师双语教学能力认证项目。从全市 3000 多位双语教师中挑选出 66 位参加了第一批认证培训。此后上海市的双语教师都须通过这项资格认证，并实行持证上岗。这 66 位双语教师参加了为期 3 个月的培训，培训结束后，专家从教学态度、教学理论、英语水平、教学能力、教学绩效等五个方面对其进行资质认证。该资格认证分为五类四个级别：“五类”为中学

① 龙琪．前进中的我国双语教学［J］．中小学英语教学与研究，2007（3）：40-44.

文科类、中学理科类、中学体艺类，小学科学类、小学体艺类；“四级”为高级、中级、初级和见习四种。据统计，到2007年为止，上海300多名双语教师分批接受了认证培训，并获得了中小学教师双语教学能力资质证书。

2. 辽宁省的双语教师培训①

在中学生物学科中实施双语教学是辽宁省的一项政府工程。从2002年秋开始，初一、初二、高二年级被确定为实施对象。以科研带动教研，设专题进行研究，探索创新教学模式下的双语教学。省里以召开现场会、研讨会、观摩、交流论文、评优秀课等形式，促进生物学科“双语”教学的扎实进行。

在辽宁省双语教学实验领导小组的直接领导下，依托辽宁省基础教育教研培训中心及辽宁省“双语”教学学科实验指导组（由有关专家、学科培训教师、实验教师组成），有计划地开展了双语教学研究与师资培训工作。

培训方式是按照集中培训与校本培训相结合，以校本培训为主、集中培训为辅的原则，在省级实验学校设立学科实验点，不定期进行循环式现场“双语”教学培训，学科实验指导组则深入实验学校加强对实验教师的跟踪指导。

培训内容包括生物学科课堂用语和常用专业术语、生物学科“双语”教学教材教法研究、教学评价与教学管理研究。

3. 江苏省张家港市东渡实验学校双语教师培训②

江苏省张家港市东渡实验学校是2011年后双语教育再出发的发起地，其双语教师的产生渠道及培训可以代表当下我国中小学双语师资培训的基本状况。

（1）双语教师的产生渠道。该校双语教师的产生渠道有四种。一是定向招聘。2013年起，相关行政部门给该校划拨双语教师的专门指标，面向应届本科毕业生和全日制硕士研究生招聘双语教师，这类双语教师不仅专业功底扎实，而且英语语言能力较强，可持续发展力也比较大。

二是校内转岗。让学校现有的、基本符合双语教师相应条件的学科教师转岗成为双语教师。实践证明，35岁以下的、第一学历为全日制本科毕业、拥有大学英语四级或六级证书、英语语音语调无大碍的年轻教师，经过岗前培训

---

① 龙琪．前进中的我国双语教学［J］．中小学英语教学与研究，2007（3）：40-44.

② 郑建忠．双语师资队伍建设的有效路径——江苏省张家港市东渡实验学校双语师资队伍建设的做法与体会［J］．江苏教育（教育管理），2017（10）：21-22.

和在岗研修，通过自己努力，是可以转岗为双语教师的，其中有些转岗教师担任双语课程后教学效果还特别好。

三是异地调配。就是上级教育行政部门根据学校双语师资的缺口从本区域其他学校调入符合双语师资任职条件的教师，通过转岗培训，来充实双语师资队伍。近年来，从其他学校调入、转岗的双语教师，由于已经在教学实践中取得了一些经验，他们在班级管理、组织教学方面更加得心应手，再加上岗前培训、在职研修和专家指导，他们的专业发展速度普遍较快。

四是招聘外教。招聘外籍教师充实学校双语师资队伍，是双语教育实施的必然要求。一方面，中国双语教师的学科教学语言能力再强也强不过以英语为母语的人士，更何况中国双语师资的学科教学语言能力提升还有一段很长的路要走。另一方面，有了外籍教师的加入，学校双语教师的教学理念和方法也就自然而然地获得了“他山之石”，进而实现优势互补。东渡实验学校自双语教育开始实施之年就一直保持 2~3 名外籍教师的聘用规模。外籍教师的加入，不仅使得每个教学班每周都能够安排一节外教英语口语课，而且解决了学校双语体育、双语音乐师资不足这一难题。

（2）双语师资的培训。双语师资的定向招聘、校内转岗、异地调配和招聘外教只是解决了双语师资的数量问题，而要解决其质量问题，还要加强双语师资的培训。为此，东渡实验学校也做了一些有益的探索。

一是岗前培训。所有的“准双语教师含定向招聘、校内转岗和异地调配这三种情况的教师”，在实际担任双语学科课程教学之前都要接受一段时期的双语教育培训。通过培训，让其学习和掌握双语教育的基础理论、实施路径和教学方法，提高他们双语教育学科课程的协同意识和协同能力，帮助他们掌握双语教育学科课程的基本英文教学语言和教学技巧。在此基础上，组织她们就不同学科的某些教学内容开展跨学科集体协同备课，然后开展微格教学。

在双语教育启动阶段，岗前培训主要是聘请专家进行。在学校已经培养了一些较为成熟的双语师资后，则采取专家与成熟双语教师混合主讲的方式。与此同时，学校也选派一部分“准双语教师”参加全国双语教育学校联盟组织的双语教师短期集训。

二是职后培训。双语教师入职以后的培训，关系到双语教育课程改革的长远发展，丝毫不能懈怠。主要做法有四种，即异地跟岗、校本研修、网络教研和校际交流。

异地跟岗就是把本校双语师资力量不够强大的双语教育学科的双语教师送到该学科双语师资力量相对强大的学校进行短期（一般为一学期或一学年）跟岗学习，通过边跟岗边实践，不断提高其自身的双语教学专业技能。

校本研修是双语师资职后培训最基本的方式和方法。校本研修，一方面是立足于本校，对在开展双语教育的过程中所遇到的困难和出现的问题展开研讨，提出解决方案。另一方面还包括同一年级不同学科双语教师的集体协同备课。几年来，双语教师在坚持每周一次的集体校本研修活动外，更注重在日常工作中随时就双语课程实施中出现的问题进行个别交流，努力把问题及时消灭在萌芽状态。为方便双语教师的校本研修，学校改变了以学科组为单位安排教师办公室的做法，将同一年级的双语教师安排在同一个大办公室集中办公，提高了校本研修的实际效能。

网络教研。在学校双语教育影响力不断增大和国内双语教育友好学校不断增多的情况下，学校顺应众多双语教育友好学校的呼声，搭建了“全国双语教育实验学校业务交流群”。

在专家的主持和指导下，各学校的双语教师在群里异常活跃，上传课件、传输视频、分享经验、互通信息、提问答疑、“能者为师”、互帮互助、专家指导与诊断等都已进入常态化。网络教研平台的搭建和利用，不仅方便了跨区域双语教育教研活动的开展，而且实现了资源共享，增进了双语教育实验学校之间的友谊。

（二）中小学双语师资的培养

双语教师的培养是对师范生进行的职前教育，是双语教师的另一主要来源。双语教育师资职前培养的形式主要有三种。第一，开设以双语教育师资为培养目标的专业。第二，以研读双学位的方式培养双语教育师资。这又可分为两类：一类是外语专业的师范生选择非外语学科的某一专业作为自己的第二学位专业；另一类是非外语专业的师范生选择外语专业作为自己的第二学位专业。第三，通过主辅修的方式培养双语教育师资。

1. 长春师范学院中小学双语师资培养的实践①

该校的双语教学主要指的是，学校中全部采用英语进行体育、音乐、美

① 赵冀民，高艳贺．长春师范学院双语师资培养的实践［J］．中小学英语教学与研究，2004（7）：21-22.

术、物理等非语言学科的教学。该校在双语师资培养的实验阶段，主要采用以下两种模式：

第一种模式是本科生的双语师资培养实验。本实验从 2003 年 9 月开始，对象是体育、音乐、美术、物理、化学、生物、教育学、教育技术学、政治、历史、地理等专业的 1100 多名学生，采用“1 年封闭式外语+3 年双语教学”的模式。学生入学第一年，在学校的双语教学实验基地采用封闭式外语培训。

所谓封闭式，即将学生封闭在两个双语教学实验基地，只有周日可以外出，平时不得随便出入，集中全部精力以提高学生的外语水平。通过创设良好的语言环境，采用生动的教学方式，重点培养学生的听说能力，提高学生的外语水平。在“封闭式”期间，课程设置上以外语为主（每周 14 节以上的外语课），同时进行专业课的教学，使学生具备较强的专业能力。入学第二年和第三年，学生回到学校本部学习。这一时期对专业课进行双语教学，使学生提高专业能力、业务水平。实现“知识目标”；通过双语教学，提高学生的语言应用能力，实现“语言目标”，最终实现双赢。入学第四年，主要是结合中小学目前所用的学科教材，有针对性地进行学科双语教学，从而为学生更好地服务于中小学奠定坚实的基础。

第二种模式是“双语专业”教师的培养。该校自 2002 年起设置“双语专业”，对象是外语专业的专科生。入学后的前二年，集中进行外语专业学习。第三年，学习部分专业课。结合中小学目前使用的教材，有针对性地进行学科双语教学。

双语师资培养的举措：

（1）将双语教学建立在科学研究的基础上。首先，该校组织一批科研能力较强的教育学、大学英语和理科教师投入到双语科研、教学工作中，开发双语教学校本评价体系和双语教师考核体系等。其次，要求所有的双语教学采用反思、叙事研究，记录和分析双语教学案例，以便相互分享、交流和学习。再次，与所有的双语实验学校一样，该校致力于校本双语教材的开发。第四，申报课题，主要从双语教学的理论基础、双语教学的国际比较研究、双语教学的案例分析、双语教学的“1+3”及“2+1”模式、各学科双语教材的开发等方面，结合学校的双语教学实验进行理论与实践研究。第五，积极呼吁我国双语教育相关法律、法规的尽快出台。

（2）明确培养目标。中小学双语教师是指能用英语来教授其他非语言学科（如体育、音乐、美术、数学、化学、物理等）的教师。

（3）设置双语课程。双语课程由双语理论课程、专题讨论课程、中小学双语观摩与实习课程三部分组成。双语课程需要不断发展、完善，一是双语课程经历英语学科的巩固提高—专业英语课程—准双语课程—完整的双语课程体系的渐进发展完善的过程；二是双语课程逐渐由音乐、体育、美术、科学、人文、选修等非核心学科向数学、物理等核心学科发展。

（4）开发校本教材。实践中实验学校发现，引进英文原版教材虽然有利于学生英语思维方式的形成，但是引进的英文原版教材难与我国中考、高考制度接轨，而且对于一些学生来说全英文教材难度太大，学起来很吃力。因此，该校既借鉴引进新加坡的中、英双语原版教材，又关注各中小学目前使用的双语教材，在实践中不断总结改进，开发出科学实用的中小学双语教师培养校本教材。

（5）多元教学方式。为培养参与者的创新精神和实践能力，双语教师培养教学方式应以学习者为中心，注重学生参与。实践中该校的双语教学方式主要有案例分析式、情境体验式、专题讨论式和讲座式。

（6）遵循教学原则。该校双语教学实验遵循的是“自愿、小班化、选修、分层”的原则。

2. 江苏理工学院培养小学双语教师的实践

通过专业方向和课程设置培养双语师资的高校还有江苏理工学院。江苏理工学院（原江苏技术师范学院）教育学院于2006年开设了小学教育双语方向（本科），其目标是培养小学双语教师。其教学计划有下列特点：

（1）开设“双语教育原理”“小学双语教学技能训练”等课程，进行双语教育基本理念、基本理论的传授和小学双语教学基本素质、基本技能的训练。

（2）尽可能增加外语类课程的比例，各模块中英语课程总计40学分、640课时，占总课时的比例接近30%，并使之贯穿始终。

（3）根据双语教师的能力素质要求（能用英语进行非语言学科的教学），加大英语实际应用能力培养的力度，加强英语听力和口语等实践性强的课程，开设“英语语音”（32课时）、“英语口语”（96课时，3个学期）、“英语听力”（128课时，4个学期）、“小学双语教学实用英语”（32课时）等课程。

（4）延长教育见习实习的时间。把过去1次共2周的教育见习，延长到3次共6周，从第三学期开始进行持续的教育见习；把教育实习时间由过去的6

周延长到12周，并且分散到两个学期（第六、第八学期）进行，使第一阶段的实习真正成为学生进一步学习的基础，提高理论联系实际的能力，提高学生的双语教育能力和水平以及适应实际工作的能力。

此外，还组织教学计划外的专门的双语教育能力训练活动，培养双语师范生的双语教育能力。与小学联合开展双语教育活动课程，锻炼师范生的双语教育能力。

怎样看待高等院校培养双语师范生的实践？是不是在浪费资源和时间、精力？这些双语专业或方向培养的学生，不一定去做双语教师或者很少有人去做双语教师，但不能否定这些尝试和实践的价值，不能认为这是浪费资源和时间、精力。这些尝试和实践是有价值的，这样说，有几个方面理由：首先，较大范围深入地传播了双语教育的基本理念、基本思想和基本原理。其次，较大数量地培养了具有双语教育基本理念、素质和能力的师范专业人才，为基础教育领域双语教育的潜在发展储备了双语师资力量，这也正发挥了教师教育的超前培养和储备功能。再次，双语教育引导学生换一个视角看学科教学和世界，扩大了师范生的视野，丰富了师范生的知识结构，这正切合具备广博知识的教师素养要求。最后，双语教育师范专业或方向很注重师范生的双语教学能力和技能的训练，训练他们用英语讲授中小学学科课程的技能。这种训练难度远远大于用中文讲授学科课程，要求也远远高于用中文讲授学科课程。在这种训练中师范生承受的心理压力等更大，付出的时间、精力和努力程度也更多更大。而反过来说，经过这样高要求高付出的训练，他们在胆量、自信、教学技能和素质方面的提升也更大。因此，双语教育师范专业或方向不但不是浪费资源和时间、精力，而且是一种更高标准、更高层次、更好效果的师范专业学生能力、素质训练模式。

第三节　小学双语教育与小学双语教师

一、小学阶段开展双语教育的优势

各个国家的双语教育一般从小学开始，小学双语教育相对于其他各个学段中的双语教育其争议也最小，小学阶段开展双语教育有一定的优势。

（一）小学生处于外语语言学习的关键期

小学阶段一般是6—12岁或7—13岁，这一阶段是学习外语的关键期、敏感期，可以收到事半功倍的效果。从生活经验看，小学生"心灵嘴巧"、模仿能力和接受能力强、外语学习效果好。从理论上看，外语学习起始年龄是一个比较复杂的问题，其认识过程经历了以下一些反复（请参看本书第一章"双语教育概论"）。①

二战后至20世纪60年代，外语教学起始年龄提前的理论和实践逐渐占上风，其主要理论依据是伦奈伯格提出的著名的"关键阶段假设"。自20世纪70年代起，小学外语教学的热潮开始降温。主要原因是由于缺乏师资与教材，小学外语教学质量不够理想。同时，在理论研究方面，伦奈伯格的"关键阶段假设"也受到了质疑。20世纪90年代以来，从双语教育研究中又发现了一些新现象：有些7岁以下的低龄儿童接受了双语教育后，从小对第二语言和文化持积极态度。这种态度推动了他们在以后第二语言的学习中取得更好的成绩。同时，7岁前开始学习第二语言的儿童，成年后基本上具有以英语为母语的人的语音语调；14岁后开始学习英语的人往往带有第一语言的口音；在7岁至14、15岁之间开始学习第二语言的人，则英语水平参差不齐。这一现象表明，自幼开始学习第二语言的人至少在语音方面占有优势。这些现象改变了一些国家关于外语教学起始年龄的看法，又决定从小学起开设英语课程。

迄今为止，第二语言的获得是否有一个最佳期的问题仍然是有争议的，有关的研究结果也不尽一致，甚至初看上去是相互矛盾的。在综合众多的研究结果时，一个十分重要的问题是要把正规的第二语言学习同不正规的自然状态下的第二语言学习区分开来。有关正规的第二语言学习的研究表明少年和成人在某些方面优于儿童，但这些研究多局限于词法和句法规则方面。在自然状态下，儿童不费多大力气就能掌握两种或多种语言，所以，从总体上说，儿童学习第二语言的能力优于少年和成年人是没有多少疑问的，尽管对这一现象的解释有许多不同观点。②

---

① 左焕琪．外语教育展望［M］．上海：华东师范大学出版社，2002：88-90.

② 余强．双语教育的心理学依据［M］．南京：江苏教育出版社，2002：67-68

（二）小学阶段学习没有升学考试的压力

学龄各个时期比较起来，小学阶段学习时间较长、学习内容较少，又没有升学考试的压力，有更多的时间和精力可以用来进行难度较大、比较费时费力的双语教育，因而，小学的双语教育更普遍更红火，来自家长社会等方面的阻力也最小。而初高中开展双语教育的一大障碍就是有升学考试，压力大、竞争激烈，因此，初高中的双语教育往往会遇到更大的阻力，而且很少听到初三和高三继续进行双语教育的。

（三）小学阶段是儿童发展最易受影响的时期

从人生发展历程上看，小学阶段是最重要的，是长知识的最旺盛时期。小学生好奇心强，求知欲旺盛，思维敏捷，对什么都要问个为什么。小学生记忆力强，善于背诵，对感兴趣的事物能够牢记在心。小学生模仿力强，容易做到习久成性，在童年时期养成的好习惯可以牢固地保持一辈子，童年时期练成的各种本事都是童子功，也可以牢固地保持一辈子。小学的基础打得好，会影响学生以后的学习与成长，甚至会影响他们的一生。

小学生的这些心理特点非常有利于开展双语教育，现实中，小学生对双语教育普遍有好奇心、新鲜感，为自己是双语学生而自豪、自信。

二、小学双语教师的专业素质

小学双语教师，首先应该是教师，其次应该是学科教师，再次才是双语教师。

小学双语教师实际上是能用外语（英语）讲授学科课程的教师，例如，数学双语教师（双语数学教师）是能用外语讲授数学课的教师，因此，双语教师必须是学科素质、外语素质与双语教育素质协调发展的人。

双语教育不同于单语教育，它有自身的特征、实质、目的等，客观上要求双语教师必须具有不同于单语教师的素质结构。

小学双语教师应同时具备小学教育专业和英语专业的基本素质，还要懂得和掌握双语教育的基本原理和基本技能。因此，小学双语教师的素质起码应包含三方面内容：其一是小学教育专业素质，其二是外语素质，其三是双语教育素质。

小学双语教师的小学教育专业素质，就是目前我们要求小学教师具备的品德、观念、知识、技能等方面的素质，主要包括：良好的品德与职业道德修养，开放现代的小学教育思想与理念，健康自信的心理素质，流畅生动的母语口语表达能力，组织小学生各种活动的能力，以及音乐、舞蹈、绘画、三笔字等方面的基本功等。

小学双语教师的外语素质，主要是较熟练地掌握一门外语（英语），具有外语专业的基本素质。其外语素质中最重要的是口语表达能力要强、发音要准确标准。外语口语表达与发音问题，是制约我国双语教育广泛开展的主要因素之一，也是我们在小学双语教师的培训和培养过程中应特别注意加强的方面。

小学教师的双语教育素质，主要是要懂得双语教育的基本理论、原理，掌握双语教育的方法与技能技巧，具有用比较规范、标准的英语口语传授学科知识、组织和管理教学活动的能力，能比较得心应手地在各种场合为小学生创设模拟的外语情境，能胜任培养具有初步外语能力的双语学生的任务。具体说来，包括下面几个方面。

（一）要具有坚定的小学双语教育职业理想和信念

小学双语教师要有效地从事要求高、难度大、付出多的小学双语教育工作，就要有强烈而持久的双语教育动机、很高的工作积极性，坚信小学双语教育的价值，把从事小学双语教育工作和培养高素质的双语学生作为自己的职业目标，作为衡量自身价值的尺度。要树立忠于小学双语教育事业的职责和信念，自觉地将自己的精力和感情投入到小学双语教育事业中去，并在追求小学双语教育社会价值的过程中，实现自己的人生价值。

（二）要具有更加宽容、平和的心态

能够包容小学生可能出现的“沉默期”“语际语”等特殊的双语教育现象和各种幼稚的错误，能够忍耐家长、社会的不理解甚至责难等，能够承受高强度的心理压力。目前我国的双语教育，外部尚未达成广泛的社会认同，社会心理环境较弱，内部尚未构建起高效、严密、科学的双语教育教学及评价、晋升体系，加之双语教育本身固有的特点及难度，小学双语教师往往要比单语教师付出更多、承受的压力更大，因此，必须具有良好的心态，坚定的意志、信心和强大的承受力。

（三）要具有科学的小学双语教育理念

小学双语教育理念，是小学双语教师对小学双语教育的价值、目的、原则方法等的基本看法，是小学双语教师在对小学双语教育本质认识的基础上所形成的小学双语教育价值观、活动观和评价观。

一是小学双语教育价值观，是小学双语教师对小学双语教育的作用和意义的基本认识，它体现双语教育促进社会发展与个人发展的价值取向。

二是小学双语教育活动观，包括双语小学生观、小学双语教学观、小学双语教育整合观等。双语小学生观，是小学双语教师对小学双语教育所要培养的全面和谐发展的双语小学生的正确认识。小学双语教学观，最主要的是要树立小学双语教育的习得观，即要研究、模仿和再现母语习得过程的情境、顺序和心态，对小学生充满信心、耐心和期待，相信每个小学生在适当的教学条件下，都能达到双语教育的目标。小学双语教育整合观要求小学双语教师具有主动利用、调动、整合各种有利因素开展小学双语教育的意识和理念，使课内课外、校内校外形成良好的双语教育环境和氛围。这是因为，双语教育是一个体系和系统，而不仅仅是一种途径和方法。

三是小学双语教育评价观，要求追求评价的多元价值，关注小学生情感、兴趣、语言能力、文化认同等多方面的发展，进行多类型、多方位的评价，以评价促进小学双语教育目标的达成。

（四）要具有进行小学双语教育的复合能力素养

这种复合能力素养包括：小学双语教学能力、小学双语组织管理能力、小学双语探索创新能力、小学双语实验研究能力等。

一是小学双语教学能力，是小学双语教师最核心的能力，要求能够根据小学生的身心发展状况和学校的条件，利用多媒体等教学设备，创设适当的情景，设计、实施和评价双语教学活动。

二是小学双语组织管理能力，要求能用双语组织和管理小学生的学习和各项活动，培养小学生良好的行为习惯和品德等。

三是小学双语探索创新能力，也是小学双语教师必备的基本能力，尤其是在目前双语教育处于发展初期，此时的小学双语教育本身就是一种探索和创新，它更要求小学双语教师大胆探索、勇于创新，善于把自己所学的相关学科的知识能力和技能迁移到小学双语教育活动中去，善于把国内外的有关研究成果运用到自己的双语教育实践中去。

四是小学双语实验研究能力，要求能够选择、设计小学双语教育实验研究课题，进行实验和研究，并能够准确地表达自己的研究结果，以便能与他人分享，增强小学双语教育的说服力，提高小学双语教育的质量。

以上四个方面共同构成小学双语教师的双语素质，其中，坚定的双语职业理想和信念是小学双语教师从事小学双语教育事业的根本动力，宽容平和的心态是顺利开展小学双语教育的重要保证，科学的小学双语教育理念是行动的指南和理性支点。而小学双语教育的复合能力素养是进行小学双语教育活动的基本条件。

总之，小学双语教师素质结构中的各项素质——小学教育专业素质、外语素质和小学双语教育素质，必须协调、平衡地发展，才能胜任对小学生进行双语教育的工作。

三、成为合格小学双语教师的步骤

我们用轻松的方式聊一个比较有难度的话题：成为合格的小学双语教师总共需要几步？

答案很简单，只需要两步。第一步，先成为双语教师；第二步，成为合格的双语教师。这两步里哪一步更难？两步都很难，但第一步更难。

迈开第一步，尝试或者选择成为双语教师是非常难的事情。一般要经过几小步：

第 1 小步，了解什么是双语教育，双语教育有什么作用，双语教育有些什么基本原理，双语教师要具备什么条件，等等，做到心中有数。

第 2 小步，试着自己练习用英语介绍自己、介绍自己所教的课程，或者讲几分钟、十几分钟的双语微课乃至几十分钟的双语课，把这些录下来，回看、分析、改进，不打无准备之仗。

第 3 小步，鼓足勇气，给周围的人或自己的学生讲一节至几节双语课。要迈出这一步，勇气和胆量是非常关键的，如果没有勇气和胆量迈出这一步，你的英语水平再高、英语语言面貌再好，也不可能成为双语教师。鼓起勇气迈出这一步，你就赢了。

走完这三小步，你就成为一位准双语教师了。

第 4 步，综合衡量双语教育的发展前景和自身条件，看看做双语教师是否能更好地体现自我价值，问自己的内心是否愿意去尝试做一种不一样的教师，如果答案是肯定的，那就下定决心去应聘双语教师或转岗做双语教师。

如果所在学校没有开展双语教育，就要变成独行侠了；若能坚持下去，你的教育生涯也会增添一抹色彩。也许有一天，会有更多的双语教育独行侠汇聚到一起，形成一道亮丽的双语教育彩虹。

一旦拿到双语教师的资格，当上双语教师，之前做选择时心里的纠结与徘徊会渐渐平息下去，第二步成为合格双语教师便摆上日程。这个过程要经过岗前培训、上岗实践、在职培训提高等，要特别注意下列几方面：

一是要深入全面学习和掌握双语教育的基础理论、基本原理和教学原则、教学方法等，自觉用双语理论去指导自己的双语实践。这样可以少走很多弯路，并且会使自己的双语实践起点较高。

二是双语课前要加倍准备。双语教学的难度远远大于单语教学，必须花费更多时间精力备课，养成做出多套双语教学方案的习惯。这样有助于双语课堂教学的顺利进行，有助于保证双语教学的效果。

三是经常钻研学科课程标准，坚守学科本质，时刻注意不要把双语学科课上成英语课。

四是坚持写“教后”，及时总结自己上的每一节双语课的得与失，找出扬长补短之具体办法，并在下一节课用起来。经过这样细致入微的不断总结与改进，不出两三年你的双语教学水平就会有长足进步。

五是要善于运用他山之石。每一次集体双语备课、每一次听他人的双语课，都要做有心人，分析他人的双语教学方案和双语教学过程的优缺点，用心琢磨你可以把其中的哪些优点学过来用于自己的双语教案与双语课堂，你怎样做可以避免其缺点。这样，可以攻玉的他山之石会帮你登上双语教育的成功之峰。

总之，成为合格双语教师的步骤简单、进程艰难，需要付出更多的努力与慧心！

此外，语文教师是否可以做双语教师？

语文课必须用中文上，不可以进行双语教学，这是双语教育领域早已达成一致的观点，但不代表语文老师不可以成为双语老师，换句话说，语文老师可以做双语老师。除了讲授语文课以外，语文老师一般要做班主任，有的还要兼任其他课程，如思想品德课、劳动教育课等，那么，语文老师的班主任工作和兼任的语文课之外的课程完全可以用英语来进行。比如，班主任对学生的日常管理活动，重复、程式化的东西很多，容易使师生厌倦，而在学生熟悉了基本的要求和程式以后，用英语进行管理和教育可能会使学生耳目一新，觉得语文老师多才多艺；班会、主题班会等也适合用英语进行，会收到很好的效果。

语文教师加入双语教师的行列，在班主任工作、对学生的日常管理活动以及所兼任的课程中进行双语教育，将使双语教育的时空更加广阔。这将是双语教育广泛深入发展的一个方向或结果。

QUESTIONS

1. How do you think about bilingual education? Is it useful/hopeful/successful, etc. or not? Why?

2. What can we learn from other countries in bilingual education and in training of bilingual teachers?

3. What are the main problems in bilingual education and in training of bilingual teachers in China and abroad? How do we solve them?

4. Do you like to be a bilingual teacher? Why?

5. Try to analyse the gap between yourself and a qualified bilingual teacher in a primary school, and what do you plan to do in order to narrow the gap and to improve your abilities as a bilingual teacher?.

Discussion and Presentation Topics:

1. What professional qualities should a qualified bilingual teacher possess in a primary school? Why?

2. How would you prepare yourself to be a qualified bilingual teacher in a primary school?

第三章　双语教育基本类型

双语教育是一个宽泛的概念，也是一种复杂的现象。因此，对其分类十分艰难，争论也很多。本书将从两个维度对双语教育进行分类，以方便双语教育者对双语教育类型形成概括的认识。

在整个国家的宏观语言政策层面，主要以母语在双语教育中的地位作为划分标准，可以把双语教育分为弱势双语教育和强势双语教育两大类。

在学校教育层面，主要以双语教育的操作策略为划分标准，可以把双语教育划分为沉浸式双语教育、淹没式双语教育、双向双语教育、主流双语教育等类型。

第一节　国家语言政策层面的双语教育类型

1993 年，柯林・贝克在《双语教育与双语制度的基础》一书中，把双语教育划分为 10 种类型，其中有 6 种类型属于弱势双语教育范畴，4 种类型属于强势双语教育范畴。他的观点得到广泛的认可，具体分类如下。①

一、弱势双语教育

所谓弱势双语教育，是指学校拥有双语学生，课堂教学语言采用多数民族语言。出于课堂环境适应的需要，可以允许学生短暂地使用少数民族语言，以便尽快地运用多数民族语言学习课程。学校实施双语教育的目的不是为了将学生培养成熟练掌握两种语言和双元文化的人才，而是为了将学生培养成单语人才或低水平的双语者，帮助学生尽快过渡乃至同化到主流语言和主流文化中去。

① 王斌华．双语教育与双语教学［M］．上海：上海教育出版社，2003：66-88.

如果把双语教育界定为培养双语者的教育，或者认为双语教育的基本特征之一是培养双语者，那么，弱势双语教育，尤其是前五种弱势双语教育就不属于双语教育的范畴了。

1. 淹没式双语教育（Ⅰ）

淹没式双语教育（submersion bilingual education）是最弱势的双语教育类型。它不仅适用于移民教育，而且适用于土著人教育。美国、英国、日本、新西兰、肯尼亚，以及法国布列塔尼地区等都采用这种类型的双语教育。淹没式双语教育把学习语言比作学习游泳：把学生扔进深水里，在没有任何救生器材或专门游泳指导的情况下，让学生在水中呛水、下沉和挣扎，直到学会游泳。

通常，淹没式双语教育学校不单独开设教学班，而是在主流语言班级中实施。来自少数民族语言家庭的学生从入学第一天起，就直接通过多数民族语言接受教育。譬如，来自西班牙语家庭的学生从入学第一天起，就开始通过英语接受教育。

淹没式双语教育的支持者认为：如果让儿童淹没在英语的海洋里，他们将很快掌握英语，教师和其他学生都能成为他们学习英语的榜样；如果允许学生使用家庭语言，只能延缓他们掌握英语的速度。

在美国，有一种比较特殊的淹没式双语教育形式，通常被称为“结构型沉浸式双语教育”（structured immersion bilingual education）。它允许任课教师在短期内使用简易英语，甚至允许移民学生少量使用家庭语言。

淹没式双语教育的目的不仅是帮助少数民族语言学生尽快地熟练掌握英语，让他们能够与来自英语家庭的学生一起学习，而且还基于政治的需要。譬如，美国是一个移民国家，面对众多不同的种族群体和种族语言，学校扮演了“熔炉”的角色，成为形成共同语言、共同态度、共同目标和共同价值观的教育场所。淹没式双语教育历来被认为是帮助移民融入美国主流社会的重要途径。

2. 淹没式双语教育（Ⅱ）

淹没式双语教育还有两种变式。

一是，建立单设班的淹没式双语教育（submersion with withdrawal classes）。在美国、英国和欧洲其他国家，单设班也被称为“补习班”或其他名称。

学校为少数民族语言学生专门开设补习班，帮助他们掌握主流语言。少数民族语言学生在补习班的学习期限短至几周，长至几年。一般而言，这些学生的学业水平往往落后于普通班级的学生，而且可能蒙受某种耻辱，被同伴称为“补习生”“低能学生”“英语蹩脚学生”。

为了扭转这种局面，英国在20世纪80年代以后，要求有条件的学校不再为少数民族语言学生建立单设班，而是在正规班级中专门为任课教师配备双语教师助手。助手的职责有三：第一，在课堂上给予少数民族语言学生个别帮助；第二，翻译教学资料，灌录磁带，并担任课堂口译；第三，配合任课教师带领班组活动，如朗读故事等。

二是，采用保护式的淹没式双语教育（submersion with sheltered English）。有些学校针对少数民族语言学生的实际英语水平，采用便于理解的英语词汇、针对性较强教材以及适宜的教学方法（如小组学习、合作学习等），但坚持英语为唯一的教学语言。

3. 种族隔离主义语言教育

尽管种族隔离主义语言教育（segregationist language education）属于双语教育的范畴，但它基本上是一种近乎“纯少数民族语言的教育”。它是统治阶级强加给被统治阶级的一种政策，其目的是维护种族隔离制度。这样，少数民族语言的群体就不可能掌握或只能少量掌握统治阶级的语言，以致无法对社会产生影响；也不可能掌握其他被统治群体的语言，以致它们彼此之间无法进行交流。

4. 过渡性双语教育

过渡性双语教育（transitional bilingual education）也是一种弱势的双语教育类型，流行于美国、巴布亚新几内亚等一些国家，主要面向移民学生或来自少数民族语言家庭的学生。

与淹没式双语教育不同的是，过渡性双语教育允许少数民族语言学生在入学初期的两三年内或更长的时间内，使用他们的少数民族语言，并且允许教师使用少数民族语言实施教学，直到学生掌握主流语言，能够进入同一所学校的正规课堂与多数民族语言学生一起学习。

过渡性双语教育强调的原则是：在教学过程中，应该有步骤地引入主流语言，尽量避免突然地、大量引入主流语言。通常，随着时间的推移，一边逐渐增加主流语言的使用比例，一边逐渐降低少数民族语言的使用比例。

过渡性双语教育的支持者认为，少数民族学生需要掌握主流语言，这可以使他们像其他学生一样，获得同等的就业门路和致富机会。如果他们不能迅速地掌握多数民族语言，他们将会落后于其他学生。

过渡性双语教育可以划分为两种类型，一是“早期退出过渡性双语教育”（early exit transitional bilingual education），指入学初期的两三年内最大限度地使用母语，从中获得帮助；二是“后期退出过渡性双语教育”（late exit transitional bilingual education），指六年级之前，允许课堂教学使用40%的少数民族语言。至于两种语言的使用时间和场所，没有硬性规定。在课堂教学过程中，既可以让师生同时使用两种语言，也可以按照学科分别使用两种语言。譬如，音乐、体育、社会学科等学科使用英语，数学、科学等学科使用少数民族语言。

5. 分离主义少数民族语言教育

分离主义少数民族语言教育（separatist minority language education）又称“分离主义教育”或“脱离主义运动”。这是少数民族语言群体主动脱离多数民族群体的一种教育，主要由少数民族语言群体比较集中的社区组织实施。其目的是为了自我保护、自我生存和追求独立生存，或者是为了保护少数民族语言群体免遭多数民族语言群体的蹂躏，或者是由于宗教、政治、文化等其他原因。

6. 滴注式语言计划

滴注式语言计划（drip-feed language program）又称“滴注计划”（drip-feed program）或“含外语教学的主流教育”（mainstream education with foreign language teaching）。在加拿大等国，它还被称为“必修法”或“核心计划”（a core program）。

滴注式语言计划把法语、德语、日语、俄语、西班牙语等第二语言或外语等同于地理、历史、数学、物理、化学等其他科目，把它列为一门必修科目，每天学习半小时或一小时。与采用第二语言或外语作为教学语言不同的是，滴注式语言计划把第二语言或外语作为学习的主要内容。

宽泛地说：滴注式语言计划属于双语教育的范畴，因为广义的双语教育是指学校中使用两种语言的教育；严格地说，滴注式语言计划不属于双语教育的范畴，因为狭义的双语教育是指学校中使用第二语言或外语传授数学、化学、历史、地理等学科的教育。

二、强势双语教育

所谓强势双语教育，是指学校对两种语言一视同仁，其实施双语教育的目的不仅是为了将学生培养成熟练掌握两种语言和双元文化的人才，而且是为了保留少数民族语言，营造双元文化和多元文化的社会氛围（从弱势双语教育和强势双语教育的含义可见，这两种类型的划分标准主要是母语在双语教育中的地位是弱还是强）。

1. 沉浸式双语教育

沉浸式双语教育（immersion bilingual education）源于加拿大的双语教育实验，也被译为“浸入式双语教育”“浸润式双语教育”“浸泡式双语教育”。

在加拿大，沉浸式双语教育是一个笼统的概念。在实施沉浸式双语教育的过程中，起始时间与时间长短存在较大的差异。

按起始时间，沉浸式双语教育可以划分为三种类型：一是早期沉浸式双语教育，通常从幼儿园或幼儿阶段开始实施；二是中期沉浸式双语教育，通常从9岁或10岁开始实施；三是后期沉浸式双语教育，通常从中学阶段开始实施。

按第二语言或外语使用的比例，沉浸式双语教育可以划分为两种类型：一是完全沉浸式双语教育，开始时，第二语言作为100%的教学语言；两年或三年以后，第二语言的比例降低至80%；再过三年或四年，第二语言的比例降至50%左右。二是部分沉浸式教育，第二语言的比例始终占50%左右。

2. 保留性双语教育

保留性双语教育（maintenance bilingual education）又称“保持性双语教育”。它是指在多数民族语言社会中，允许少数民族语言学生运用自己的语言接受教育。其目的是，保留并保护学生的少数民族语言，防止此类语言的衰退或消亡；或者为了加强学生的文化认同意识，确认少数民族群体在一个国家中的权利；或者为了实现完全的双语制度、双元文化和双语能力。与过渡性双语教育不同的是，保留性双语教育并不是在牺牲少数民族语言的前提下培养和发展多数民族语言能力的。

在实施保留性双语教育的过程中，通常在提高多数民族语言的同时，允许少数民族语言学生在学校使用并提高他们的本族语言、祖传语言、土著语言、种族语言或家庭语言。其理由是，在一个多数民族语言占统治地位的社会环境之中，儿童身处铺天盖地的广告、招牌、书籍、报纸杂志和影视节目的包围之中，非常容易获得学习和操练多数民族语言的机会，而少数民族语言必然处于日渐衰微和丧失的过程之中。

保留性双语教育又可划分为“静态的保留性双语教育”与“动态的保留

性双语教育”，前者旨在保留学生入学时的家庭语言技能和水平，避免他们丧失家庭语言，但不是为了提高他们家庭语言的技能；后者又常被称为“提高性双语教育”，旨在发展学生的家庭语言，以便培养他们成为完全的双语者，实现多元文化和种族群体的社会自治。

保留性双语教育是一个宽泛的概念，它包括多种形式。许多国家和地区实施了保留性双语教育。

3. 双向双语教育

双向双语教育有多种英语表达方式，如 two-way bilingual education，two-way immersion，double immersion，developmental bilingual education。它指的是，在教学过程中使用两种语言，数量大致相等的多数民族语言学生和少数民族语言学生坐在同一课堂内接受相同的教育。例如，近半数学生来自西班牙语家庭，近半数学生来自英语家庭。

双向双语教育不仅是为了培养学生掌握两种语言和两种文化，而且是为了确保不同语言背景的儿童享有同等的教育权利。

双向双语教育主要有以下特点：

（1）家长送子女接受双向双语教育是自愿的，而不是强制的。

（2）接受双向双语教育的少数民族语言学生和多数民族语言学生的人数大致相等，两者始终一起上课。

（3）通常，双向双语教育始于幼儿园阶段，然后延伸到小学和中学阶段，其年限至少为 4 年。这样，才能确保学生充分地、全面地掌握两种语言的基础知识和基本技能。

（4）学校使用两种语言的比例没有明确规定，可以因校而异，也可以依据课程内容、教学要求、课时安排有所调整。但总的趋势是，少数民族语言的使用比例至少达到50%。在实施双向双语教育的初始阶段，少数民族语言的使用比例可以高达 60%、70%、80%或 90%，然后逐步达到两种语言各占 50%。

（5）学校使用的两种语言享有同等的地位。

（6）学校努力营造双语教育的氛围。课堂布置、走廊布置、文娱活动、课外活动、标识、布告等都采用两种语言。

（7）学校不仅应该把两种语言作为学科的教学语言，而且应该开设两种语言的语言艺术课。在语言艺术课上，分别讲解两种语言的语法、句法、词法、拼写、交际等语言知识和语言技能，努力提高学生的语言修养。

（8）通常，两种语言交替使用。譬如，按照严格的顺序，每天更换一种教学语言；或者按照严格的顺序每天更换具体学科的教学语言。

（9）在任何一节课中，仅使用一种语言。双向双语教育反对课堂中同时混合使用两种语言。在一节课中仅使用一种语言，有助于同学之间的互相帮助和互相了解，消除种族分离和敌对情绪，促进各种族之间的和谐共处。

（10）参与双向双语教育的教师应是双语者。如果在选拔或聘用教师方面暂时无法保证所有教师都是双语者，可以让教师配对或组成教师小组。

（11）在实施双向双语教育的过程中，争取社区的支持和参与是获得成功的重要因素。实践表明，家长可以成为教师的得力助手。

4. 主流双语教育

主流双语教育（mainstream bilingual education），是指在学校同时使用两种语言，将学生培养成掌握两种语言（或多种语言）和双元文化（或多元文化）的人才，主要流行于卢森堡、比利时、意大利、德国、英国、荷兰、科威特、沙特阿拉伯、马来西亚、印度、文莱以及非洲诸国。

以欧洲的卢森堡为例。在卢森堡，卢森堡语主要作为日常口语，德语和法语为官方语言，英语的重要性略逊于上述三种语言。儿童出生后说卢森堡语。在4—6岁时，儿童通过卢森堡语接受教育。进入小学阶段以后，德语很快列为一门科目。由于卢森堡语与德语非常相近，学生学习德语几乎没有什么困难。德语逐渐成为小学阶段主要的教学语言，六年级结束时，绝大多数课程采用德语作为教学语言。在小学二年级时，法语又列为一门科目。在中学阶段，法语逐渐成为主要的教学语言。学生12岁以后，还可以学习英语、意大利语等语言。因此，绝大多数学生在毕业时，都至少掌握了三门语言。

第二节　学校教育层面的双语教育类型

学校教育层面的双语教育类型是指在学校里开展双语教育的运作、操作模式，对双语教师来说是更有实际意义的双语教育类型。

对双语教育的运作、操作模式的探讨绝非始于今日，但真正掀起世界范围的双语教育实验模式研究的高潮，是从1967年加拿大拉瓦尔大学麦基教授创办“国际双语教育学术研究中心”开始的，自此世界各国探讨双语教育操作模式进入了一个新的阶段，并展现出千姿百态的双语教育操作模式。这源于不同文化背景下各国对双语教育的定位、目标、标准、层次、原理、程序、策略的把握各不相同。

在学校教育层面，主要以双语教育的操作策略为划分标准，可以把双语教育划分为：淹没式双语教育、双向双语教育、主流双语教育、沉浸式双语教育等模式。其中淹没式双语教育、双向双语教育、主流双语教育在前一节已经做了介绍，本节将比较详细地阐述浸入式双语教育。

浸入式双语教育（immersion bilingual education）源于加拿大的双语教育实验，也被译为“沉浸式双语教育”“浸润式双语教育”“浸泡式双语教育”。这一模式先后被美国、澳大利亚、新加坡、荷兰、南非等国家效仿，分别用法语、日语、汉语、印尼语、俄语、英语等十余个语种进行实验，均取得了显著的成绩，赢得了各国的广泛认可。这是一种既适用于双语或多语国家，也适用于单语国家的双语教育模式。

一、加拿大第二语言浸入式教学①

“浸入式”双语教育是指用学习者非母语的语言作为直接的教学用语（school language）的教学模式，是对传统第二语言/外语教学的革新。法语浸入式教学是指用法语作为语言媒介对以英语为母语的儿童进行教学，学生主要通过学科内容而不是通过正规的语言教学来学习语言。学生在学校期间始终暴露在于第二语言——法语的语言环境中（intensive exposure to French），其目的是培养熟练地掌握英法两种语言的“双语人”。

在加拿大，实施浸入式教育计划的学校通常被称作“双轨学校”，即在同一所学校里提供分别用两种语言进行的教育计划。法语浸入式是自愿选择的教育计划，主要实施对象是在以英语为主的学校和社区中以英语为第一语言的学生。目前，加拿大这一类学校有 2000 多所，各学区分布不一。

在圣·兰伯特学校的法语浸入实验向全省和全加拿大传播的过程中，第二语言浸入式教学模式也在不断地完善和多样化，自 20 世纪 80 年代以来，加拿大学校实施的第二语言教学模式主要有如下三种：

① 强海燕，Linda Siegel. 加拿大第二语言浸入式教学发展概述［J］. 比较教育研究，20004（7）：1-4.

（一）早期浸入式

早期法语浸入式教育计划是为第一语言不是法语的学生提供的。在遵循省的常规课程及其标准的同时，法语作为一种附加的语言选择来学习。儿童在学前班或一年级开始浸入式学习，到十二年级时可以颁发双语教育的毕业证书。

1. 早期完全浸入式教学（early total immersion）

早期完全浸入式分为三个阶段：单语、双语和巩固阶段。单语阶段从学前班到小学二、三年级。在单语阶段，法语是唯一的教学用语，虽然儿童可以互相说英语，也可以向老师说英语，但双语教师要用流利的法语教授所有学科。双语阶段是从小学二、三年级到七、八年级。在双语阶段，除每天开设有母语英语课外，逐渐增加用英语（母语）教授学科课程的时间，直至法语和英语授课时间各占 50%。巩固阶段从中学八、九年级至十二年级。在这个阶段，除了继续开设专门的法语课之外，大部分课程用英语教授，但要求每个学生必须在所学的其他课程（如数学、历史、地理、戏剧、古典文学、文明史、演讲等）中选 3 至 4 门完全用法语讲授的课程。

早期完全浸入式教学班的学生，从幼儿园开始至中学毕业，接触法语的时间总计可达到 6500~7000 个小时。虽然随着年级的增长，法语授课的比例逐年下降，但从 K-12 年级的法语和英语授课时的平均数看，学生在校的学习大约一半时间用英语进行，另一半时间用法语进行。圣·兰伯特学校发起的法语浸入式实验，属于早期完全浸入式模式。

2. 早期部分浸入式教学（early partial immersion）

早期部分浸入式教学与早期完全浸入式教学的不同之处在于，首先，从幼儿园至小学七、八年级，法语与英语作为教学用语的时间始终各占二分之一，采用英语、法语对半作为教学用语的做法，法语浸入的量一直保持不变。其次，两种类型对两种语言的操练顺序不同：全浸入式的第二语言操练先于母语的操练，而半浸入式的两种语言操练从一开始就同时进行。

由于学习另一种语言能够促进交流能力和思维灵活性的发展，能够扩大文化视野，所以法语浸入式教育计划中的学生与英语教育计划中的学生在所有课程上都学得一样好。在早期法语浸入式教育计划中学习的学生，一年半之后，法语已成为每个孩子交流的语言，到十二年级毕业时，他们能够流利地用法语进行交谈，能够修习用法语教授的大学课程，并能从事用法语进行的工作。

（二）中、晚期浸入式

中期浸入式是指在小学阶段的四、五年级才开始将第二语言作为主要的教学语言，而在一年级至三年级的第二语言学习是以核心课程来进行的，即每天有20~45分钟的语言课。从四、五年级开始，用第二语言教授的部分课程和外语课占总课时的一半。在中期浸入式中，第一语言的操练先于第二语言的操练。

晚期浸入式教学（later immersion）是指对第二语言深入、广泛地使用要推迟到小学阶段的后期，甚至到中学阶段才开始。从幼儿园至小学五、六年级，学生每人只有一节法语课，在六年级之前，学生已经在法语核心课程中学到了一定的法语基础知识和技能。从小学六年级至八年级，学生每天接触法语的时间比例增至70%~80%，即除英语课外，所有其他课程一律使用法语教学。学生在正规学习七年级课程的同时继续学习和提高法语。用法语教授其他学科门数各学区不太一致，例如，在BC省第38学区，八年级学生在必修的8门课中，3门（科学、社会、数学）用法语教学，另5门用英语教学。中学阶段与早期完全浸入教学相同。这种晚期浸入式教学班的学生至中学毕业之前，接触法语的时间可达3000~3500个小时。总的来说，晚期浸入式是在六年级之后，部分或全部课程用法语教授。BC38学区的晚期法语浸入式教学已经进行了11年，发现学生在学习的各个方面都表现得很好。

在中小学和学前班进行的各种法语浸入式教学模式中，普遍采用如下的教学手段和办法：

教师只用法语面对学生，并使用丰富多样的资源来创设法语浸入课堂环境。教师用表情手势、肢体语言、图片和动作来帮助儿童理解知识概念；通过唱歌、做游戏等来帮助儿童学习有用的词汇和短语，从而使儿童能够用所理解的语言表达他们的感情和需要；儿童看法语电影、电视、录像，唱法语歌，读法语书，听法语故事；通过画和写来表示他们的理解。

早期法语浸入式教师在课堂中强调理解和有意义的交流，他们认真倾听和重视儿童的表达，以类似于家长在家庭中的方式来支持儿童的语言发展；儿童可以用英语或其他母语来表达，当儿童能力逐渐增强时教师及时鼓励儿童用法语来表达，儿童跟老师讲法语，与其他同学在不同的场合下讲法语，以不同的方式表达他们的理解，如说、读、写、美术、戏剧、音乐、舞蹈等。

在小学阶段，浸入式教育计划组织各种课外活动，比如举办法语周末晚会，与魁北克省的法裔小学生交朋友，参观用法语导游的博物馆。中学以后，随着学生求知欲望的不断增强，学校当局和教师更注重让学生自己去体验和运用法语，使法语尽快成为学生真正有用的交流工具。比如组织中学生去魁北克省旅行，与魁北克省建立学生交流项目，让他们深入法语文化社会学习和生活。其他校外或课外活动还有：举办法语野营，访问法裔作家或艺术家，与其他法语国家的中学生交笔友，欣赏法语电影、歌剧，举办法语演讲比赛，参观法语大学以及参加“推动法语学习家长协会”组织的其他活动等来强化法语浸入式教学效果。

（三）晚晚期浸入式（late，late immersion）

从 20 世纪 80 年代起，加拿大高等学校面临着一场来自中小学“法语浸入式教学”（French immersion）浪潮所带来的前所未有的挑战和冲击。每年有 10 余万法语浸入式中学毕业生要升入大学，大学传统的第二语言核心课程学习已不能满足他们的需要。此外，随着 1969 年加拿大“官方语言法”的正式颁布和实施，越来越多的大学生开始认识到掌握两种官方语言对加拿大社会的政治稳定和经济发展以及他们本人前途的重要性和必要性。面对这种挑战和社会需求，加拿大许多大学进型了双语教学方面的有益尝试。其中，最引人注目的经验和成就来自加拿大渥太华大学。

80 年代以来，渥太华大学成功地把在中小学普遍应用的浸入式教学理论大胆地引入大学阶段专业课教学实践中，创立了被称为“保护性专业课教学”（sheltered programs）的模式，开辟了在大学阶段进行第二语言教育的新途径，也被称为“晚晚期浸入式”模式。在渥太华大学，大学生第二语言能力的提高通过运用第二语言讲授专业课的途径来达到，中小学浸入式教学的成功再现于专业性极强的大学课堂上。正如渥太华大学教授 Wesche 所讲，“要达到这一目的，关键在于如何使学生充分‘暴露’在一个没有压力的第二语言环境之中，使他们将注意力集中在所学习的专业课内容上，而不是第二语言的形式之上，使大学里专业课教学与第二语言教学真正融为一个有机的整体”。

在渥太华大学，每一位新入学的大学生都必须参加由第二语言学院组织的“第二语言水平测试”，以确定可以学习“保护性专业课”的学生。从 1981 年起，渥太华大学就开始在“心理学”这门课程进行第二语言教学的尝试。心理学是这所大学注册人数最多的一门公共课程，通常每年大约有600名英裔和法裔学生选修这门课程，学校从这些学生中选出第二语言水平中上等的英裔和法裔学生分别进行用第二语言讲授心理学课的试验，选派具有丰富教学经验的第一语言分别为法语和英语的教师担任授课教师。在这两种教学班里使用的教学大纲、教材以及学业结束后的考试试题（用两种语言出题），与用第一语言教授心理学课程的班级完全相同，以便对其教学效果进行比较。与用第一语言教学班不同之处在于："保护性"心理学教学班的心理学教师配备了第二语言教师。这位语言教师除了参加第二语言讲授的每周3小时的心理学专业课外，每周还利用一个半小时的时间帮助学生复习专业课上学习的知识，解答他们在阅读教材中的语言疑问，帮助他们学会记课堂笔汜，弄清专业课上的讲解要点，鼓励学生在轻松、愉快的气氛中表达自己的观点或问题。这种教学班允许学生的作业、论文和考试使用任何一种语言（英语或法语）来完成。这样的"保护性环境"为学生提供了宽松的运用第二语言学习专业知识的环境，学生既是第一语言的使用者，也是第二语言的学习者，他们不必为用另一种语言学习而感到焦虑。顺利通过课程考试的学生不仅可以获得专业课的6个学分，而且还可以得到第二语言课的3个学分。增加学分的政策性优惠鼓励更多的学生选修这种课程。

几年来的试验结果表明："保护性"专业课学生的专业考试成绩与用第一语言教学的班级基本相同，甚至比正常的第一语言教学班的成绩还要好。此外，他们在第二语言能力测试上（尤其在听力和阅读方面）明显高于其他学生。参加"保护性"专业课教学班的学生普遍感到自己运用第二语言的能力和主动性都有了较大提高，不仅在课堂上而且在课外使用第二语言的自信心也明显增强。目前，在渥太华大学，每学期大约有数百名学生分别选修心理学、社会学、历史学、政治学以及语言学方面的"保护性"专业课程。"保护性专业课教学"（sheltered programs）与中小学的浸入式有很多相似之处，即用第二语言讲授专业课或学科课，使语言和知识兼得。不同之处在于，晚晚期浸入式教学每周"暴露"在第二语言环境的时间相对比较短（3小时），大学阶段这样安排的理由是，学生已具备了良好的接受能力。

渥太华大学多年来的实践表明，这种新的第二语言教学模式不仅得到了广大学生的欢迎，而且也赢得了加拿大社会各界的赞誉。渥太华大学毕业的学生在加拿大各级政府部门和其他领域（如商务、旅游、广告等）从事与双语有关工作的人数，明显高于其他院校。这种教学模式进一步激励了学校内部更多的系科以及加拿大其他大学投入更多的人力、财力来开展与第二语言教育有关的研究和试验。

从80年代中期开始，渥太华大学又开始了“辅助课程”（adjunct courses），即第二语言学生与母语学生一起而不是单独上专业课，在语言上对他们没有特别的考虑和安排，与母语学生一样要求；不同的是每周有与之相配套的90分钟的语言课，提供满足语言需要的学习机会。辅助课程对学生的语言要求比保护性课程要高，但节省资金和资源。1988—1989年对法语作为第二语言“辅助课程”的五个专业（历史学、语言学、政治科学、心理学和社会学）进行了评估，结果表明，学生不论在专业知识还是在语言方面均有很大提高，尤其在听力和阅读能力上提高更大。实践证明，保护性课程和辅助性课程都是非常有效的，但在条件具备的情况下方可进行，专业课的质量和第二语言授课的质量两者缺一不可，特别是专门配套用来辅导和复习专业课的第二语言课是极为关键的因素。

浸入式双语教育模式获得成功，有许多社会影响因素，如政府的官方语言政策、家长及家长组织的作用、经济界和科技界的重视等，我们在借鉴这一模式时不应忽视这些因素。

二、美国外语浸入式教学①

美国语言浸入式教学自20世纪70年代中期由加拿大引入。30多年来，逐步形成了英语浸入式和外语浸入式两大教学模式。英语浸入式模式主要为来自非英语国家新移民学生服务，目的是帮助这些学生尽快适应以英语为母语的美国学校教育及社会文化。而外语浸入式模式作为外语教学的一种更新方法，为来自英语为母语国家的学生服务。外语浸入式的教学目标语既不是学生的母语，也不是社会主流语言，和中国的英语浸入式教学的背景相似。因此我们着重介绍美国外语浸入式教学模式的经验。

（一）美国外语浸入式教学的起因

浸入式教学进入美国，可以说是美国教育界对当时外语教育效果不满意的

① 黄小丹．美国外语浸入式教学现状［J］．比较教育研究，2004（7）：8-12.

结果。首先是因为各州对外语教学缺乏重视。虽然各地高中一般开设外语课，但是外语通常不属于高中毕业的必修课。至于小学和初中阶段，外语课程的开设与否则由地方学区决定，根据地方教育资源条件和需求，因地而异。因此多数小学生和初中生没有学习外语的机会。

其次是因为外语课堂教学效果不能令人满意。70 年代外语教学通常反映两种代表性的教育理论：行为主义教育理论和教育认知学理论。行为主义教育理论认为：语言学习的过程主要是效仿语言行为，例如发音，词汇和句型用法行为等。具有代表性的教学模式称为语音修辞模式，提供大量听力口语练习机会，让学生仿读词汇和句型，重点在于提高学生的语言模仿能力，在此基础上逐步达到能自如地发音、造句和阅读外语的水平。教育认知学理论否定以效仿行为为中心的观点，认为开拓学生的主观思维、帮助学生积极参与语言学习过程是语言教学的中心环节。因此，教师的主要工作在于介绍目标语的结构，包括词汇发音规则、语法规则等，帮助学生认识新的语言信息与已有语言模式之间的有机联系，从而增加语言信息的存储量。在课堂教学中，教师首先讲授某种新的语言结构，如句法结构，然后学生运用已熟知的词汇，依照新的句法结构进行练习。通过这种认知理论的外语教学，学生能更有效地记忆语言信息，其读写能力和反思能力也比行为主义理论指导下的教学效果更好。

根据这两种不同的外语教学法的研究结果，美国教育界总结出美国外语教育的一个突出弱点：学生缺乏使用外语进行功能性交流的能力。基于这种认识，第二语言浸入式教学 20 世纪 60 年代中期在加拿大的早期试验，很快得到美国外语教育界的关注。浸入式教学使用目标外语作为课堂教学的媒介语言，使用外语母语教师，注重学生语言的交流能力而不是语法的准确性，提供大量的语言信息和活动情景等，集中反映浸入式教学的独特教育思想在于强化和提高学生实际运用外语进行交流的能力。70 年代中期，加拿大首项法语浸入式教学总结报告问世，为美国外语教学开拓了一个急需的新模式。很快，浸入式外语教学模式在美国不同地区以不同形式开始实验和推广。

（二）美国外语浸入式教学的形式

根据目标外语的种类和使用程度，美国的外语浸入式主要采用以下三种形式。

1. 完全浸入式

这种形式指80%以上的教学使用目标外语。完全浸入式可分为早期浸入和晚期浸入两种。早期浸入式通常从学前班或一年级开始，100%使用目标外语进行所有的学科教学。学生在学校的启蒙教育，完全在目标外语环境之中。外语的使用到二年级减至80%，以后到五、六年级，或初中阶段逐步减少到50%左右。学生直到三年级才开始学习母语（英语）知识专门课程。晚期浸入式，顾名思义，开始使用目标外语讲授各门学科知识较晚，一般到初中一年级才开始，目的是希望首先巩固学生的母语知识，然后强化第二语言的学习。

2. 部分浸入式

这种形式中约50%的教学时间使用目标外语教学，通常这个比例持续于整个小学阶段。学生接受双语阅读写作教育：母语（英语）和目标外语。部分浸入式的做法各有千秋，有的学校在部分浸入式教学中给每班配有两位教师（母语教师和浸入式外语教师）轮流讲课。有的学校则限定某些学科使用目标外语教学，其他学科则使用英语教学。部分浸入式的学生和完全浸入式的学生一样，一般来自英语家庭。

3. 双向浸入式

这种形式由美国南部佛罗里达州首创，其将来自英语和西班牙语的两类学生组合在一个教学班里，人数各占一半，使用这两类学生的母语和外语进行语言、教育和学科知识教学，加强不同语种背景学生之间的社会交往。双向浸入式和单向浸入式一样，涉及两种语言的使用比例问题。通常在高小阶段，英语和西班牙语的使用各占一半时间。学生在继续学习和发展使用母语交流能力的同时，又强化接受目标外语的学习并培养使用和交流目标外语的能力。

据美国国家应用语言学学会1995的统计，美国共有26个州和地区近290所学校开设浸入式教育学科，其中约60%，为部分浸入式，40%为完全浸入式。共有24个州和地区报道有248个学校实施双浸入式教育项目，其中绝大部分（95%以上）属于公立性质，目标外语中以西班牙语占优势地位（CAI, 2002）。

（三）美国外语浸入式教学的实践要点

1996年，Fortune和Jorstad对美国79所外语完全浸入式和部分浸入式学校教学实践做了一项深入调查，所报告的以下几个方面可供中国读者参考。

1. 教材的选择、发掘与使用

美国浸入式学校教材的选用情况分为三类：第一，由目标语言母语国教材直接翻译而来。超过半数浸入式学校在不同程度上使用母语国家同年级的学科教材翻译版，其中近20%的学校完全采用母语教材翻译版。第二，教师自编教材。学校鼓励教师根据本校学生情况自己编写教材，其中近40%的学校教材基本由本校教师编写。第三，从目标语言国家进口教材，近三分之一的学校从目标外语国家购买同年级学科课本作为浸入式主要教材。同时，大多数学校利用外语国家出版的读物，尤其是外语作者所著的儿童语言读本，作为浸入式教学的辅助教材。

但是大多数浸入式学校鼓励并采用教师自编教材。因为浸入式教育的原则是用外语作为教学媒介语言学习其他学科内容，因此浸入式必须反映学科内容的难度和广度，但又只能以学生所能接受的外语程度在课堂进行讲授。例如，在西班牙语浸入式的三年级班级中，教师须用一年级西班牙语的表达方式讲授三年级数学或地理课。如果从西班牙国家直接进口三年级数学或地理母语课本或是翻译版，语言程度过深，美国学生不能接受。同时，研究结果表明，多数浸入式的成功经验是由于采用了以主题为单元的学科综合性教学法。而综合性教材不易在母语国家找到，也不适合美国的学科课程的内容标准要求。

2. 整体式目标语教学活动

美国浸入式教学法的一个重要理论基础来源于整体语言（whole language）教学论。其基本原则是为学生提供丰富的语言环境，“自然”地发展语言理解和交流能力，即所谓“习得”语言学习法。整体语言教学强调在语言的文字情景中认识生词的意义和用法。比如，幼儿园的老师使用大版本的儿童图书，边读边用手指单词，帮助儿童建立文字视觉和符号信息的联系。数遍之后，儿童可跟随老师朗读或自行朗读，儿童在文字情景中学习单词的用法，理解阅读材料的内容。

整体语言教学的另一个基本特点是将语言教学与其他学科内容的教学相综合，这与浸入式的综合课程教学更是不谋而合。整体语言理论认为，设立独立的一门语言课不如将其穿插入其他学科，结合学科内容学习语言的阅读写作技能。比如在小学二年级的科学课学习气候形成的科学内容时，学生阅读有关气候的简易科学读物和人文故事，既提高有关气候的科学知识，又提高语言技能。以主题单元为结构的浸入式教学，更有利于整体语言模式的课堂应用。教师力图创造大量的外语文字环境，增强学生的语言“习得”效果，学生的课堂活动经常包括教师带读、互读和简单的写作练习。

3. 课堂教学主要方法

尽管教师各有其独特的教学手段，浸入式课堂教学主要方法还是可以归纳为三种：一是利用电脑资源。近年来电脑普及到学校，一般小学每间教室配有至少5至7台电脑，并且都能上网。多媒体外语软件和不同教育网站的迅速发展，为浸入式教学提供了大量免费和廉价的课堂活动材料及内容。二是小组合作学习。教师根据学习内容、学生的能力和现有知识水平，将学生组合成学习小组，共同完成定量的学习任务，促进学生的互学习惯。三是采用整体语言教学法。目标外语的认知，通过以主题为中心的学科综合性教学，结合听、说、读、写多项语言技能的大量信息输入和练习来提高。

对学生学习效果的考核方法，浸入式多采用侧重表现学生使用知识能力的考核法，例如收集学生的作业样品或学生自我评价。在一些有条件的学校，浸入式教学为学生提供前往目标外语国家和地区旅游的机会，或是安排浸入式学生与来自目标语国家和地区的外籍学生交往或结成笔友，以增加学生对目标文化和目标语言进行实际体验的机会。

使用教师助手。助手大都由学校选聘配备，也有学生家长或当地居民的自愿无偿服务。在过半数的学校中（56%），助手能完全用目标外语对学生进行个别或小组辅导，或是帮助教师准备教具或教案；约有20%学校的助手混杂使用学生母语和目标外语；少数学校的助手仅使用母语（英语）辅导学生。然而少数学校（15%）没有常规地使用课堂教学助手。

4. 目标外语使用的时间分布

一年级阶段，38%的学校每天4小时以上使用目标外语教学（所谓完全浸入式）。这个比例到二年级降到35%，到三年级已减少到29%。到五年级，只有23%的学校每天有4小时使用目标外语教学。这个逐渐减少的趋势是很自然的，一是因为在这些学校中，母语（英语）语言教学一般从二年级或三年级开始，由专职英语教师讲授，占用了部分课时；二是因为学科内容的难度逐步加深，母语授课的时间需要逐步增加。

关于目标语言知识的教学，80%的浸入式学校在一至三年级阶段进行听、说、读、写技能的教学，67%的浸入式学校同时进行母语（英语）知识的讲授。85%的浸入式学校运用目标外语教授数学和自然科学，62%的浸入式学校用目标外语教授社会科学知识。三年级以上，这些比例逐渐减少。

关于目标外语在课堂外的使用情况，据多数浸入式学校反映，学生在课堂外，如在操场或学校餐厅，多使用英语母语进行交流。但也有近半数学校报告说不少学生在课堂外混合使用目标外语和母语交谈。尤其在与外语教师进行课外交谈时，由于受到老师使用目标外语的影响，学生更倾向于使用外语。调查发现，在高达84%的场合，教师与学生课外交谈中用的是目标外语。至于浸入式教师之间的课外互相交流，近80%的教师能够使用目标外语交谈有关教学问题。但如果话题涉及其他非教学事务，只有51%教师仍用外语交流。

5. 浸入式教学的基本要求和特点

美国开展外语浸入式教学的主要目的是希望提高学生外语语言交流能力。在课堂教学中，这种以能力为目的的语言教育应该有哪些特点呢？研究总结出以下原则：

（1）学生有大量的机会体验在目标语言社会中出现的各种语言情景。

（2）学生有大量的机会感受目标语言在其社会中发挥的社会交际功能。

（3）语言表达的准确性应在发展语言交流能力的基础上提高。学生的语言运用应得到教师多种形式的语言引导和反馈，以提高语言表达的准确性和连贯性。

（4）教师的讲授必须针对学生的语言认知和情感需要，针对不同的个性、学习方式和兴趣而进行。

（5）语言教学中穿插多种形式的社会文化习俗教育，增进学生对目标语言社会文化的了解和适应性。（Kinberg，2001）

6. 学校领导的教学指导与管理

作为一个全新的外语教育模式，浸入式教学的实施牵涉到一系列管理问题，从寻求经费、确定开办年级、决定班级规模、招生、选择教师、选用教材到评价教学质量等。学校校长的重视和投入是调动师生共同努力，克服困难，取得成功的前提条件。校长本身掌握目标外语非常有助于有效地履行业务领导职责，例如具体的现场教学指导，包括外语使用的准确程度、教学活动的安排和应用、学生学习效果检核以及有效的课堂管理方法等。校长如果懂外语，则能真正地理解教师的困难，了解学生的学习需求，及时提供教学建议。美国学校校长支持浸入式教学的一些成功做法是：

（1）校长和浸入式学科带头教师一起听课，提供必要的语言帮助。

（2）校长授权浸入式学科带头教师对课堂教学做定期听课指导。

（3）对课堂教学实况录音或录像，校长和教师共同进行反馈讨论。

（4）校长听课前和教师讨论，了解课堂教学内容和活动。（Met and Lorenz，1997）

7. 美国外语浸入式教学的效果研究

Margot Kinberg 对近年来有关浸入式教学的主要科研项目进行了全面总结，对浸入式教学效果做出的结论主要有如下四个方面：

第一，学生目标语言水平。研究结果表明，浸入式教育培养的学生能够有效地运用所学目标语言进行功能性交流。数项调查结果证明，浸入式学生能够有效地通过对话和笔头表达的方式交流信息。然而，就语言表达的准确性而言，浸入式学生的表现欠佳。尤其在用词和语法方面，准确程度次于传统外语教学方式培养的学生。同时，浸入式学生的口语、听力和书写能力与同年龄的母语学生相比，未达到相似的地道程度。

第二，外语社会文化知识和语言使用情景知识。浸入式学生对所学语言的社会文化普遍持有正面态度，对语言的学习积极性高。从语言教育的角度，这种思想开放的积极态度是学习和掌握外语语言功能的一个重要前提。但是分析学生的语言情景使用能力，浸入式学生仍不如来自外语母语家庭的学生。例如，浸入式学生不能像母语学生那样，用多种不同语言表达方式很地道地表达出一个语言情景。也就是说，浸入式学生语言交流能力还没有达到第一语言那样的自如程度。

第三，学生其他学科知识的掌握水平。就整体而言，浸入式学生的非语言学科成绩达到或超过同年级一般学校学生的水平。测试方法包括使用国家一级的学科知识标准考卷和学校自己的书面测验问答卷，其中大部分考题的形式为多项选择题。问题是，随着以测试能力为主的考核方法日益得到重视，浸入式学生运用学科知识解决问题的能力是否跟得上其他学生，还有待进一步的评估。

最后，浸入式教学中特殊学生的教学效果。有轻度智障的学生在浸入式课堂中虽然得到特殊教师的专门辅导，但是大部分时间和其他学生一样参加课堂活动，那么，使用外语作为教学语言是否适合有不同程度智障的学生？已有研究呈现出不同的结果。一些实地调查结果反映，这些学生不能充分利用浸入式教学的丰富语言活动机会，语言接受效果较低，因而考核结果低于一般学生。

但是在专门为有智障学生开办的浸入式教学班，试验结果很令人鼓舞：学生参与程度高，效果好。这些研究为争取有不同程度智障的学生参与浸入式学习的权利提供了有利的证据。

三、澳大利亚后期部分沉浸式双语教育①

澳大利亚是英联邦国家，英语是它的通用语言。澳大利亚主要采用后期部分沉浸式（the late partial immersion）双语教育。具体地说，就是在中学一年级（八年级）至中学三年级（十年级）期间，至少半数以上的学科采用外语作为教学语言。绝大多数学校选择科学、数学、历史和地理（或社会学科）等学科实施双语教育。双语教育不仅在公立学校，而且在私立学校都获得了成功。下面以贝诺瓦州立中学为例，说明其实施策略。贝诺瓦州立中学（Benowa State High School）是澳大利亚最早实施双语教育的学校之一，其成功经验被誉为“贝诺瓦”模式。

（一）课程设置

除了使用不同的教学语言以外，双语班的课程设置与常规班基本一致。在双语班，采用法语作为教学语言的科目包括数学、科学、体育、社会学科（在十年级，由历史取代社会学科）和法语。上述所有学科均连续学习3年。除此以外，双语班学生可以选修采用英语作为教学语言的其他科目，如商业原理、家政、手工艺术、音乐和艺术。

在八年级时，双语班与常规班的教学范围完全一致，但是考虑到双语班学生的法语水平过低，因此在教学深度方面有所区别。九年级和十年级时，双语班与常规班的课程设置完全一致，但是双语班的教学计划略有调整。譬如，在科学课程方面，常规班学生有足够的时间做3次实验，而双语班学生只有做1次实验的时间；在社会学科课程方面，由于法语工具书太少，双语班学生只能从事较少的科研项目。

高中阶段（十一年级至十二年级）不再开设双语课程，原因在于，高中生开始确定自己的发展方向，将面对更多、更广泛的选修课程，且班级规模过小，继续开设双语课程已经不太现实。

---

① 王斌华. 双语教育与双语教学［M］. 上海：上海教育出版社，2003：207-209.

（二）教学语言

在接受双语教育的过程中，学生普遍经历了四个阶段：第一阶段，由于法语基础较差，无法用法语思维，只能用母语思维，所以要努力把听到或读到的法语内容翻译成英语（母语）；第二阶段，捕捉关键词汇，猜测句子意思；第三阶段，领会要点；第四阶段，学会用法语思维。

考虑到学生的上述变化过程，双语班使用法语作为教学语言的比例随着年级的上升逐年提高。在八年级，法语的使用比例约54%；在九年级，法语的使用比例约57%；在十年级，法语的使用比例约63%。这个使用比例包括双语学科的教学语言和法语课程的教学语言。就具体一天而言，使用法语的时间主要依据学科安排。一些学生表示，他们喜欢在英语和法语之间不断转换。

（三）教材建设

在实施双语教育的过程中，教材始终是一个比较棘手的问题。最初，贝诺瓦州立中学的教师带学生到书店物色法语教材。他们发现，法语教材品种繁多，但内容过度重复；法语教材与澳大利亚教学大纲难以配套；法语教材的法语要求很高，不适合初学法语的澳大利亚学生。后来，教师只能把所有相关的资料买回来，依据教育部颁布的教学大纲、课时安排和英语版教材进行改编，或参考相关资料重新编写，然后通过打印、复印等方法把教材发给学生，这大大加重了教师的工作负担。

现在，教学材料由教师和教辅人员负责准备。在八年级，为了使教学内容符合学生的法语实际水平，教师对法语表述做了认真仔细的调整；在九年级和十年级，双语班基本上采用常规班教材的“翻译本”。这样，可以确保双语班的教学进度、范围和内容与常规班保持一致。法语辞典等工具书由图书馆负责提供。

（四）教学策略

1. 提供可理解的信息

可理解的信息是指略高于学生现有水平的信息。克拉申（Crashen）、斯温（Swain）、旺·菲尔莫尔（Wong Filmor）等著名学者多次强调语言学习过程中提供可理解信息的重要作用。在语言学习过程中，提供可理解的信息的目的是让学生积极参与课堂教学。

2. 教学手段多样化

双语教师发现，教学手段的多样化不仅能够提高学生的学习兴趣，而且有助于学生理解新概念，特别是科学等学科的概念。譬如，在讲解科学学科中"骨骼"一章时，教师一边用法语进行描述，一边在黑板上向学生展示有关"骨骼"的挂图和实物，并让学生走上讲台指出骨骼的具体部位。学生很快掌握了教学内容。

3. 鼓励学生采用推断、猜测等技能

在听教师讲解和阅读资料时，学生肯定会遇到一些新的概念和生词。教师要求学生根据关键词、上下文、已经掌握的概念和单词，推断或猜测新概念的定义和生词的含义。据统计，在教师用法语讲解时，学生通常能够理解70%的内容，其余30%的内容基本上是推断或猜测出来的。

4. 提供各种应用法语的机会

譬如：① 回答问题。在回答教师提问时，学生（尤其是初学者）习惯用一两个单词或短语做简短回答。为了鼓励学生多开口说法语，教师循循善诱，耐心引导。② 对话表演。③ 担任教师角色。由学生个人或学生小组到讲台上担任教师角色，向其他学生介绍或讲解某些教学内容。实践证明，这是一种非常有效的教学策略。④ 集体讨论，如小组讨论、全班讨论。学生认为，集体讨论是学习语言的重要手段。⑤ 写作。要求学生通过写作，提高应用法语表达思想的能力。⑥ 与国外法语学校建立双向交流计划。考虑到法国与澳大利亚之间的路程太远，往返费用昂贵，贝诺瓦州立中学与新喀里多尼亚（New Caledonia）的一所中学达成学生双向交流协议。新喀里多尼亚位于大洋洲，是澳大利亚的近邻，官方语言为法语。从1986年起，校方每年安排双语班学生赴新喀里多尼亚参加为期3~4周的交流活动。学生住在当地法语居民的家里，一边参观旅游，一边在当地学校接受教育。这项措施获得了极大的成功。学生普遍反映，双语交流计划是双语教育过程中最精彩的项目。一方面，让学生与法语居民同吃同住，到法语学校上课，提供应用法语的机会，加强了学生的法语能力，甚至学会一些俚语；另一方面，让学生置身于真正的法语环境，使他们亲身感受法语文化和法语社会，拓宽了他们的视野。

5. 与高等院校建立合作关系

贝诺瓦州立中学与昆士兰大学建立了校际关系。为了确保评价工作的公正、公平和客观，贝诺瓦州立中学邀请该大学的教师负责双语班的评价工作。考虑到双语班学生的法语能力远远超出中学教学大纲的要求，校方邀请该大学的教师为高年级双语班学生开设讲座和高级法语课程等。

由此可见，在借鉴浸入式双语教学时要结合自己国家和地区的具体情况，灵活、有创建地运用。

QUESTIONS

1. How many types of bilingual education are there? What are their characteristics?

2. Could you find the basic differences between weak forms of bilingual education and strong forms of bilingual education?

3. Which type should bilingual education in China be of? Weak form of bilingual education or strong form of bilingual education? Why?

4. Could you compare immersion bilingual education with submersion bilingual education?

5. Could you talk about the teaching requirements in basic types of bilingual education?

6. What are the basic types of bilingual education that can be applicable in China? What are they?

第四章　双语教育基本理论

儿童如何习得第一语言（母语），几十年来成为心理家和语言学家热烈讨论的问题，形成了各种关于语言获得的观点和理论，其分歧主要表现在对语言规则系统获得的解释上。

第二语言习得与学习的理论也经历了一个发展过程。而且，由于它与第一语言习得研究同属语言习得范畴，它的学派也与第一语言习得类似，只是具体体现的观点略为不同。

双语教育理论，不同于第一语言与第二语言习得与学习的理论，主要在于它要解释和说明两种语言之间的关系及其机制。目前有影响的双语教育理论主要有平衡理论、思想库模式、阈限理论、依存假设、兰伯特的态度—动机模式、加德纳的社会—教育模式、斯波尔斯基的双语教育评价模式、输入—输出—情景—过程双语教育模式、卡明斯的双语教育理论框架等。

双语教育与单语教育相比较有其独具的特点和规律，但既然它是一种教育，是以培养学生的语言能力为目标之一的教育，它也必然和其他教育有相通之处，必然体现语言教育的共同规律，因此，进行双语教育要以语言的一般理论为基础。进行双语教育的教师和研究者也必须了解和研究语言理论，用以指导自己的实践与研究，尽可能使双语教育的实践与研究建立在科学的基础之上。

第一节　母语获得的一般原理

一、个体母语习得的基本阶段

母语（本族语）习得一般指儿童出生以后逐步掌握本族语或母语口语形式的过程，也就是儿童在最初的言语环境中不断发展言语理解和言语表达能力的过程，有人称之为语言掌握、语言获得或语言发展，即任何一个发育正常的儿童，不论其智力如何，都能学会说话。这一现象看起来十分平常，然而在每个儿童身上都经历了十分复杂的神经生理、心理的发展过程。大部分儿童习得语言都经历了以下几个阶段：①

第一阶段，语言发展前阶段（咿呀学语阶段），从婴儿出生到一岁左右。近年来采用新技术和新方法进行测试和研究所获资料表明，由于婴儿在 6 至 8 个月时声带已基本形成，并开始发音和咿呀学语（babble），他们对周围语言反应的敏感程度以及区分成年人语音的能力都大大超过了人们的预料。因而，这一阶段被称为儿童语言发展的启蒙阶段，对他们后来的语言习得有重要的意义。有些研究表明，在一岁前不能开口咿呀学语的婴儿，儿童时期语言发展显著滞后。生长在不同社会文化环境下的婴儿大约都在同一年龄阶段开始咿呀学语，而且发出的声音中有很多都是相似的。有人录制了不同国家婴儿的咿呀声，加以比较，结果发现，一般人很难单凭咿呀声来区分这些婴儿的国籍，这些咿呀声太相似了。可见，自发性咿呀声的产生，似乎受到生理或成熟因素的影响。从总的方面来看，儿童的生理因素或所处的文化环境都不会影响到儿童咿呀学语的进程。

第二阶段，单词句阶段，一岁到一岁半。儿童在 1 周岁左右，开始能说出有意义的单词，对经常接触的人或物，能在不同情况下正确称呼，表现出一定的分化和概括能力。但讲字吐词十分缓慢，最初说出的单词只是作为事物或动作的一般标志，随后不久开始出现单词句。单词句指儿童用一个单词来表达比该词更为丰富的意思。如一个儿童说“鞋”，并反复提到，那是在说“我要穿鞋”。

第三阶段，双词或三词组合阶段，一岁半到两岁。从一岁半开始，儿童出现了由双词或三词组合在一起的语句，如“妈妈鞋鞋”等，这种句子虽比单词句表达的意思要明确一些，但其形式是断续、简明和不完整的。儿童双词句的发展起先缓慢，以后的发展则急剧增加，在比较短的时期内逐渐出现了词的大量组合，并开始能适当地用单词或两个词组合起来粗略地表达语义关系。

第四阶段，完整句阶段，两岁到三岁左右。很多儿童在两岁前说出的话还不是真正的句子，到两岁至三岁间，他们学会了说出有主语和谓语的句子，他

---

① 左焕琪. 外语教育展望［M］. 上海：华东师范大学出版社，2002：71-73.

们会说："爸爸出去了"，或"妈妈抱我"。这些句子基本上都是完整句。幼儿在三岁时已基本上掌握了本民族口语。但这只表现在语言的基础方面，即符合语法和语义的简单句子中。至于语言的精确化则是长期的学习任务。有这样一项实验，让三到五岁幼儿用玩具狼和长颈鹿表示"狼踢长颈鹿"，他们会照着指示去做。但是让幼儿表示"狼被长颈鹿踢"时，他们仍然用狼去踢长颈鹿。

幼儿早期言语的发展在全人类各民族、各地区之间表现出相似的水平和模式，而且婴幼儿时期是语言迅速发展的时期。

二、语言习得的基本理论

儿童为什么能在短短几年内掌握复杂而抽象的语言规则？儿童的语言知识和能力是先天具有的还是后天习得的？在获得语言的过程中，语言能力是单独发展还是和一般能力的发展有关？儿童是主动的创造者还是被动的接受者（模仿者）？这些问题几十年来成为心理家和语言学家热烈讨论的问题，形成了各种关于语言获得的观点和理论，其分歧主要表现在对语言规则系统获得的解释上。影响最大的有先天决定论、后天决定论、先天与后天相互作用论三派理论，这些分歧实际上是关于儿童发展理论的分歧。

（一）先天决定论

先天决定论者，强调人的先天语言能力，强调遗传因素对儿童语言发展的决定作用，忽视乃至否定后天环境的影响，与后天环境论针锋相对。较有影响的理论主要有先天语言能力说和自然成熟说。

1. 先天语言能力说

先天语言能力说，又称"转换生成语法说"。主要是由美国麻省理工学院的语言学家乔姆斯基在其《句法结构》（1957）一书中提出的。他认为，决定儿童能够说话的因素不是经验和学习，而是先天遗传的语言能力，这里的语言能力指的是语言知识，即普遍的语法知识。

同后天环境论者的观点相反，先天语言能力说认为，儿童是自然界特别制造的小机器，是专为学语言而设计的。乔姆斯基提出了自己的理论假设：儿童大脑中有一种受遗传决定的先天的语言获得装置（language acquisition devise，简称 LAD），这种装置包含两样东西：① 一套概括普遍语言特征的范畴和规则；② 先天的评价语言信息的能力——为这套普遍的语法范畴和规则赋以各种具体语言的值。

LAD在后天语言经验的作用下，转化为使用某种具体语言的能力和关于这一具体语言的知识即该语言的具体语法。儿童在出生时就具有学习语言的能力，而且这种能力可以适用于各种语言。一个儿童在适宜的经验条件下，经过一系列的认知状态后，最后达到一种不再发生变化的相对稳定的状态，这种状态不包括增加新词这样的外围状态。

这一理论提出后震撼了美国语言学和心理学界，被称为“语言学的革命”，掀起了研究儿童语言获得的热潮。这一理论，从根本上改变了行为主义的儿童被动模仿的看法，注意到了儿童获得语言的先天因素和儿童的主动性和创造性，对于儿童语言获得过程中的过分概括等现象，可以给出较为简便的解释，因此是具有一定的理论价值和学术史价值的重要学说。

但也受到不少批评。第一，乔姆斯基的理论是思辨的、唯理论的。第二，过于低估后天语言环境作用。第三，表面上非常强调儿童本身在获得语言过程中的主动性和创造性，实则对此估计不足。

2. 自然成熟说

自然成熟说是由美国哈佛医学院心理学家勒纳伯格提出的，勒纳伯格也赞成先天说，但他的理论基础却是生物学和神经生理学的。他把儿童语言的发展看作是一个受发音器官和大脑等神经机制制约的自然成熟的过程。语言是人类大脑机能成熟的产物，当大脑机能的成熟达到一种语言准备状态时，只要受到适当外在条件的刺激，就能使潜在的语言结构状态转变为现实的语言结构，语言能力就能显露，儿童的语言也就逐渐发展成熟。

勒纳伯格认为，语言既然是大脑机能成熟的产物，语言的获得必然有个关键期，约从2岁左右到青春期（11、12岁）为止。

语言发展关键期学说，可以解释为什么成人的语言学习能力不如儿童，为什么兽孩被发现之后语言能力不能得到顺利发展。而语言的关键期究竟在几岁？关键期对于语言学习的影响究竟有多大？这些是众说纷纭的事。

（二）后天决定论

理论基础：巴甫洛夫的条件反射和两种信号系统的学说、华生的行为主义学说。

基本观点：把语言看作一种习惯，否定或轻视儿童语言发展中先天的或遗传因素。在行为主义者看来，儿童掌握语言，就是在后天环境中通过学习获得语言习惯的，语言习惯的形成是一系列“刺激-反应”（stimulus-response）的结果。

其内部还可以分为模仿说、强化说和中介说三种。

1. 模仿说

模仿说认为，儿童是通过对成人语言的模仿而学会语言的，成人的语言是刺激，儿童的模仿是反应。模仿说可以分为早期的机械模仿说和后来的选择模仿说。

机械模仿说是较早的行为主义理论。它最早由美国心理学家阿尔波特于1924年提出，20世纪20—50年代流行。机械模仿说把儿童的语言看作是其父母语言的翻版，忽视儿童掌握的主动性和创造性，显然是偏颇的。

选择性模仿说，较早、较系统的论述者是怀特赫斯特和瓦斯托，他们1975年合写的《语言是通过模仿获得的吗?》一文指出，儿童学习语言并不是对成人语言的机械模仿，而是选择性的模仿。当儿童对某种语言具有一定的接受能力时，就会对这种语言进行选择性模仿。选择性模仿是对示范者语言结构的模仿，而不是对其具体内容的模仿。选择性模仿把示范句的语法结构应用于新的情景以表达新的内容，或将模仿获得的结构重新组合成新的结构，这样便产生了儿童自己的话语。

2. 强化说

强化说是行为主义最有影响的解释儿童语言发展的理论，在20世纪40年代和50年代初非常盛行。强化说以刺激—反应论和模仿说为基础，并特别强调“强化”在儿童语言学习中的作用，认为儿童是通过不断强化学会语言的，代表人物是斯金纳。

斯金纳认为，语言和其他功能一样，是通过操作性条件反射获得的，语言的操作性条件反射建立在由环境引起的、声音和声音连接的选择性强化的基础上。比如儿童牙牙学语时，会自发地无目的地发出各种声音，一旦有些声音近似于成人的说话声，父母便对这些声音给予强化，使这些声音在儿童的发声中占据优胜。这一理论特别强调选择性强化这个概念，认为这是语言操作性反射的核心问题，即对正确的东西给予强化，而不正确的东西不给予强化。他们还认为儿童学习说话必须学会适合每种语言反应的情境，这就是语言行为受到环境的控制。这种环境的控制本身，也就是对儿童语言反应的一种强化。通过这种强化，使儿童的语言逐渐变得有效和得体。

斯金纳的强化理论解释不了以下三个问题。第一，儿童的语言发展的速度如此惊人，这仅仅是强化能解决的吗？第二，在儿童语言的掌握过程中，成人通常很少对其正确语法进行强化，甚至对于明显有语法错误的句子，也并不及时指出。那么儿童是怎样掌握语法结构的呢？如一个三岁多的儿童说“He a girl”，他的母亲说“That's right”，并未纠正其语法错误。第三，强化并不能促使儿童了解句子为什么正确和不正确，那么，儿童又是怎样理解句子意义的呢？总之，强化理论过分强调儿童无目的的反应和狭隘的强化作用，忽视了儿童自身在语言学习中的作用。

3. 中介说

中介说又称传递说，是为了解决传统的刺激—反应论的简单化缺陷而提出的一种改良主张。中介说在行为主义的刺激—反应的链条中，又增加了“传递性刺激”“传递性反应”的中介。

斯塔茨在探讨一个人的语言形成时说，一个词或一句话都可以具有刺激的性质，可以诱发出条件反应。比如，听到“他病了”，就会联想到“他躺在床上”、“他去看医生”或“他打针吃药”以及猜想他生病的原因等。这种隐含的反应又可以成为刺激，引起新的反应。

（三）先天与后天相互作用论

1. 皮亚杰的认知说

以皮亚杰为代表的一派提出先天和后天相互作用论，主张从认知结构的发展来说明语言发展，认为儿童的语言能力仅仅是大脑一般能力的一个方面，而认知结构的形成和发展是主体和客体相互作用的结果。

基本观点：① 语言能力是儿童许多符号功能中的一种，符号功能是指儿童应用一种象征或符号来代表某种事物的能力。② 认知结构是语言发展的基础，语言结构随着认知结构的发展而发展。③ 个体的认知结构、认识能力是不断发展的，它来源于主客体之间的相互作用。④ 儿童的语言结构具有创造性。儿童不是被动模仿来掌握造句规则，他们在造句中不仅有概括性的同化作用，而且还具有创造性。

语言发展受诸多因素的影响，过分强调认知这一因素的影响，未免太片面。因此，认知说只强调认知发展对语言发展的影响，而忽视乃至否定语言发展对认知发展的影响，这种单向影响的看法，也已受到越来越多的批评。

2. 规则学习说

规则学习说是在乔姆斯基和行为主义的双重影响下形成的。这一理论的提出者和赞同者主要有布朗、弗拉瑟、伯科等学者。

规则学习说认为，儿童具有一种理解母语的先天处理机制，但是，这种机制主要是一种学习和评价的能力，而不具有如乔姆斯基所说的语言普遍特征。儿童学习语言是个归纳的过程，而不是演绎的过程。儿童用先天的语言处理机制，通过对语言输入的处理归纳出母语的普遍特征和个别特点。

儿童的语言学习主要是对规则的学习。对规则的归纳，凭借的是工具性反射，是刺激—概括的学习过程，是先天因素同后天因素的相互补充和相互影响。

规则学习说与行为主义的最大不同，是它强调儿童的语言学习有先天能力的存在，与乔姆斯基学说的最大不同，是它认为儿童学习语言的先天能力中不包括语言的普遍特征；语言学习是一种在先天能力参与下的条件反射，对语言的学习是归纳而不是演绎的。

3. 社会交往说

社会交往说是布鲁纳、贝茨等学者的主张。他们认为语言获得不仅需要语言能力，而且也需要一定的生理成熟和认知发展，更需要在交往中发挥语言的实际交际功能。因此，他们特别重视儿童与成人语言交往的实践，并认为儿童和成人语言交往的互动实践活动，对儿童语言的发展起着决定性的作用。社会交往说还认为，社会交往几乎可以看作儿童的一种天性。

从目前研究成果看，先天和后天相互作用论（互动论）的观点比较令人信服，即语言习得是儿童认知发展、语言能力、心理情感等内部因素与语言输入、社会环境等外部因素互相作用的结果。这一观点对语言教学有十分重要的指导意义。首先，语言习得是人脑创造性地掌握语言规律的过程，语言教学就应该从“创造性”和“语言规律”两方面下功夫，既不能一味进行机械操练与死记硬背，同时也要避免使学生放任自流。其次，由于语言输入对语言习得具有极大的影响，语言教师必须为学生提供具有大量语言素材与生动、良好的语言环境。再次，由于语言习得是多种因素的综合运用，除了考虑学生的认知发展、语言能力外，还得注意学生的心理、情感等非语言因素。最后，语言习得是上述各种因素互动（interaction）的结果，语言教学不仅要分别注意每一因素的特点，而且必须促使它们互相配合、互相作用，以取得良好的效果。

第二节 第二语言获得的一般原理

一、第二语言习得与学习的特点

广义的第二语言习得与学习指在习得了第一语言后习得与学习第二种或更多种语言。第二语言习得与学习有两种类型：一类是在第二语言环境中习得与学习该语言；另一类是在第一语言环境中学习第二语言。随着第二语言习得与学习研究的深入，研究范围已从应用语言学扩大至心理语言学、社会语言学和心理学等领域，第二语言习得与学习的概念也从狭义走向了广义。目前除有必要区分两者不同的特点外，一般都接受广义的第二语言习得与学习的概念。

虽然第一、第二语言的习得与学习都是掌握某种语言的语音词汇和语法体系并运用它们进行交际的过程，但是，两种语言体系和交际环境与手段都不一样，它们之间存在着较大的差异。①

首先，第一语言习得从婴幼儿时期即已开始，童年、少年时代是第一语言习得最重要的阶段。而第二语言习得与学习可以在任何时期开始，在第一语言环境中学习第二语言的人（如中国人、日本人学习英语等）大部分从青少年时代或更晚些时候才开始。因而，在这两种语言习得的起始阶段，人的生理和心理状况、智力水平和阅历都不一样。同样地，两者习得与学习的效果也大不相同。任何一个自幼就在某个语言环境中长大的儿童，只要不患有严重疾病，都能学会第一语言，这是人类区别于动物的特征之一。可是在学习第二语言时，有些人能达到近似第一语言的水平，另一些人的学习效果则始终不理想。由此可见，学习第二语言的动机、策略和方法的差异可能会导致截然不同的结果。

其次，第一语言习得是在自然的语言环境中进行的，习得的过程始终离不开交际的目的。在与同龄人或长者的交流中，习得者不仅觉得很自然，而且不时受到鼓励。但是，一般说来，第二语言学习是在课堂里教师的指导下进行的。在这样的环境中自然语言很少，学习者又经常被指出各种错误，心理压力

① 左焕琪. 外语教育展望［M］. 上海：华东师范大学出版社，2002：75-76.

比较大。

再次，第一语言习得与学习的途径是多种多样的。就交际对象而言，在家有父母兄弟姐妹，在学校则有老师同学，在不同的社交场合会遇到社会上各类人群。此外，电视、电影、报纸、杂志等媒体还随时随地提供生动的语言环境。然而，学习第二语言的途径较少，除了课堂外，大部分时间是自学。在看电视或听录音时，那些语速快、词汇量大、成语多的语言素材常使第二语言学习者却步。

由于第二语言习得与学习具有上述特点，不少研究者认为，第二语言习得与学习的本质、过程及结果都比第一语言习得更为复杂，目前人们对它的认识还十分有限。

二、第二语言习得的理论

与第一语言习得理论一样，第二语言习得与学习的理论经历了一个发展过程。而且，由于它与第一语言习得研究同属语言习得范畴，它的学派也与第一语言习得类似，只是具体体现的观点略为不同。以下对这一领域中的行为主义学派、生成语法学派、认知学派、心理语言学派和社会语言学派做一些介绍。①

（一）行为主义学派（behaviorist approach）

行为主义关于第一与第二语言习得与学习的理论都基于一个基本观点：语言习得与学习都是通过模仿、巩固与重复对刺激的反应而形成的习惯。所不同的是，习得第二语言时，第一语言的整套习惯已经形成。在这些习惯中，有些与第二语言习得类似，因而是有益的，被称为“正迁移”（positive transfer）；有些习惯则妨碍了正确地学习第二语言，是“负迁移（negative transfer）”，或称“干扰”（interference）。这些干扰以及在第一语言中不存在的语言项目就构成了第二语言习得与学习的困难，也是产生第二语言错误的原因。

行为主义学派提出了著名的“对比分析”（contrastive analysis）理论，对第一与第二语言的语音、词汇和语法体系做系统的比较与分析，从中找出两者之差异，即预示第二语言学习者的困难，以便在学习的过程中克服干扰，形成

---

① 左焕琪. 外语教育展望［M］. 上海：华东师范大学出版社，2002：77-81.

正确的习惯。但是，外语教学实践证明，第一与第二语言项目并非都相匹配，也不可能逐个进行对比。第二语言习得与学习的错误是由多种因素构成的，绝非对比分析所能概括。因此，对两种语言中可比性较强的项目进行对比分析具有一定价值，但认为对比分析能预言学习者的一切错误则未免言过其实。

（二）生成语法学派（generative approach）

生成语法学派关于第二语言习得与学习的理论依据与它在第一语言习得方面的基本观点一致，即语言习得是人脑创造性的活动，语言习得机制中含有的普遍语法规律能适用于任何形式的语言习得。

20世纪70年代和80年代初，生成语法学派在第二语言习得与学习方面提出了与行为主义"对比分析"针锋相对的"错误分析"（error analysis）理论。这一理论的强烈支持者杜蕾（H. Dulay）与伯特（M. Burt）指出，第二语言习得中的错误是发展中的错误（developmental errors），它们大部分与第一语言习得者的错误类似；而第一语言的干扰所产生的错误是微不足道的。然而，经过相当长一段时间的实验，许多数据表明，第一语言对第二语言习得与学习的干扰十分突出，例如不同方言的口音、词汇和语法规则都对学习第二语言有明显的影响。"错误分析"理论由于走向极端而受到了批评。此时，以塞林科（L. Selinker）为代表的语言习得研究者提出了中介语体系（interlanguage system-IL）及其语法。他们认为，第二语言习得者有独特的语言习得体系，该体系与第一、第二语言体系均不同，而介于两者之间。所谓错误乃是中介语体系的体现，由此引导出大量对中介语语音、词汇和语法的研究。有关中介语的基本论点似未引起众多非议，但20世纪90年代以来已不再是热门话题。

（三）认知学派（cognitive approach）

认知学派由一些心理学家和心理语言学家组成。当生成转换语法学派兴起时，认知学派曾与之联手批判行为主义，因为两者在第二语言习得方面的观点基本上一致。可是不久，两个学派便朝着不同的方向发展。时至今日，以生成转换语法学派为一方，以认知学派为另一方的辩论已构成了第一、第二语言习得论战的主战场。

认知学派的观点主要在以下两方面与生成转换语法学派不同：

认知学派认为，第二语言习得与学习是人类认识世界的一部分。因此，应将它放在整个人脑认识事物的框架中加以考察与分析。而生成转换语法学派仅从语言的角度孤立地研究语言习得，由此产生的理论必然是片面的，有些方面甚至是站不住脚的。

认知学派反对语言习得是人类生来固有的机制，第二语言习得与学习尤其如此。通过大量实验和详尽分析后，认知学派指出，语言植根于人类的经验，其意义反映了客观世界。所谓“理解”，是指语言结构把人们引导到感知过的某种场所；所谓“表达”，则反映了世界某方面吸引了人们的注意。这一学派引用了 20 世纪 90 年代以来神经语言学研究的成果，说明大脑皮层可塑性很强，人脑中的各种图像是客观世界在不同的人头脑中的反映，而不是人生来就固有的机制。在大脑各部分中，与语言有关的部分很多，但没有任何部分专门控制语言而与人的其他活动无关。更为重要的是，第二语言习得与学习的个人差异很大，有些人可能一生都不能掌握第二语言。这些事实都证明，第二语言习得与学习的能力不能仅仅依靠人类生来固有的机制运作。

（四）心理语言学派（psycholinguistic approach）

心理语言学派与认知学派的基本观点相同。但是，后者着重从理论上阐述第二语言习得的认知属性及依据，而前者则更多地探讨在第二语言习得的实践中出现的实际问题，并从中寻找规律。

关于人类先天是否具有习得语言的机制问题与认知学派的观点雷同。关于注意力与记忆的一般机制与熟练掌握第二语言的关系的问题，一派认为，习得第二语言无须注意力，也就是说，习得是自动的，多次接触与使用就足以习得该语言。另一派的看法却正相反，认为，注意力是第二语言习得必不可少的因素。虽然不加注意有时也可习得一些单词或简单的语言结构，但这是短期的习得，如不巩固便会遗忘。因而，它们不能代替长期的习得与学习。

关于记忆的讨论集中在探讨语言和文字的概念在人脑中的位置，以及两种语言的词汇互相依存与结合等问题。有些研究者从实验中发现，习得某信息（如新单词）时的情景及与新信息同时出现的有关线索（如语言习得者当时的感觉和想法等）得到再现时，该新信息比较容易被记忆与掌握。与此相关的是，第二语言的词汇教学不能孤立地讲解单词，而应将它们放在一定的情景中，联系学习者的生活实际进行教学。这一研究虽然还有待进一步深入，但它们对于第二语言习得的科研与教学都具有一定的参考价值。

（五）社会语言学派（sociolinguistic approach）

概括地说，社会语言学派内部共有以下三大分支。

1. 互动论（interactionism）

与第一语言习得的互动论一样，第二语言习得的互动论学派强调环境和交际对象与语言习得者互相交流的重要性。如果说第一语言习得的环境和交际对象是自然存在的，那么，在非第二语言的环境中学习第二语言，环境与交际对象都极为有限。这时，第二语言习得者的语言质量和心理因素，如兴趣、焦虑和反感等都直接与交际环境及对象有关。社会环境能改变习得者的心理状况，交际对象的态度和语言也影响第二语言习得者的心情、态度和学习效果。近年来不少实验都证实了这一点。最突出的例子是，一些日本学生学习英语时，如与友好的美国人对话，说英语的流利程度和准确性都大大提高。

2. 语用学论（pragmatics）

这一学派是社会语言学领域内研究第二语言习得十分活跃的一支力量。他们强调第二语言习得者必须掌握语用学，即学习第二语言时，必须同时培养使用语言进行交际的能力，包括说话人与听话人应遵循的礼仪、交际策略与得体词汇的选择、语篇的组织与对话技巧的运用等。不少研究者认为，掌握语言知识与使用语言的原则应同时进行，因此有必要探讨第二语言习得与学习过程中这两方面如何互相影响、互相促进。但因这一研究涉及应用语言学、社会语言学和心理语言学等多个领域，目前尚无充分的研究成果能系统阐明这个问题。

3. 语言变体论（language variationist theory）

语言变体指同一人或不同的人在不同时间、不同场合使用同一语言时产生的变异。它是社会语言学研究的重要专题之一。对于第二语言习得者使用不符合第二语言规则的语言，各种学派有截然不同的解释：行为主义贬之为第一语言干扰的错误；生成语法学派褒之为语言发展中的错误；塞林科称之为“中介语”，而社会语言学中的语言变体论者则将它解释成“语言变体”。他们认为，不同的第二语言习得者在不同时间和场合有各种语言变体，它们具有一定的规律，没有理由指责它们为“错误”。然而，由于当时并无充分的语言资料证实第二语言习得的“语言变体”都遵循固定的规则，这一论点受到生成语法学派的猛烈抨击。近年来这方面的语言资料有所增加，但还不足以令人信服。

第三节　双语教育基本理论

双语教育理论，不同于第一语言与第二语言习得与学习的理论，主要在于它要解释和说明两种语言之间的关系及其机制，等等。本节将介绍九种比较成熟的双语教育理论。这些理论均源于西方，自成体系，各具特色。①

一、平衡理论

平衡理论（balance theory）是双语教育的早期理论，该理论提出两点见解。

第一，一门语言的掌握必然削弱另一门语言的掌握，学习第二语言是以牺牲第一语言为代价的。大脑好比气球，其容纳语言知识和技能的空间是有限的，而且是固定不变的。作为单语者，其单一语言的知识和技能占据了大脑的全部空间；作为双语者，其两种语言的知识和技能只能分别占据大脑的一半空间。学习第二语言自然挤压了第一语言的空间，从而降低第一语言和第二语言在思维、阅读、词汇和知识方面的熟练程度。

第二，在大脑中，第一语言和第二语言分别占据相应的空间，它们各自为政，互不干扰。譬如，加拿大学生学习法语时，并不影响英语的学习。反过来也可以说，学习一门语言并不会刺激或促进另一门语言的学习。

早年，绝大多数家长、教师、教育行政人员和政治家都信奉平衡理论，他们从直觉上感受到该理论的合理性。当时的研究结果也表明，双语学生在智力测试和学业成就方面逊于单语学生。

从心理学等理论来看，平衡理论是站不住脚的。

二、思想库模式

思想库模式（think tank model）视大脑为思想库。在这个思想库中，尽管第一语言和第二语言的知识和技能总是保持各自的特征，但是两种语言的表现取决于大脑中共同的语言能力；两种语言输入和输出的数量和质量共同刺激了思想库的发育。换句话说，尽管两种语言没有融为一体，但是思想库的运作方

---

① 王斌华. 双语教育与双语教学［M］. 上海：上海教育出版社，2003：49-64.

式是统一的。

一般而言，思想库发挥了三大职能。

首先是监控职能。思想库必须对两种语言进行比对，以使语序、语法、词义等能够有条不紊地储存在一起。一旦需要，能够准确、迅速地提取出来；必要的时候，还能进一步完善或修正语序、语法、词义等。因此，双语者在词义理解和语感方面往往优于单语者。

其次是转换控制职能。在交流过程中，双语者会依据时间、地点和要求，敏感地转换到恰当的语言上来。譬如，在美国的中国学者（双语者）接到英语电话时，常常依据对方的语音、语调和用词，判断对方是中国人还是外国人，然后决定用英语还是汉语进行交谈。

再次是阀门控制职能。双语者往往通过第一语言或第二语言阀门的开启和关闭，灵敏地调整交际语言。譬如，一位学生在校期间可能部分地关闭第二语言的阀门，只在必要的时候和场合使用第二语言；另一位学生渴望精通第二语言，他总是积极地寻求机会打开第二语言的阀门。

思想库模式的本质可以概括如下：

思想库同时适应两种语言，是两种语言的共同基础。

思维刺激了两种语言，同时又被两种语言刺激。这种刺激促进了双语者的认知发展。

学生在校期间的表现不仅取决于语言，而且取决于思想库。

学生第一语言和第二语言的全部经验共同促进了思想库的发展。思想库在增加一门语言的同时，也增加了广泛的双元文化内涵。因此，像接受单语教育一样，接受双语教育同样能够充分地发展思想库。

双语教育是切实可行的，人具有精通两种或两种以上语言的能力。

与使用单语一样，使用两种语言同样能够发展概念技能和学术技能（即认知功能和教育达标）。双语教育促进了概念形成和学术发展。

双语制度是可行的、有价值的双语教育的结果。

三、阈限理论

阈限理论（thresholds theory）也称为“临界理论”或“起始点理论”。阈限理论认为，精通双语将对个体的认知发展产生正面效应，不精通双语将对个体的认知发展产生负面效应。

阈限表示学生必须达到的双语能力水平。阈限理论设定了两个阈限，当学生的双语能力达到第一阈限时，可以避免双语产生的负面效应；当学生的双语能力达到第二阈限时，可以感受到双语产生的正面效应。

阈限理论把学生的双语水平粗略地划分为三个层次，并阐述了各个层次与学生认知发展之间的关系。① 低级层次：未精通两门语言中的任何一门语言，对认知发展产生负面效应。② 中级层次：精通两门语言中的一门语言，对认知发展既不产生正面效应，也不产生负面效应。③ 高级层次：精通两门或两门以上语言，对认知发展产生正面效应。阈限理论的基本框架如图 4-1 所示。

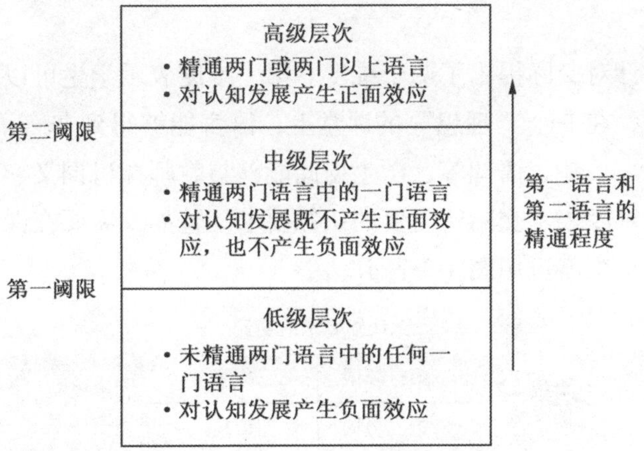

图 4-1　阈限理论的基本框架

依据上述阈限理论，我们可以认为：在实施沉浸式双语教育的过程中，当第二语言开始作为教学语言时，学生在学业方面可能出现暂时的落后现象；当学生精通第二语言并足以应付教学要求时，双语教育将对认知发展产生正面效应。

四、依存假设

依存假设（interdependent hypothesis）至今没有上升为一种理论，因为它仍然属于一个尚未定论或有待进一步验证的假设。尽管如此，该假设已经得到许多专家、学者的认同。

依存假设认为，学生第二语言能力水平部分地取决于第一语言能力水平。譬如，第一语言学术能力较强的人，其第二语言学术能力往往也较强；第一语言提高了学生的认知能力和学术能力，这些能力也正面影响了第二语言能力的发展。

依存假设揭示了“精通语言”与“表面流利”之间的本质区别。“精通语言”指学生达到了“认知学术语言水平”(Cognitive/Academic Language Proficiency，CALP)。在教学过程中，学生通过熟练掌握的语言，获得了认知和学术方面的发展。“表面流利”指学生仅仅具备了“人际交流基本技能”(basic interpersonal communication skills，BICS)。在教学过程宁，人际交流基本技能常常掩盖了学生尚未“精通语言”的实质，从而导致他们在认知发展和学术发展方面的滞后。这也是许多少数民族语言学生学业相对落后或失败的根源所在。

依存假设针对交际提出了两个维度。第一维度表示学生可以得到语境支持的程度。譬如，在一个“理想”的课堂上，语言能够得到非言语交流的支持，如眼神、点头、手势、语调等，学生据此能够与教师探讨词义、提出问题或表示疑惑。第二维度表示交际所需要的认知要求。譬如，需要在课堂上迅速处理信息等。这两个维度可用图 4-2 表示。

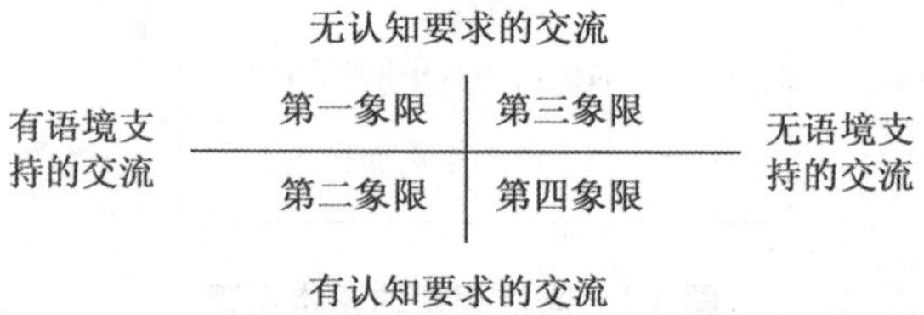

图 4-2 依存假设的维度示意图

相比而言，第一象限（有语境支持、无认知要求的交流）是一种相对容易的、层次较低的交流，“表面流利”或“人际交流基本技能”能够应付这种交流；第四象限（无语境支持、有认知要求的交流）是一种相对困难的、层次较高的交流。

我们由此可以推断，当学生能够使用第二语言进行对话时，他们也许仅仅达到了“表面流利”，而并没有达到足以应付“无语境支持、有认知要求的”情境的程度。此时，他们也许不能理解词义，也无法参与较高层次的认知过程，如综合、讨论、分析、评价、诠释等。当学生第二语言的熟练程度足以应付“无语境支持、有认知要求的”情境时，双语教育便开始获得了成功。

五、兰伯特的态度-动机模式

兰伯特（Lambert）的态度-动机模式（attitude-motivation model）源于对个人性向和态度的研究。他认为，在双语学习方面，性向和态度是两个重要的、相对独立的影响因素；双语学习不仅需要某种认知能力，而且需要一种积极的态度；态度关系到动机，譬如工具性动机和（或）综合性动机。因此，双语能力基于性向的程度、态度的程度、动机的程度以及态度与动机之间的关系。

兰伯特进一步指出，成为双语者将影响个体对待双语制度的看法；具有与其他语言群体进行交流的能力，也许会改变个体的自我形象。譬如，掌握英语的威尔士人也许会选择英语群体作为参照对象，形成新的行为准则。学习第二语言关系到文化适应的问题，双语者也许能成为双元文化者，从而产生新的渴望、新的国际视野、新的价值观念和新的信念。融入两种文化会影响自我概念的形成。譬如，学习威尔士语的英国人也许会进一步了解威尔士文学、艺术、音乐、体育、宗教、风俗等，从而修正原先的观点。当获得第二语言和第二文化，但又无须取代第一语言或降低第一语言的重要性时，即导致添加性双语制度。譬如，学习威尔士语的英国人在无意中加深了对两种语言和两种文化的理解。当获得第二语言和第二文化，但又面临压力，必须以第二语言取代第一语言或降低第一语言的地位时，即导致削减性双语制度。一般而言，当鼓励少数民族语言学生学习多数民族语言时，当他们只能通过多数民族语言接受教育时，当倡导文化认同而不是多元文化时，就可能阻断少数民族语言学生与少数民族文化和传统的联系，也可能使他们疏远自己所属的少数民族群体。譬如，学习英语的威尔士人开始接受盎格鲁文化，他们可能会不自觉地减少使用威尔士语。

兰伯特的态度—动机模式可用图 4-3 表示。

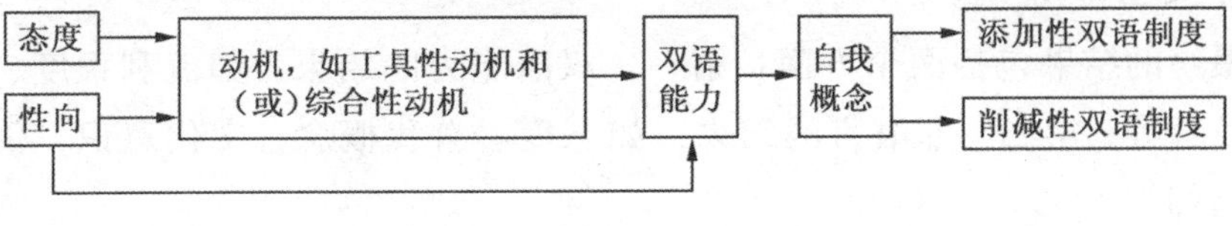

图 4-3　兰伯特的态度-动机模式

六、加德纳的社会-教育模式

加德纳在研究第二语言的各种社会心理模式的基础上，提出了自己的社会-教育模式（social-educational model）。该模式可以划分为四个阶段。

1. 第一阶段：社会和文化环境

儿童都生活在各自的、传统的社会和文化环境中。在英格兰的许多白人社区，传统的看法是：双语制度是不必要的，也是难以实现的；如果实行双语制度，必然以牺牲其他领域的成就为代价。在美国，传统的哲学一贯倡导以主流文化和主流语言同化少数民族文化和少数民族语言。但是在加拿大，政府支持双语制度和双元文化的共存，积极改善和扩大学校的双语教育。

2. 第二阶段：个别差异

该阶段由四个主要的变量组成，即智力、语言性向、动机和情景焦虑。其中，智力决定个体如何完整地、迅速地理解各种任务的性质或所提供的各种解释；语言性向关系到学习语言的特殊才能；动机关系到努力、欲望和情感；情景焦虑将阻碍个体的学业，影响语言的习得。

3. 第三阶段：语言习得的语境

有必要区别语言习得的正规语境和非正规语境。正规语境指的是以语言学习为首要目的的场景。譬如，课堂属正规语境，因为其首要目的是提高学生的语言能力，培养他们成为双语者。课堂内开展的操练、视听、翻译等活动都是正规的语言教学手段。非正规语境指的是不以语言学习为首要目的的场景。譬如，出于娱乐需求观看外语电影，出于亲情关系或社交原因与亲人或朋友进行外语交流。尽管人们在这些活动中不知不觉地提高了外语水平，但这只是附带的收获，而不是这些活动的初衷。

正规语境与非正规语境之间的界限有时是模糊或重叠的。譬如，在课后请教教师，出于学习和娱乐的双重目的收听外语节目等。

4. 第四阶段：结果

最终的结果包括两个方面：第一，双语能力的结果，如流利程度、词汇量、发音等；第二，非语言的结果，如态度、自我概念、文化意识、价值观念、信仰等。

加德纳的社会-教育模式不是静态的，而是动态的。该模式可以用图 4-4 表示。

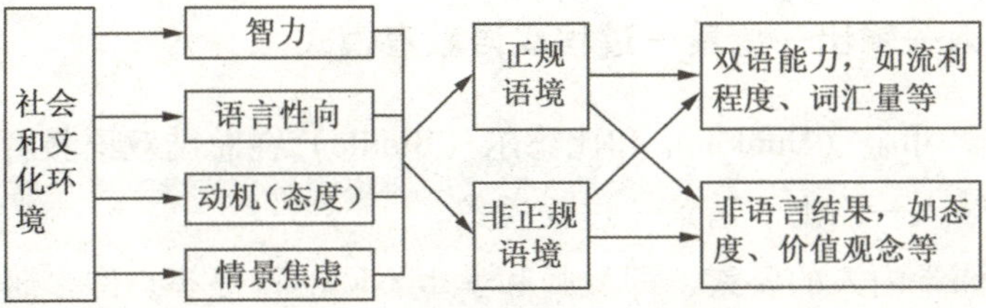

图 4-4　加德纳的社会-教育模式

七、斯波尔斯基的双语教育评价模式

伯纳德·斯波尔斯基（Bernard Spolsky）认为，以往的双语教育研究过于狭窄，仅触及局部问题。他对双语教育过程中涉及的变量进行了分类，并提出了自己的双语教育评价模式。该模式力图涵盖双语教育评价的各个方面，如影响双语教育的心理因素、社会因素、经济因素、政治因素、宗教因素、文化因素、地理因素、人口因素、历史因素、语言因素等。这些因素彼此重叠，交互作用，双语教育则处于这些因素的中心。

该模式分为四个层次。

1. 第一层次：双语教育的社会环境

双语教育的社会环境可能是一个种族群体、一个国家、一个地区、一个社区或一个单位。因此，应该从比较宽泛的社会、文化、政治、经济的角度审视双语教育。在双语教育的评价过程中，必须把实施双语教育的学校和课堂与周围的社会环境联系起来。

2. 第二层次：双语教育计划的目的

双语教育计划的目的包括明文规定的目的（显性的目的）和没有明文规定的目的（隐性的目的），体现了政府、地方管理部门、家长、地方利益团体的意愿。在双语教育计划的目的方面，可能出现意见分歧或观念冲突。

3. 第三层次：双语课堂与双语学校的运作

应该对实施双语教育的课堂与学校进行评价。不难发现，在意图与结果之间或者在目的与实践之间，可能出现背离的情形。

4. 第四层次：双语教育的效果

双语教育的效果包括双语能力、双元文化、自尊、就业成功等。社会、政治家、教师对双语教育效果的期望可能不尽相同，各有侧重。

八、输入—输出—情景—过程双语教育模式

1974 年，邓金（Dunkin）和比德尔（Biddle）在总结双语教育研究的过程中，提出了输入—输出—情景—过程模式。

输入指课堂内人的要素，即教师和学生不同的特征等。许多研究探讨了不同的输入（如教师个性、学生能力等）是怎样影响输出的。

输出即结果。它可能是短期的，如获得考试成功；也可能是长期的，如对待学习的态度。

情景指学校教育所处的环境。在宏观层面，情景可能指种族群体或地方社区对教育的影响；在微观层面，情景可能指课堂环境，如课堂内的软件和硬件设施。情景能够调整输入与输出之间的关系。

过程即课堂实际教学。

1985 年，柯林·贝克（Colin Baker）将上述模式引入双语教育领域。但是他认为，邓金和比德尔详细阐述了“常规学校教育”中的输入、输出、情景和过程，而双语教育中的输入、输出、情景和过程应该属于更高层次，涉及社会、情感、个性、认知、生物、性向、教学等诸多因素。贝克双语教育模式可以用图 4-5 表示。

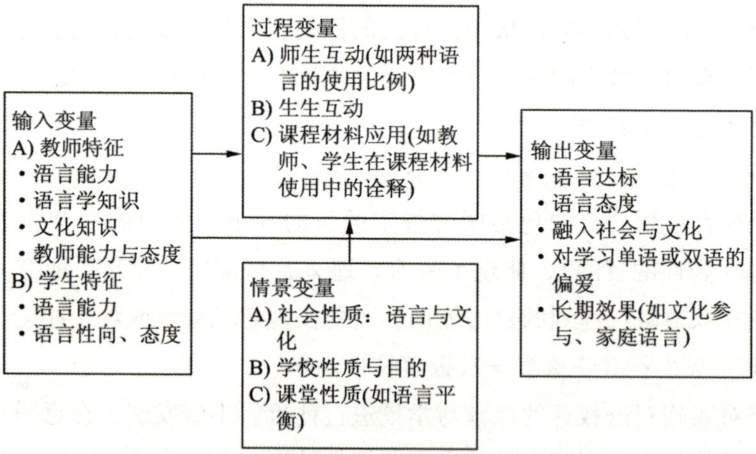

图 4-5　输入—输出—情景—过程双语教育模式

贝克双语教育模式中的输入、输出、情景和过程可以理解为：

输入分为教师输入和学生输入两个方面。教师输入包括双语教师的语言知

识和文化知识、运用两种语言和传递两种或两种以上文化的能力；学生输入包括语言性向、技能、态度、动机等。

输出覆盖的范围尚未定论，但应该包括两种语言的熟练程度、双语知识、对待语言和文化的态度、自尊、融入不同语言和不同文化群体的状况等。

情景分为四个类别，各类别之间可能有所重叠。社会性质，指一个社会的双语和双元文化程度，以及对待双语教育和双语制度的积极态度、消极态度或矛盾心理。学校性质，是实施沉浸式双语教育，还是实施过渡性双语教育；是正规学校开设的双语班级，还是少数民族语言地区的双语学校，或多数民族语言地区的双语学校。课堂性质，指课堂中使用两种语言的比例和平衡。课程性质，指课程类型、视听设备、电脑、语法教学、创新活动等。

过程是指课堂教学过程中，教师对学生使用第二语言的鼓励与表扬，对使用第一语言的批评，学生使用两种语言的程度以及教师使用两种语言的程度，等等。

贝克的双语教育模式指明了双语教育研究存在的某些局限性和可能性。

第一，在不同的情景下，照搬目前的研究成果是危险的。譬如，沉浸式双语教育在加拿大获得了成功，但在其他国家未必能够获得成功。因为一旦学生、师资、教材、教法、情景等发生变化，沉浸式双语教育的成功可能性也随之发生变化。这好比烹饪，采用不同的原料会做出不同的菜肴，而如果改变其中的一种原料，就可能改变整个菜肴的色、香、味。

第二，研究人员一方面较多地关注可以量化的效果，如传统的技能等。但事实上，双语教育还会产生许多其他效果，如自我概念、就业成功、判断能力、融入社会等。另一方面，较多地关注短期的效果，如一年之内产生的效果或毕业前产生的效果。其实，双语教育的效果是累积的、长期的，并不因为学生离开学校而丧失殆尽。在学生离开学校 10 年、20 年以后，它仍然影响着他们成人以后对双语制度和双元文化的态度，如培养子女成为双语人才的态度，送子女就读双语学校的态度，参与双语和双元文化活动的态度等。

第三，贝克的双语教育模式由四个部分组成，但是，研究人员总是关注其中两个变量之间的关系，如情景与过程的关系、输入与过程的关系、输入与输出的关系、过程与输出的关系等，尤其较多地关注输入与输出的关系（如双语与智商的关系）以及情景与输出的关系（如双语教育与达标的关系）。相对而言，较少关注过程与输出的关系，甚至极少关注学校双语教育过程中显性课程与隐性课程之间的关系。事实上，教师与学生的行为、互动、思维、感受、举止、谈话、书写等，都是双语教育中值得探讨的重要因素。双语课堂不同于普通课堂，因此，需要重新认识其中过程与输出的关系。

九、卡明斯的双语教育理论框架

吉姆·卡明斯认为，少数民族语言学生的成功与失败取决于学校的四种状况。

第一，取决于少数民族语言学生的家庭语言和文化融入学校课程的程度。

如果少数民族语言学生的家庭语言和文化受到排斥、降低到最低限度或逐步减少，则少数民族学生在学术方面可能遭到失败；如果少数民族语言学生的家庭语言和文化受到欢迎、鼓励，并获得一定的地位，那么这些学生在学术方面获得成功的可能性就会增加。在学校课程中融入少数民族语言和文化，可能会对少数民族学生的认知产生潜在的、积极的或消极的影响。除此以外，它还可能对个性（如自尊）、态度、社会、幸福、情感、健康等产生影响。

第二，取决于鼓励少数民族语言的社会和家长参与子女教育的程度。

如果少数民族语言的社会和家长获得参与学校教育的决策权利和地位，他们的子女就可能获得成功；如果剥夺了少数民族语言的社会和家长参与学校教育的决策权利和地位，他们的子女就可能落后或不能取得进步。应该指导家长学会如何帮助子女。如果家长和学校之间缺乏合作，人们就可能指责家长对子女缺乏兴趣和关心。主张合作的教师通常鼓励少数民族语言的家长通过家庭活动或课堂活动，参与他们子女的教育；反对合作的教师把自己视为专业工作者，将自己与家长之间区分得泾渭分明。他们认为，与家长合作是无关紧要的、非专业性的，甚至对学生进步是有害的。

第三，取决于在促进儿童内在欲望方面，培养他们成为知识的积极追求者而不仅仅成为被动接受者的程度。

学习可能是积极的、独立的和出于内在动机的，也可能是被动的、依赖的和受到外力推动的。为此，卡明斯归纳了“灌输模式”和“交互作用模式”的概念。前者导致少数民族语言学生的失败，后者导致少数民族语言学生的成功，它使学生更多地掌握自己的学习，从而对他们的自尊、合作和动机产生潜在的、积极的影响。

灌输模式认为，儿童是被动接受知识的容器，教师控制着灌输的数量和速度。交互作用模式要求在学生与教师之间，以口头和书面的形式进行真正的对话；教师是学生学习的指导者和促进者，而不是控制者；教师鼓励学生在合作的学习情境中进行对话。该模式强调形成更高层次的认知技能，而不是事实的记忆；鼓励学生有意义地使用语言，而不是表面地纠正错误；主张把语言使用与语言发展有意识地与课程内容融为一体，而不是割裂地传授课程内容；让学生产生内在的动机而不是外在的动机。

第四，取决于在评价少数民族语言学生时，避免在学生身上寻找根源而力求在社会制度、教育制度或课程方面寻找根源的程度。

长期以来，心理测试和教育测试总是试图在学生身上寻找问题的根源，如低智商、低动机等，以此解释少数民族语言学生学业失败的原因。在这种测试思想的指导下，人们已经很难看清存在于社会、经济、教育制度之中的根源所在。其实，落后的灌输模式、教师拒绝家长参与教学活动、贫穷家庭的社会—经济背景等，都有可能导致少数民族语言学生的学业失败。

因此，评价和诊断应该考虑这些学生的社会环境和教育环境。

卡明斯的双语教育理论框架可以概括如下（表 4-1）。

表 4-1　卡明斯的双语教育理论框架

	获得成功的少数民族语言学生	遭受失败的少数民族语言学生
第一维度	添加性：学校融入家庭语言和文化	削减性：学校排除家庭语言
第二维度	合作性：社会参与	排斥性：拒绝社会参与
第三维度	互动性课程	灌输性课程
第四维度	以咨询为目的的评价与诊断	只在学生身上寻找根源的评价与诊断

总的来说，卡明斯的双语教育理论框架是非常重要的理论。它不是单纯地把少数民族语言学生的学业失败归咎于学生个人，而是站在社会、经济、政治、心理、教育、课程、教学法、家长参与等角度，审视和探讨少数民族语言学生学业成败的根源。

QUESTIONS

1. What are the language theories that have great impact on language teaching? What are their basic ideas?

2. Which language theory do you prefer? Why?

3. What do you know about bilingual education theories ? What are their basic views? How do we evaluate the bilingual education theories?

4. Which bilingual education theory is more valued? Why?

5. Could you explain which is more complicated and more difficult by using bilingual education theories? Bilingual education or monolingual education ?

6. What could we get from the bilingual education theories to our bilingual education or foreign language teaching and learning?

第五章　小学双语教育环境建设

环境是指人们周围的客观世界。按照先天与后天相互作用的语言理论和相关心理学、哲学理论，环境在人的语言习得与掌握过程中具有重要的作用，人的语言习得与掌握离不开环境，良好的语言环境有利于语言尤其是第二语言的掌握。

双语教育离不开双语语言环境。从根本上讲，双语教育本身就是要通过创设更多、更大、更持久的外语或第二语言环境，来提高学习外语或第二语言的效率。因此，双语教育本身必然要求关注和加强双语教育的环境建设。没有良好的双语教育环境，双语教育就难以顺利开展。双语教育环境建设要体现弥漫性，情境性，新颖别致、引人入胜，和谐合理等理念。

第一节　小学双语教育环境建设概述

小学双语教育环境可以从不同的角度粗略地划分为：宏观环境、中观环境、微观环境，物质环境、语言交往环境，静态环境、动态环境，显性环境、隐性环境，硬环境、软环境，等等。实际上，双语教育本身、双语课程、双语教师等都是双语教育的环境，而且是正式的语言环境，本章主要研究非正式的语言环境。

一、小学双语教育环境的作用

教育学认为，环境是指人们周围的客观世界，包括自然环境和社会环境；环境在人的发展中具有重要作用，是使遗传所提供的发展可能性变成现实性的重要条件；没有环境的作用，遗传提供的物质或生理基础不可能实现，人不可能变成人，世界上“狼孩”的存在就是实证。环境也是个体习得和掌握语言的重要条件，人只有在社会生活环境中，才能习得和掌握人类的语言。“狼孩”尽管拥有大脑这个精致的物质条件，却没有形成人的心理、没有掌握人的语言，就是因为过早离开了社会生活环境。

语言习得理论中影响最大的有先天决定论、后天决定论、先天与后天相互作用论三派理论，其中后两种理论都重视环境对语言获得的作用。以行为主义为理论基础的后天决定论认为，儿童掌握语言，就是在后天环境中通过学习获得语言习惯的，语言习惯的形成是一系列“刺激—反应”(stimulus-response)的结果。先天和后天相互作用论（互动论）的观点认为，语言习得是儿童认知发展、语言能力、心理情感等内部因素与语言输入、社会环境等外部因素相互作用的结果。

先天和后天相互作用论的观点比较令人信服，对语言教学有十分重要的指导意义，其意义之一就是要利用语言环境的作用。首先，语言习得是人脑创造性地掌握语言规律的过程，语言教学就应该从“创造性”和“语言规律”两方面下功夫，既不能一味进行机械操练与死记硬背，同时也要避免使学生放任自流。其次，由于语言输入对语言习得具有极大的影响，语言教师必须为学生提供具有大量语言素材和生动、良好的语言环境。再次，由于语言习得是多种因素的综合运用，除了考虑学生的认知发展、语言能力外，还得注意学生的心理、情感等非语言因素。最后，语言习得是上述各种因素互动（interaction）的结果，语言教学不仅要分别注意每一因素的特点，而且必须促使它们互相配合、互相作用，以取得良好的效果。

第二语言获得的社会心理学理论更加关注社会环境的作用。在语言的社会化进程上，第二语言的学习是一种更高层次上的社会化。在学校教育上，第二语言（或外语）的教学具有相当的特殊性，因为在学习第二语言时，学生不仅是学习语音、语义、词汇、语法等语言知识，而且是获得不同民族的语言知识及其蕴含的文化。语言是文化的载体，是维系族际交往的重要手段，因此，第二语言的获得不仅仅是为了了解第二语言的语言知识，还涉及群体交往中的文化因素。

在众多的见解中，1979 年加拿大罗伯特和加德纳提出的理论特别引人关注。他们认为，第二语言的学习因素分为四个部分：社会环境、个体差异、第二语言学习语境、结果。其关系是，社会环境决定各种个体差异变项的重要性，个体差异变项和第二语言语境相互作用并影响学习者第二语言的学习结果。

我们认为，首先，第二语言的学习关涉社会环境。一方面，社会环境是学习者选择和制定学习第二语言规划的大背景。何种时代、何种社会背景、何种社会需要，决定学习者学习何种第二语言。另一方面，社会环境使得与第二语言学习任务有关的老师、家长和亲友以及学习者本人产生许多期待。

其次，学习者本身存在着个体差异，如智力、意志、态度、兴趣、习惯、动力、语言能力等。这些个体差异变项受对第二语言文化特点信仰程度的影响，又受社会环境所决定的学习动机影响，还受第二语言学习的情境影响。

再次，第二语言的学习受学习环境影响。语境有两种，一是正式的课堂中进行的语言训练；二是非正式的无老师指导的语言学习，如与操第二语言的人对话或自学。学习环境也影响第二语言的学习结果。

综上所述，第二语言的获得作为更高层次的社会化，它的独特之处在于：充分考虑社会环境、学习者的个体差异变项、第二语言学习环境与学习效果之间的关系。既注重客体—社会环境、第二语言环境，更强调学习者的主体因素与客体的关系，它将视角指向学习者的主体因素，这是社会心理语言学对第二语言学习的根本看法。①

小学双语教育离不开双语语言环境。从根本上讲，双语教育本身就是要通过创设更多、更大、更持久的外语或第二语言环境，来提高学习外语或第二语言的效率。因此，双语教育本身必然要求关注和加强双语教育环境建设。没有良好的双语教育环境，双语教育就难以顺利开展。

二、小学双语教育环境建设的基本理念

小学双语教育环境建设要体现下列基本理念。

（一）弥漫性

理想的小学双语教育环境应该像空气一样，无处不在，无论空间上，还是时间上都有尽可能大的延展性，让学习者随时随地都能看到、听到、体验到双语的氛围，沉浸在双语的语境中，起到润物细无声的作用。

---

① 王德春．社会心理语言学［M］．上海：上海外语教育出版社，1995：41-42.

（二）情境性

小学双语教育环境应追求“以假乱真”，形成上什么山唱什么歌、见什么人说什么话的情境，让师生进入这个环境就不由自主地说外语或双语。

（三）新颖别致、引人入胜

小学双语教育环境中的标识、图画等应既新颖又别致，引人入胜，产生过目不忘、爱不释手、流连忘返的效果。

（四）和谐合理

小学双语教育环境要与学校的整体环境设计相一致，与整体教育内容体系相融合，既和谐一致，又合情合理。

第二节　小学双语教育显性环境建设

显性环境可以理解为看得见、摸得着的环境，以明确的、外显的、直接的方式影响儿童语言学习的环境，主要指物质环境、制度环境等，也可以叫作硬环境。

一、小学宏观双语教育环境建设

宏观双语教育环境建设的目的是要形成社会、社区、家庭三位一体的良好社会双语教育环境。

在双语制度环境方面，制定和颁布相应的法规或条例，确定双语人才可以享有进入重要部门的优先权，确立双语教师的就业标准，逐年加大对双语教育的资金投入，等等。

在双语物质环境方面，可以借鉴新加坡的做法，建立双语大众媒介，如双语电视频道播出双语节目、双语报纸，街道、商场、车站、码头、机场、动物园、植物园、飞禽馆、科学馆，处处都体现一种双语气氛。人们在动物园等游览场所可以听到、看到比比皆是的双语解说和双语说明书，在飞禽馆里还能听到会说话的鸟用双语向游客致意并表演节目，等等。

在家庭双语环境方面，家长要关注孩子的双语教育，创设更多的英语环境，可以让孩子多看一些儿童电视英语节目，多听一些儿童英语音频，多接触一些会讲英语的人。这样有利于孩子听到更多的英语，激发和增强孩子讲英语的兴趣。有条件的家庭，还可以开展家庭双语教育。下面介绍王立波（无锡县外资企业物资公司工程师兼翻译）的经验，① 以供借鉴。

为了充分利用孩子的智力发展最快期，让孩子自然而然地掌握一门外语，笔者（王立波）对自己的女儿实施了零岁开始的英汉双语教育。从女儿出生开始就由我对她说英语，其他人对她说汉语形成英汉双语环境，经过六年的努力，目前我近六岁半的女儿能听懂与她的汉语水平相当的所有日常英语，能听懂并翻译《玛泽的故事》《儿童英语》《小学生英语看听说》《新中学生英语》，能进行日常英语对话和交际，能听懂并翻译较复杂的英语故事，能看图讲英语故事，能自编自讲英语故事，汉语水平超过同年龄孩子的平均水平，具有很好的语言能力，具有一定的逻辑思维能力。为了让更多的同志对婴幼儿英汉双语教育有所了解和借鉴，笔者谨将自己的心得体会介绍给大家。

婴幼儿英汉双语教育的基本方法就是使孩子一出生就处于英语和汉语两种语言环境中。父母亲（或其他抚养人）中有一个人完全对孩子讲英语就为其创造了英语环境（如果父母亲都对孩子讲英语，则孩子的汉语发展会受到影响，孩子到托儿所和幼儿园去会不适应）。婴幼儿英汉双语教育有下列基本方法：

第一，坚持直观自然。中国儿童是自然而然地学会汉语的。英汉双语教育就是要使孩子自然而然地学会英语和汉语两种语言。汉语教育只需注意多与孩子讲话，英语教育则应注意对孩子所讲的英语是在具体的场合应该听到的英语（即情境性——编者）。只有给孩子创造一个直观自然的英语环境，才能使孩子像学会汉语那样自然而然地学会英语。

第二，尽量多对孩子讲英语。一位家长对孩子讲英语所创造的英语环境相对汉语环境来说要弱得多，因此负责英语教育的家长要尽量创造条件，多与孩子接触，多带孩子去公园、商店、郊外，多让孩子认识大千世界，同时多对孩子讲英语，让孩子在各种场合听到更多的

---

① 王立波．零岁开始的婴幼儿英汉双语教育［J］．学前教育研究，1994（3）：35-36.

英语。

第三，多对孩子讲故事。随着孩子听力的发展，要注意多对孩子讲英语故事。孩子一岁半左右就可对其讲简短的英语故事，内容可以是孩子当天或前一天经历的事情，比如给他买了一样玩具，带他去一个公园等，这样的故事既能使孩子乐意听，又能使他回忆发生过的事情从而促进记忆力的发展；孩子二至三岁可以让其看图并给他讲英语故事；孩子三至四岁可把其看过的儿童电视节目用英语编个故事讲给他听；孩子四岁以后可直接对其讲英语故事，故事内容可以是孩子在汉语环境中听过的或没有听过的，同一个故事，可以先用汉语讲一遍再用英语讲一遍，反之也可以。

第四，创造更多的英语环境。可以让孩子多看一些儿童电视英语节目，多听一些儿童英语录音带，多接触一些会讲英语的其他人。三岁左右的孩子可以开始学习《玛泽的故事》，四岁以后可以学习《学前儿童英语（EPC）》《儿童英语》《小学生英语看听说》《新中学生英语》等录音带和电视英语。

第五，尽量要求孩子讲英语。由于汉语环境无所不在，英汉双语教育下孩子的汉语口语比英语口语先发展。当孩子已会用汉语表达自己的意愿而英语尚不会时，他就用汉语或夹着英语的汉语应答，这就形成了特别的英汉对话现象，为了让孩子尽早讲英语，负责英语教育的家长要尽量鼓励和要求孩子说英语。孩子有某个请求时，例如要吃苹果，要看电视，要去公司，要听故事等，可要求他用英语说一遍请求。如果他不会说或说得不对，可领他说一遍，再要求他说一遍。另外，引导孩子多做英语游戏，在游戏中尽量使用英语。当孩子学会一些英语后，就要和他多进行英语对话。

第六，适当让孩子翻译一些话语。孩子在二至三岁期间，汉语口语比英语口语发展得好，可以让他把听到的英语句子译成汉语。这样既能促进孩子的汉语口语能力，又能了解孩子的英语理解能力，还能为孩子的英汉两套反射机制建立有机联系，总体上提高英汉双语水平。

孩子四岁左右，可让他翻译一些英语故事，一方面了解他对英语故事的理解程度，另一方面提高他的英译汉能力。

孩子五岁左右，英语口语已经有了较好的发展，除了多和孩子英语对话外，还应让他做一些汉译英练习，内容可以是日常用语，也可是儿童英语节目里的句子，这样能提高孩子的英语口语能力。有时可让孩子做父母亲的翻译，两位家长分别讲英语和汉语，孩子则把英语译成汉语，又把汉语译成英语，使家长的对话进行下去。这将建立孩子的成就感，提高他对英语的兴趣。

第七，要求孩子讲故事。孩子三岁左右，可要求他讲一些简单的汉语故事，也可让他看图讲汉语故事，孩子进了幼儿园，有时老师要求他们把幼儿园听到的故事讲给家长听，因此要抓住这种机会多让孩子讲故事，提高他的汉语水平。

孩子五岁半左右，英语口语发展到一定程度，就应该要求他讲简单的英语故事，可以是根据听过的故事缩简的，也可以是自编的，还可以是看图描述的英语故事。一开始孩子的英语故事较短较简单，其中还会夹杂着汉语单词或句子，前后连贯较差，整个故事内容不太完整。随着不断的练习和时间的推移，孩子的英语故事会越来越连贯，故事内容越来越完整，故事也变得较长较复杂。多让孩子讲英语故事，能促进孩子用英语思维，扩大孩子的英语词汇量。

第八，持之以恒全面发展。零岁开始的英汉双语教育，不仅能让孩子从小就自然而然地学会一门外语，还能开发孩子的智力。实施该教育方案贵在持之以恒。另外，在实施英汉双语教育的同时，还必须注意孩子的全面发展，在生活和游戏中对孩子进行各方面的培养，让孩子在身体和心理上都健康成长。

随着教育，尤其是高等教育和留学教育的发展，随着80后、90后乃至00后成为孩子家长，具备开展家庭双语教育的家庭数量将大幅增加，如能有越来越多的家庭关注双语教育并持之以恒地开展家庭双语教育，其效益将非常可观。

二、小学中观、微观双语教育环境建设

这里的中观双语教育环境主要是指学校的整体双语教育环境，微观双语教育环境主要指班级的小双语教育环境。中观、微观双语教育环境建设要关注以下几个方面：

（一）注重双语环境的整体设计，精心设计双语校园环境

无论是教室、实验室、阅览室，还是操场、走廊、礼堂、饭厅及其他活动场所，处处都应有双语标记，让学生随时随地都可接受双语信息。除了学校空间，所有流程环节，从进校门、课堂教学、课间活动、吃饭、放学，都要有充满双语教育的氛围；让每一面墙、每一件物品、每一句口号、每一个标记，都会开口说话，让双语氛围弥漫在校园的角角落落。

（二）创设视觉环境

“在教室中张贴图画和标语对不识字的孩子也会有指导作用，这么做也有助于创设一个丰富的读写环境。”① 学校的墙壁、楼道、黑板、橱窗等，可以利用来张贴精心设计和绘制的含有两种语言的富有童趣而又图文并茂的故事图画、情景图画，尽量在学校的所有设施、物品上都贴上双语标签，给儿童创设无意识记忆的条件和机会。

学校的双语标记还应与学科知识相结合，富于知识性；与学校的整体环境、教育主题相结合，富于和谐性和激励性；与学生的兴趣爱好相结合，新颖别致、赏心悦目，富于趣味性；等等。

（三）创设听觉环境

根据儿童年龄阶段教育目标，可充分利用儿童一日生活环节中的点滴时间，使用双语与儿童交流，组织欣赏歌曲、故事、卡通电影等，随机渗透双语教学内容，使儿童始终处于适切的语言环境之中。也可以利用现代科技手段，在适当的场合播放英语歌曲、故事、卡通片，以及格言、名句、笑话、《新英语九百句》等或幽默、或朗朗上口的听力材料，让学生在轻松的氛围中，以放松的心态，不知不觉地提高英语听力水平。

还可以网络为平台，充分利用网络资源学用互动、外语与学科知识有机整合的优势，整合网络双语资源，设置体现“潜在学习气氛”的双语主题墙，这不失为一种双语环境建设的有效形式。

---

① ［美］夏洛（Chaillé，C.），［美］布里坦（Britain，L.）. 儿童像科学家一样——儿童科学教育的建构主义方法［M］. 高潇怡，梁玉华，孙瑾，译. 北京：北京师范大学出版社，2006：75.

创设双语主题墙的目的在于通过精心设计融教育性、艺术性、趣味性、参与性、潜在性于一体的双语作品而营造潜在的学习气氛，激发学生发问、思考的欲望。这就需要在创设双语主题墙时，把提出问题、解决问题的过程蕴含在画面之中，使其形成一种“潜在学习气氛”，充分发挥作品的“暗示作用”，从而达到引导学生积极思考、并且不断产生想法和问题的目的。这种体现“潜在学习气氛”的双语墙应定期根据不同的主题进行更新，使之成为一种能与学生“互动”的隐性课程。此外，还可以创设双语长廊等。见图 5-1、图 5-2。

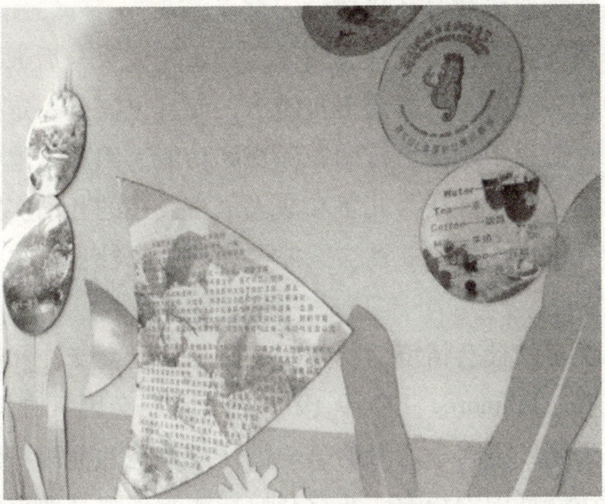

图 5-1　双语主题墙

图 5-2　双语长廊

第三节　小学双语教育隐性环境建设

隐性环境是与显性环境相对而言的，以比较内隐、非直接的方式影响儿童语言学习的环境，主要指交往环境、心理环境，也可以叫作软环境。

一、小学双语语言交往环境建设

语言交往环境，在儿童语言学习（第一语言、第二语言）中具有举足轻重的作用，应该作为双语教育环境建设的重点。

布鲁纳、贝茨等学者提出的社会交往说，属于先天与后天相互作用的语言理论。他们认为语言获得不仅需要语言能力，而且也需要一定的生理成熟和认知发展，更需要在交往中发挥语言的实际交际功能。因此，他们特别重视儿童与成人语言交往的实践，并认为儿童和成人语言交往的互动实践活动，对儿童语言的发展起着决定性的作用。社会交往说还认为，社会交往几乎可以看作是儿童的一种天性。

对第二语言学习的社会情境的相关研究也强调社会交往和语言互动的重要作用。① 菲尔莫尔（Fillmore，1976；1979）强调社会因素在第二语言学习中所起的作用，认为第二语言学习者的第一个任务就是和他的对话人建立社会关系。通过解释对话情境中的线索，儿童开始猜测和理解其他讲话人的语言并做出应答。儿童第二语言的句法也是通过社会互动发展起来的。

第二语言的对话情境也对第二语言的学习起着重要的作用。当人们用母语同第二语言学习者谈话时，通常会使用较简单的语言。凯勒·科恩（Keller-Cohen，1979）分析了对话的这一特点，尤其是关于话题转换的情况。她的研究是观察母语分别是日语、芬兰语和德语的 4~6 岁儿童同母语是英语的成年人的谈话情况。她观察到在 8 个月中，由儿童控制的话题转换次数增加了一倍多。儿童通常用两种策略来转换话题，一是提问，二是使用一些注意导向的话，如“看啦”。她由此推论出儿童首先必须了解谈话是一个不断的话题转换和话题定位的社会过程，并认为这一方面的认识对第二语言的学习是至关重要的。

---

① 余强．双语教育的心理学基础［M］．南京：江苏教育出版社，2002：238-239.

佩克（Peck，1978）也主张社会互动和第二语言的学习是密切相关的。她特别注重儿童之间谈话的作用，尤其是玩耍过程中谈话的作用。她认为儿童是通过和其他儿童及成人的社会互动来学习第二语言的规则的。与此相一致，哈奇（Hatch，1978）认为掌握第二语言的顺序可以通过谈话分析来解释，有充分证据表明儿童是通过和别人谈话来发展句法形式的。欧文·特里普（Ervin Tripp，1974）也强调社会互动对第二语言学习的影响，他发现当第二语言不是社会情境中的一种交际语言时，第一语言对学习第二语言的干扰最大。

语言交往环境可以从以下几方面进行建设：

首先，校园内的互相问候、交谈，尽量使用英语或双语。进入校园，提倡教师与学生之间、学生与学生之间、教师与教师之间用英语相互问好、打招呼以及交谈，双语教师、英语教师应该起带头作用，使儿童周围充满英语/双语语言刺激。鼓励全员参与，教师、学生、行政管理者和后勤服务者都可以是双语教育环境的建设者、参与者，只有尽可能多的人员参与到双语教育环境的建设中来，才可能建设成无处不在的双语教育环境。

其次，营造活动环境。组织孩子们喜欢的节日活动、游戏活动、角色扮演、唱歌、故事表演等，让儿童在丰富多彩的活动中习得两种语言，丰富双语交流经验，发展双语交际能力。

（1）开展部际、班际和组际交流活动。部与部、班与班、组与组之间的交流活动，符合儿童争强好胜的心理，满足其表现的欲望，增加使用英语的机会。

（2）开展形式多样的英语活动，拓宽输出英语的渠道。比如："英语故事擂台赛"、"英语歌曲大联唱"和"圣诞节文艺汇演"，让儿童在表演活动中学习英语、展示英语，提高学习兴趣和效果。

（3）组织区域语言训练活动。区域活动既有助于巩固双语知识，又能发展交际能力。创设"爱心医院""快餐店""娃娃家""超级市场"等角色游戏区，以及建构室、阅览室、歌剧院等功能场室，为儿童提供情境性的语言环境，使之在情景体验中自然地用英语或双语表达和交流。

（4）进行双语文化渗透。不了解一种文化背景，就学不好该文化的语言，没有文化渗透的双语教育，不是完整的双语教育。应该让儿童初步了解英语文化背景，掌握有关的英语文化知识，如问候方式、生活习惯等，增强对英语学习和使用的敏感性，提高英语自然习得的效果。还可以适时地组织有代表性的节日文化活动，辅以仿真的环境布置，让儿童在实践中获得知识经验，体验和比较西方文化与中国文化之间的差异，接受多元化的教育思想，达到最终适应汉英两种文化的目的。

二、小学双语社会—心理环境建设

社会—心理环境是影响第二语言及双语教育的又一个重要因素，也是目前我国双语教育过程中显现出问题较多的一个方面，需要给以关注和加强建设。

（一）要正确对待双语教育，在全社会范围形成宽容、平和、期待的心态

我国的双语教育起步较晚，方方面面都处于探索时期，存在各种各样的问题是正常的。正因为其非常弱小，才更需要全社会的呵护。双语教育实施过程中出现的“沉默期”“语际语”及不应有的偏差、负效应等需要正确对待和归因，双语教师、双语学生需要来自社会和家长的宽容、期待和鼓励。当然，各种讨论、批评，总体出发点是为了双语教育的发展，也可以不同程度地促进双语教育的发展，有讨论、有批评也是正常的。其实，对待双语教育、双语教师、双语学生的良好的社会心态、社会心理和社会舆论的基准点，不是需要人人说双语教育好没有缺点，也不需要举双手拥护双语教育，而是认可双语教育是一种有客观社会需求的教育形式，是我国教育多元化、多样化的一种体现，可以给他一点阳光去灿烂，给他一片天空去翱翔。

（二）营造师生之间的良好心理氛围

“一枝一叶总关情”，每个学生心理上都有一架天平，时时对教师的爱心进行衡量，这是一种细腻的情感体验，学生一旦感受到了这种情感，就会产生心理呼应。所以在双语教学课堂中，教师应保持良好的心绪，调整好心态，每天以一个和善、友爱的形象出现在学生面前，微笑对待学生，用自己的情绪去感染学生，创造融洽、和谐、民主、平等的班级心理氛围。教师的每一个眼神、手势都是一种无声的语言，可以起到暗示作用。在给学生英语日记、周记或作业的评语中，恰当运用鼓励性的评语也可以起到积极的暗示作用，会给学生一种慰藉、一种鼓励、一种鞭策。教师在给学生的作业加注评语时，要体现多样性和艺术性，充分发挥评价的激励作用。如：对学习有困难的学生，作业

中出现错误时，批评要少，更多的要鼓励，使他们树立自信心，鼓起继续学习的勇气；对学有余力的学生，批改作业时表扬中要有期望，通过评语向他们提出更高的要求，以便在学习上再接再厉、精益求精。这样，教师的评价不再只是一个简单的分数或等级，而是充满鼓励和温情的发自内心的“寄语”。

（三）研究影响双语学习的社会-心理因素，有针对性地培养教育

由于环境与第一语言习得者不同，第二语言习得者在不同程度上都承受着来自社会和心理上的压力，因此影响第二语言习得的社会与心理因素比较多。人们普遍关心的问题包括动机、态度、兴趣和自信心等。这些问题处理得好能推动学习，若忽视其重要性，可能会严重影响第二语言学习的成效。特别值得注意的是，有些无形的压力来自周围的同学，因而在教学的过程中，教师有责任帮助全体学生正确处理第二语言学习中出现的社会-心理因素，绝不能等闲视之。①

1. 动机（motivation）与态度（attitude）

动机是驱动第二语言习得与学习的动力。第二语言学习是一个十分艰苦的过程，保持正确与持久的动力是学好第二语言的前提。有些人仅凭一时的兴趣学习，遇到困难容易气馁，就是因为缺乏正确的动机。

国外一般将第二语言习得与学习的动机分成两类：融合型与工具型。前者学习的目的是为了融合于所学语言的文化，后者则仅将第二语言作为一种工具。在说英语的国家学习英语的学生中，第一种类型的人对各种困难的思想准备比较充分，学习态度积极，最终成效也高；而后一种类型的人有临时需要或只是为了应付考试，一旦不再需要这一工具或考试结束后就不再努力，结果往往半途而废。在中国学习英语的情况与西方国家不同，大部分人学习英语都是出于学业或工作需要，不可能都出国，与西方文化融合。因此可以说他们都是“工具型”的学习者。但这并不能说，在这种情况下就不能学好外语。只要明确学习的目的，树立正确的动机，持之以恒，消除走捷径的侥幸心理，就能学好外语。

态度与动机密切相关，它的内涵很广，但基本上只有积极与消极两类。持积极态度的人学得快，学得好；反之，则效果不佳。虽然这是人人皆知的事

① 左焕琪．外语教育展望［M］．上海：华东师范大学出版社，2002：91-94.

实，但是做起来并不容易。特别是成年人，处世态度已经定型，思维方式也已成熟，初学第二语言时，那些看似简单的单词很绕口，语法规则不容易记，又不愿意放下架子。即使是小学生，在课堂上说错了外语，有时也会惹来一阵笑声。虽然大多数笑声是善意的，但是笑者无意，说者难堪。久而久之，也可能使学习者产生压力，甚至反感。这时候，最需要的是教师的引导与鼓励。教师应经常告诉学生，学习一种语言，哪怕是第一语言，不犯错误是不可能学好的。对于说错外语的学生不仅不能有丝毫的责备，而且要十分爱护，指出错误后应让他再试一次，直到说得比较正确再给予表扬。这种循循善诱的精神，每个教师都应具备，而对于双语和外语教师来说，更是必不可少的。

学习第二语言还应具有谦虚谨慎的态度。每一种语言都有约定俗成的规则，学习第二语言就是学会遵循这些规则表达自己思想的过程。盲从固然不可取，不根据语言规则去学习和自以为是的编造也是徒劳无益的。人们不是经常看到一些可以学好外语的学生，由于浮躁而事倍功半吗？

2. 兴趣（interest）

过去我们对学习第二语言的兴趣研究甚少，似乎只要解决了动机问题，自然就会对学习产生兴趣。实际上这是一种误解。

正如美国教育学家杜威所说，“兴趣”不应与“娱乐”混淆，也不能被看成是对感知的直接刺激。我们应从学生的特点以及他们思维的深处发现兴趣的源头，使学生觉得双语学习、外语学习既有意义又十分有趣，而不是说一些肤浅的笑话让学生取乐。同时，兴趣的概念又是多层次、多方位的，应根据不同年龄的特点激发学生学习双语和外语的兴趣：如小学生学习外语与唱歌、游戏、表演等活动相结合等。然而，要做到这些，最重要的是尊重学生们的兴趣，吸引他们最大限度地参与课堂教学。除了在教学中尽量扩大学生的参与度外，还可注意让学生从他们的业余爱好中发挥参与教学的积极性。如有些学生擅长绘画或操作计算机，教师可请他们协助制作多媒体教具；有些学生有各种音乐才能，也可请他们做一些与教学有关的表演；等等。

由于学习第二语言有一些与其他课程不同的要求，如掌握崭新的语音、词汇和语法规则，学习该语言的文化等，绝大部分学生对不同的语言文化都充满着好奇，对新的语言表达方式跃跃欲试，希望掌握各种语言知识与能力，因此，在第二语言教学中提高学生的兴趣既是极为必要的，又是完全可能的。

3. 自信心（self-confidence）

中国学生在双语教育中、在学习第二语言时遇到的困难很多：外语环境很有限；适合他们的双语、外语教学材料较少；在家里，很多家长都不能与孩子用外语对话，或像辅导语文、数学那样帮助孩子。这就需要双语教师、外语教师十分热情地对待学生，不断提高学生学习外语的自信心。

除了经常鼓励学生的进步外，提高学生学习自信心的一个重要方面是正确对待他们的语言错误。应该看到，学习第二语言时犯各种语音、词汇和语法错误是正常的现象。为了让学生不断改正语言错误，又不挫伤他们的学习积极性，可分析哪些是必须纠正的错误，什么时候以及如何纠正它们。一般说来，影响交际意义的语言错误是必须纠正的，如动词时态、重要的动词与介词短语、固定搭配等。

纠正错误的时间最好选择在学生表达完以后，而不宜随时打断学生的说话或回答。一个学生的错误可以由他自己纠正，也可请其他同学帮助纠正，目的是通过纠正错误提高学习的自信心和语言质量。对学习成绩好的学生可以要求高一些，对学习困难的学生则不要太苛求完美。

总之，“人的任何活动都是在一定的环境中进行的。在与环境的相互作用中，人类既受环境的影响，也可以发挥其主观能动性来改进和创造有利于人发展的环境”①。环境伴随着教育工作者的不断探索，环境影响人。同时，人的观念也可以改变和造就环境，多从自身寻找原因，推动自身内部的和谐，积极创造环境、适应环境、控制环境当是明智举措。

双语教育环境是双语教育工作者应极力营造的，但双语大环境的建设又是全民的事，打造人文大环境，营造浓郁双语氛围，需要社会各方面的共同努力。

QUESTIONS

1. Why do we build bilingual environment?

2. What would be most important in building better bilingual environment? Why?

① 莫雷．教育心理学［M］．广州：广东高等教育出版社，2005：558.

3. What would be most difficult in creating better bilingual environment? Why?

4. Which is more difficult, building visible bilingual environment or creating invisible bilingual environment? Why?

5. How do we build visible bilingual environment in primary school?

6. How do we create invisible bilingual environment in primary school?

Discussion and Presentation Topics:

1. What would you do in building better bilingual environment if you were a bilingual teacher of a primary school?

2. How would you create better bilingual environment if you were a principal of a primary school?

第六章　小学双语教学原则与策略

双语教学原则，是双语教学过程中必须遵循的基本要求。在对国内外相关研究进行梳理的基础上，按照教学原则体系建立的基本理念，结合我国双语教学的特点及需求，本书提出习得性原则、可理解性原则、情境性与融合性原则、兴趣性原则、情感性原则、宽容性原则、学科与语言并重原则等，它们共同构成我国基础教育的双语教学原则体系，以期对双语教师开展双语教学起到一定的指导作用。

双语教学策略是较双语教学原则低一层次的东西，它的设计与制定同样应遵循双语教学原则；双语教学策略研究和阐述更具体的双语教学措施与方法手段等内容，是双语教学原则的具体化。

第一节　小学双语教学原则

一、教学原则概述

教学原则作为教学论的重要范畴，不断地承受着来自多方研究者的关注和辩驳。一些研究者探讨了我国新时期（自 1978 年始）以来对教学原则问题研究的基本历程及主要内容，并从多角度进行反思与前瞻。① 其研究结果值得我们在构建双语教学原则体系时借鉴，也有助于对双语教学原则的理解。

（一）教学原则的概念

教学原则的概念问题是属于教学原则本体论范畴的根本性问题，它直接影响人们对教学原则研究的深化与发展。我们对现行教材、教学参考书和重要论

① 郝志军．教学原则研究 20 年：反思与前瞻［J］．清华大学教育研究，2002（3）：34-37.

文中关于教学原则的概念审视后，发现其观点和说法不尽相同。

1. “要求”说

“要求”说就是把教学原则界定为教学的一般（或基本）要求，典型的表述为“根据教育教学目的，反映教学规律而制定的指导教学工作的基本要求”。“在我国教学论界，这种理解差不多是大家公认的”。“要求”说之所以在我国教学论界颇有影响，有其深刻而长远的历史渊源。作为具有相对独立形态的教育学诞生的标志——夸美纽斯的《大教学论》产生之始就已明确提出来了。夸氏认为，教学原则是“教与学的一般要求，即一定能产生结果的教与学的方法”；赫尔巴特虽然没有直接提“教学原则为教学要求”，但从他以“管理”为主要教学方法的思想中推断出他也持此观点。与之一脉相承的凯洛夫等也是此说的拥护者和发展者。解放之初，我国又全面学习苏联的教育学，这种影响是显而易见的。这种“要求”说，其实反映了我国教学论界当时对教学原则的研究水平和认识程度，还处在一个经验归纳和主观制定教学原则的知性思维阶段。

2. “规则”说

我国论者持“教学原则为指导教学活动的规则”之观点的人较持“要求”说的人要少得多。“规则”说的首创者是德国教育家第斯多惠，他把教学原则看成“一种规则”，并分别论述了有关学生和教学主体，有关教材和教学客体以及适应外在条件、时间、地点、情况等的三类教学规则。这可能是我国部分研究者的理论靠山。

3. “策略”说

“策略”说就是把教学原则界定为一种教学策略或学习策略。把教学原则与教学的行动策略等同似乎不妥，因为教学策略是较教学原则低一层次的东西，教学策略的设计与制定同样应遵循教学原则。

4. “原理”说

把教学原则的属概念界定为“原理”较为合理。从“原则”与“原理”的语义分析，《辞海》对“原则”的解释为“说话或行事所依据的法则或准则（观察问题的准绳）”；对“原理”的解释为“科学的某一领域或部门中有普通意义的基本原则”。在英文中，principle 为“原则”，即 basic truth；general law of cause and effect（原理、准则）。从上可知，“原则”与“原理”的意义相同。

5. “要求—原理”说

这种观点把教学原则界定为教学的一般（基本）要求和指导教学活动的原理的结合。“要求—原理”说较早地出现在原上海师范大学编写组编写的《教育学》中。这种观点在一定程度上反映和揭示了教学原则的本质和特点，但在表述上将经验性的“要求”和理性的“原理”并列在一起，是欠科学的。

（二）教学原则的性质及特点

1. 教学原则与教学规律、教学原理和教学规则的关系

关于教学原则与教学规律、教学原理和教学规则的关系，多数论者认为，教学原则是根据教学规律制定的，是属于规范性和应用性的知识。教学规律则反映教学中诸要素、环节之间的实体关系，属于本体性的存在知识，二者界线分明。有论者认为，教学原则不能直接反映教学规律，中间应有个过渡的层次，即教学原理。教学原则通过反映教学原理而间接地反映教学规律，教学原则属于教学规律、教学原理之后的下位层次的教学基本要求。关于教学原则与教学规则的关系，则分歧不大。大体的看法是教学规则较教学原则更具体、更具可操作的要求。也有少数人把教学原则等同于教学规则。

2. 关于教学原则性质的几种典型观点

有论者着眼于教学原则的归属性，认为教学原则的性质有：第一，教学原则是规范性知识，即有关教学行为的标准、准则方面的知识。第二，教学原则是发展着的知识，即教学原则的发展性、变化性。有的论者则更进一步从教学原则的本质属性方面揭示其内在的规定性：其一，教学原则是主观性与客观性的统一。其二，教学原则是联系性环节与发展性环节的统一。

3. 关于教学原则的特点

对教学原则特点的认识有助于进一步全面地认识它的性质。有人认为，教学原则有六个特点，即历史具体性（时代性）、历史继承性、主观统一性、理论和实践的统一性、多样性和互补性（各教学原则与教学原则体系之间相互独立、补充）。也有论者着眼于现代教学原则体系的科学构建，总结出现代教学原则的七大特点，即周全辩证性、系统完全性抽象概括性、普遍实用性、扩充发展性、时代超越性和科学构建性。上述两种观点是从不同着眼点对教学原则特点做出的探讨，相比较而言，前者着重指明教学原则的本体属性，对教学原则性质的认识较为深刻；后者着重描述教学原则及其体系的现代性特征，突

出了教学原则的全面系统性。前者可视作教学原则的经典性认识，后者可视作教学原则的发展性认识。

（三）教学原则的地位及作用

教学原则的地位及作用是由其概念及属性决定的，对教学原则概念及属性的不同认识直接关系着人们对其地位及作用的认识。关于教学原则的地位与作用，总体有三种不同的观点：① 教学原则与其他内容重复或交叉，它的存在没有必要。② 绝大多数人认为，教学原则的存在很有必要。理由是：第一，教学原则是教学论的重要范畴。从历史上讲，自夸美纽斯的《大教学论》确立教学原则在教学论中的重要地位至今的三百多年时间里，教学原则在教学实践中发挥的作用是巨大的；从教学论的体系结构上讲，教学原则一直处于教学基本理论向教学方法和教学组织实施过渡的关键位置，成为教学论体系的重要组成部分。第二，教学原则是沟通教学理论与教学实践的桥梁或中介。因为它是主观性与客观性的统一，成为人们有效地开展教学活动和设计教学方案的根本依据和完整蓝图。第三，教学原则还是进一步深化和发展教学理论的环节。第四，教学原则能促使教学矛盾向积极方面转化，即理论形态条件向现实条件转化，一般条件向具体条件转化，静态无序向动态有序转化。③ 除上述两种观点外还有一种折中的观点，即认为，教学是一种特殊的理论化的实践或智力性实践，它并不取决于是否遵循某一特有原则，而更多取决于教师日常理论化活动。一说教学，就包含按原则行事的教学，原则生长在教学中。所以教学原则的研究只能作为教学论的次要问题，甚至是边缘性问题。

（四）教学原则的来源和依据

关于教学原则的来源和依据，我国教学理论界的观点基本一致，主要有以下几个方面：① 教学原则来源于对历史上中外优秀的教学思想和教学理论的总结和提炼。② 教学原则以现代心理学、教育学、哲学、文化学等其他学科的成果作为其理论基础。③ 教学原则是对我国当代教学改革实践经验的概括和总结。④ 教学原则又是依据教学规律而制定的。⑤ 教育教学目的。

（五）教学原则体系的构建

1. 体系构建的基本思路和依据

长期以来，我国教学理论工作者一直在构建教学原则体系思路的更新和依据的合理性方面进行着不懈的探索。20 世纪 80 年代末，有论者指出，传统教学原则体系存在着内容庞杂概括性不强、缺乏整体一贯性等问题，要解决这些问题仅致力于现有教学原则的取舍、组合与排列是无济于事的，必须从思想方法上进行根本的改变。第一，以教学目的为核心，构建教学原则理论体系。第二，从经验层次上升到理论层次，建立科学的教学原则理论，由归纳法变为演绎法；以现代科学理论为基础，构建教学原则体系。第三，尝试运用辩证逻辑的演绎方法对建构教学原则演绎体系做了有益的探索。第四，以教学过程的性质（现代教学过程是在一定社会交往过程基础上的具有一定目的性、科学高效性、道德性和审美性的过程）为依据来构建教学原则体系，使教学原则更好地发挥其规范和指导作用。这些构建思路突出了教学原则体系的科学性、人文性和时代性，体现了现代教学论的本质追求。

2. 教学原则体系的结构

次序结构。关于各教学原则在体系中的前后、主次的顺序排列及其组合方式，主要有以下几种不同的观点：第一种观点认为，原则不分主次直接排列。第二种观点认为，虽然各教学原则之间主次的分界并不明显，但是它们之间却存在着由此及彼、前后相继的逻辑递进关系，并不是随机主观拼凑的。第三种观点认为，各原则按主次有序排列。第四种观点是采取相对包容多元的态度，列举了我国当前的基本教学原则，其中包括我国古代传统的提法、国外传统的提法、国外现代的提法以及其他提法的教学原则。也有的论者从教学过程的不同方面要求提出相应的教学原则，从而构成一个较为完整的体系。如从确定教学任务的要求、安排教学内容方面、组织教学结构方面、运用教学方法方面和选择教学形式方面提出各自的教学原则。这种观点，给人们自由地根据各自不同的情况和教学需要做出适当的选择，提供了更大更宽的余地。

层次结构。如果说教学原则体系的次序结构仅反映范围大小的话，那么层次结构则反映出教学原则体系的纵深度。可以说，后者是研究的进一步深化。有论者认为，由于教学过程是相互联系的基本元素有机构成的整体，是层次交叉的动态平衡过程，所以，教学原则体系有整体和部分的关系，也有总原则与分原则、宏观原则和微观原则之别。

我们认为，对于教学原则体系的建构，并不在于原则的内容或条目越多越好，也不在于越具体越好。其关键在于能从指导原理的层次抽演出涵盖教学活动全过程中师生交往、认识和创造得以有序有效进行的参照性标准和尺度，对于丰富多彩的现实具体的教学生活，不必再制定限制性的指令。因为教学原则毕竟是外在于教师和学生的东西，而要真正地使之内化，还须在师生交往中通过主体的体验与学习、领会与理解而逐步习得和养成。我们应该树立这样的观念：教学原则不是律令，而是指导；不是限制，而是解放；不是累赘，而是助手。这是当代教学理论所强烈关注的。

二、我国初等教育常用双语教学原则

本书仍然采用教学原则概念的第一种解释，即把双语教学原则界定为双语教学的一般或基本要求，因为“在我国教学论界，这种理解差不多是大家公认的”，另外双语教育在我国处于起步阶段或初级阶段，对双语教学原则的研究也刚刚起步，我们对双语教学原则的研究水平和认识程度，只能“处在一个经验归纳和主观制定教学原则的知性思维阶段”。

双语教学原则，是双语教学过程中必须遵循的基本要求。而且本书的教学原则主要是指双语课堂教学过程中必须遵循的基本要求。这一点有别于国外许多学者对双语教育原则的研究，他们往往在更宏观的层面、从更广泛的角度来研究双语教育从组织、实施到评价等方方面面的原则或态度，而课堂教学中的基本要求一般是作为策略或方法来看待，很难找到与我国的教学原则对应的材料。

在对国内外相关研究进行梳理的基础上，按照前文所述的关于教学原则体系建立的基本理念，结合我国双语教学的特点及需求，本书提出习得性原则、可理解性原则、情境性与融合性原则、兴趣性原则、情感性原则、宽容性原则、学科与语言并重原则等几个双语教学原则，它们共同构成我国基础教育的双语教学原则体系。其中各个双语教育原则的贯彻要求比较概括和抽象，只提到需要考虑的一些方面，具体的措施与方法手段等是双语教学策略研究和阐述的内容。如果把双语教学原则与双语教学策略结合起来学习，效果会好一些。

（一）习得性原则

1. 习得性原则含义与依据

习得性原则是指双语教育教学要模仿和借鉴儿童母语（或第一语言）习得过程的特点与做法，采取自然的方式，创造有效的语言氛围，使儿童在潜移默化中轻松愉快地掌握目标语。

习得性原则的主要依据是关于第一语言与第二语言关系的研究。国外学者曾对儿童学习母语和第二语言的生理机制做过研究。例如，Kim 等人 1997 年的实验研究显示：很早就学第二语言的儿童，其母语和第二语言的学习中心几乎是在脑部的同一位置上。儿童如果能用学母语的机制去学第二语言，就会使第二语言的学习变得轻而易举。还有学者做了功能性核磁共振脑造影研究，发现学习第一语言和第二语言的时间越相近，脑部处理这两种语言的区域就越靠近，甚至部分重叠。越早让儿童接触双语，儿童内在的语言学习机制就会越早地接受两种不同的语言刺激，而独立地发展起来。可见，母语的学习和第二语言的学习是相辅相成的，非对立的。① 美国语言学家克拉申（Crashen）认为第二语言习得是无意识形成语言能力的过程，这一过程非常近似儿童习得母语的过程。②

我们按照辩证法的观点推论，第二语言的学习和第一语言的学习，同是人类对语言的学习，尽管在主客观环境方面存在很大的差异，但也应该有一致性、共性的方面。正常环境下的正常儿童习得母语几乎没有任何痛苦，家长也似乎不需要付出什么。其实，每个儿童都经历了十分复杂的神经生理、心理的发展过程，家长也做了一系列努力，提供了相关的环境。这些是双语教学过程需要尽力研究与再现的。

2. 贯彻习得性原则的要求

（1）对每个孩子充满希望，期待和相信他们都能学会目标语。教师期待的作用巨大，正如人们熟知的罗森塔尔效应（皮格马利翁效应）那样，教师对学生充满了期待，不经意间言谈举止都表现出对学生的希望与赞许，学生在这种春天般温暖的氛围里也对自己充满了期待和希望，学习起来充满力量，不

---

① 安梅．双语教育对语言习得的启示［J］．贵州教育，2004（4）：37.

② 安梅．双语教育对语言习得的启示［J］．贵州教育，2004（4）：37.

怕困难、不怕出错，一步步努力，达成教学目标。学生年龄越小，教师期待作用越明显，发展潜力越大。

（2）包容、平和的心态。宽容儿童外语学习的慢进度，宽容、有意忽略而不是指责他们的各种各样的不足、缺点与错误，只要这些不是根本性的、固定化的。

（3）简单明了地交流语言。用儿童能够理解的、尽量简单明了的语言与之交流。

（4）情境化的语言环境。语言刺激与实物、图片等刺激紧密结合，将语言学习和认知过程紧密相连，把第二语言学习与认知活动和认识事物过程直观化、形象化、情境化、活动化，以提高第二语言的可接受性、可理解性和趣味性。

儿童母语的习得，大概经历了语言发展前阶段（牙牙学语阶段），从婴儿出生到一岁左右；单词句阶段，一岁到一岁半；双词或三词组合阶段，一岁半到两岁；完整句阶段，两岁到三岁左右。也就是说，儿童要经过 3 年左右才能学会说完整的句子，这其实是很漫长的。但是生活中，人们对孩子充满希望，相信他们能学会说话，也没有人感觉或者埋怨这个过程太漫长，而是觉得这是天经地义的。这时，人们的心态多么包容、多么平和。但对待双语/外语/第二语言学习，人们远没有这么包容、平和，而是赋予双语/外语/第二语言学习过多的期望、过多的负载，觉得双语/外语/第二语言的学习就是要快学多学东西，就是要立竿见影。其实，双语/外语/第二语言的学习远远复杂于母语的习得，它同样需要比较长的时间才能见效，甚至与母语的习得一样，会出现较长时间的“沉默期”（心里明白，但不说话，而是点头、摇头或用手势表示等），还会出现“语际语”的现象。有一个实例也许是特例，但也能说明一些问题。一位女作家带着刚刚上初中、一点日语也不懂的女儿陪丈夫到日本访学。她的女儿刚到日本时还说中国话，后来逐渐地很少说话；由不愿意上学到连中午饭都在学校里吃。学校里，老师非常负责任，安排学生每天轮流跟这个女孩说话交流；同学们更是非常认真，想方设法用日语同她交流——带她一起玩、用图片或画画给她解释不懂的事情、给她讲故事、说笑话等。但女孩几乎从不说话，大概一年左右，她开口说话了，而且说的是整句的、规范的日本话。这也许能说明，学习第二语言有沉默期的问题，家长及周围的人要懂得这些规律，要有足够的耐心和宽容。

（二）可理解性原则

1. 可理解性原则的含义与依据

可理解性原则，是指双语教育教学过程中使用的外语以及用外语表达的学习内容应该是学生经过一定努力能够理解与接受的；双语教学要考虑学生的学习效果，要量力而行，不可只要双语的形式而不顾双语的实际效果。

需要注意的是，这里的可理解，是学生经过一定努力可以达到的程度，但不一定是100%的理解与接受，一般说来，60%~70%能听懂，其余的可以借助语境、情景通过推测、猜测得到，就可以视为“可理解”。①

可理解性原则的依据首先是维果茨基的“最近发展区”理论。维果茨基认为人类认知过程在个体和群体两种水平上可能表现出不同功能。进一步认为，至少应确定儿童的两种发展水平：第一种水平是儿童现有心理机能的发展水平（儿童实际的发展水平）；第二种水平是在成人的指导和帮助下所达到的解决问题的水平（儿童潜在的发展水平），也就是通过教学所获得的潜力。根据这两个发展水平的界说，维果斯基提出了“最近发展区”这一概念，其意指认知发展的真实水平（由独立解决问题所决定）与认知发展的潜在水平（由在成人的指导下或与其他更能干的同龄人合作解决问题所决定）之间的距离。最近发展区存在个别差异和情境差异。其次是克拉申（Crashen）、斯温（Swain）等学者的“提供可理解的信息”的语言主张。可理解的信息是指略高于学生现有水平的信息。克拉申、斯温、旺·菲尔莫尔（Wong Filmor）等著名学者多次强调语言学习过程中提供可理解信息的重要作用。在语言学习过程中，提供可理解的信息的目的是让学生积极参与课堂教学。②

2. 贯彻可理解性原则的要求

（1）选择难易适度的学科教学内容进行双语教学。难易适度，不是指没有难度，而是略高于现有水平，经过老师指导和学生的努力能够掌握的水平。双语教学内容要符合儿童的认知水平与语言的发展水平。

（2）根据学生的年龄特点和外语水平，选择学生能听懂的外语词汇和表达方式，使用学生能够理解的英语，应该避免用生僻难懂的或者过度修饰的词

① 王斌华．双语教育与双语教学［M］．上海：上海教育出版社，2003：209.

② 王斌华．双语教育与双语教学［M］．上海：上海教育出版社，2003：208.

汇与表达方式。

（3）外语作为教学语言的比例也要考虑可理解性。澳大利亚的英法双语教育研究认为①，在接受双语教育的过程中，学生普遍经历了四个阶段：只能用母语思维，要努力把听到或读到的法语内容翻译成英语（母语）；捕捉关键词汇，猜测句子意思；领会要点；学会用法语思维。因此，双语班使用法语作为教学语言的比例随着年级的上升逐年提高。从八年级至十年级，法语的使用比例分别是约 54%、57%、63%。这个使用比例包括双语学科的教学语言和法语课程的教学语言。就具体一天而言，使用法语的时间主要依据学科安排。我国的双语教学也要根据双语教学的模式、学生的外语基础及所处的双语教学阶段，适当地调整使用目的语的比例。

此外，双语班级学生的选择，若英语水平较高是最好的，如果达不到，那么使全班的英语水平比较接近也有利于双语教学。

（三）情境性与融合性原则

1. 情境性与融合性原则的含义与依据

情境性与融合性原则是指双语教学要有适宜的双语或英语情境，英语的使用与学科知识、儿童的年龄特征、教学环境相融合，相得益彰，学生在双语情境中自然而然地习得英语。

依据教育学相关理论、先天与后天相互作用的语言理论和有关第二语言学习的理论，环境在人的语言习得与掌握过程中具有重要的作用，人的语言习得与掌握离不开环境；良好的语言环境有利于语言尤其是第二语言的掌握（参看“小学双语教育环境建设”一章的相关内容）。

2. 贯彻情境性与融合性原则的要求

（1）创设适宜的双语环境。无论是显性的物质环境，还是隐性的心理环境，大到校园双语环境，小到班级乃至一节课的双语环境，都对双语教学的效率和质量有着不可忽视的作用。因此，双语教师既要善于利用已有的双语环境，又要善于创设新的双语环境，尤其是要用自己的积极向上、充满信心、平和宽容的良好心态和精神面貌去感染学生，构建师生融洽、和睦、宽宏的心理氛围；用这种生动的、充满活力的活环境去代替静的死的环境，形成一种逼真

---

① 王斌华．双语教育与双语教学［M］．上海：上海教育出版社，2003：209.

的双语/英语环境——无论老师还是学生一进入班级或一上双语课就不由自主地、自然而然地、自由自在地、无所顾忌地用英语交流乃至用英语思维。

（2）教学内容的选择要适合双语教学，易于进行情境加工。如果不是整门课程都需要用英语讲授，而是可以选择，那么，选择的标准是简单易学、理论性弱、操作性强、参与性强。换言之，要选择相对比较简单、理论性不是很强、易于学生操作和参与的内容进行双语教学，这样的教学内容比较容易进行情境加工，可以降低双语教学难度，提高教学效果。如果整门课程都需要进行双语教学，没有选择的余地，那么，对于难度较大、理论性强、操作性和参与性较弱的内容，更要想方设法进行情境加工，还要分散难点，尽可能降低学习难度。

（3）英语与学科知识相融合。英语的使用要考虑学科知识的特征，与学科知识紧密结合，为学科知识服务，使学生在学习学科知识的过程中，自然地习得英语，不可生拉硬扯。

（4）双语教学中英语的使用要符合学生的年龄特征。正如用母语做教学媒介语的学科教学一样，双语教学的英语媒介语也应该是经过加工的书面语化教学口语，必须符合儿童的年龄特征和语言水平，能为学生接受。

（四）兴趣性原则

1. 兴趣性原则含义及依据

兴趣性原则是指双语教育教学过程中，要始终关注学生的兴趣，以学生感兴趣的方式，引导学生快乐地进行双语学习，实现双语教育教学目标。

兴趣是一种社会性动机。兴趣（interest）是人们探究某种事物或从事某种活动的心理倾向，它以认识或探索外界的需要为基础，表现为个体对某种事物或从事某种活动的选择性态度和积极的情绪反应，是推动人们认识事物、探求真理的重要动机。人对有兴趣的东西会表现出巨大的积极性，并且产生某种肯定的情绪体验。如学生对某一学科有兴趣，就会推动他努力学习，广泛涉猎有关的知识，并影响对未来职业的选择；教师对教育工作怀有浓厚的兴趣，就会推动他们刻苦钻研业务，废寝忘食地工作。

2. 贯彻兴趣性原则的要求

（1）重视兴趣对双语教育教学的作用。兴趣是认识和从事活动的巨大动力，是推动人们去寻求知识和从事活动的心理因素。兴趣在人的学习、工作和一切活动中起动力作用。①

第一，兴趣是引起和保持注意的重要因素，人们对感兴趣的事物，总是愉快地、主动地去探究它。兴趣使人集中注意，产生愉快、紧张的心理状态，对认识过程产生积极的影响。无论是无意注意或有意注意都与兴趣有关，若对某种事物不感兴趣，对它也就不能集中注意。孔子说："知之者不如好之者，好之者不如乐之者。"诺贝尔奖获得者丁肇中说过：任何科学研究，最重要的是要看对自己所从事的工作有没有兴趣，换句话说，也就是有没有事业心，这不能有任何强迫……比如搞物理试验，因为我有兴趣，我可以两天两夜，甚至三天三夜待在实验室里，守在仪器旁。我急切地希望发现我所要探索的东西。

第二，兴趣是人们从事活动的强大动力。凡是符合个体兴趣的活动，就能提高人们的积极性，使人积极愉快地从事某种活动。兴趣对活动有下列几种作用，对未来活动的准备作用，对正在进行活动的推动作用，对活动的创造性态度的促进作用。

第三，兴趣对智力发展起促进作用，是开发智力的钥匙。皮亚杰指出："……所有智力方面的工作都要依赖于兴趣。"

（2）对双语教育教学内容进行兴趣加工，以学生感兴趣的形式、表达方式来展现教学内容，老师本人应是学生喜欢的感兴趣的老师；学生对老师的评价内容、形式、过程有兴趣，没有负担——精神负担、物质负担；老师宽容理解学生。

（3）培养学生对双语学习的兴趣。一般认为，遗传因素和环境因素都对兴趣发生影响。环境对兴趣的影响是不言而喻的。人的兴趣是在需要的基础上，在活动中发生、发展起来的，需要的对象也就是兴趣的对象。正是由于人们对于某些事物产生了需要，才会对这些事物发生兴趣。在生理性需要基础上所产生的兴趣是暂时的兴趣；稳定的兴趣是建立在社会性需要基础上的，社会性需要的满足常常会引起更浓厚的兴趣。兴趣又和认识、情感密切联系着。如果个体对某些事物没有认识，也就不会对它产生情感，因而不会对它发生兴趣。相反，认识越深刻，情感越丰富，兴趣也就越浓厚。

在培养学生兴趣时要注意以下几个方面：

第一，双语教师首先要热爱自己所教的学科，对所教的学科有浓厚的

---

① 叶奕乾．普通心理学［M］．上海：华东师范大学出版社，2002：475-476.

兴趣。

第二，要经常对学生进行学习目的教育，使学生把当前的学习与未来的社会工作联系起来，以未来的客观要求作为当前的学习动机。

第三，说明每一门学科的意义、每一个课题的意义，甚至每一节课知识的具体意义。用简明、生动、深刻的语言揭示所教学科的社会意义和学习意义，以引起学生对该课的重视，使之产生向往和追求的意向。

第四，教学中力求内容、方法新鲜有趣，这是最关键的、经常起作用的因素。

第五，利用学习成果的反馈作用，正确评价、适当表扬和鼓励学生。

（五）情感性原则①

1. 情感性教学原则的含义与依据

所谓情感性教学原则，是指在双语教育教学过程中，教师要充分利用情绪、情感的感染功能，通过创设生动活泼、积极愉快的课堂教学气氛，使学生在轻松融洽的教学情境中乐学、好学，达到提高双语学习效率和取得最佳教学效果的目的。

情感性教学原则提出的理论依据：

第一，是教师的主导作用与学生的主体作用相结合的教学规律的需要。教学活动是师生的双边活动过程，在教学过程中，教师总是起着主导的作用，而学生是有主观能动性和独立性的人，是学习活动和促进自身发展的主体，这样教师就不能把学生置于被动的从属地位。教与学又是相互依存的，学生的主体作用是教师进行教学的出发点和依据，教师的主导作用是实现学生主体作用的条件和根本保证。而作为教师的主导作用所具备的情感性特征，即积极主动地创设良好的课堂教学情感氛围，通过情感诱导，是优化学生主体作用，使学生保持良好的精神状态和实现教师主导作用与学生主体作用有机结合的重要保证。

第二，情感性教学原则的提出，符合以美国心理学家马斯洛和罗杰斯为代表的人本主义的教学思想。人本主义教学思想的精神是多方面的，其中针对传统教学只重视认知因素的弊端，特别强调情感因素在课堂教学中的重要性。主

---

① 李佺宁．情感性教学原则初探［J］．现代中小学教育，2008（6）：23-25.

张要使学生在没有任何胁迫的情境中，在轻松愉快的心态下心情舒畅地学习。

第三，这条原则的提出与生理心理学的研究成果也是一致的。生理心理学研究表明：人的左右半脑具有不同的功能，有合作和相互补偿的作用。左半脑主管逻辑思维，右半脑主管形象思维。学生的学习活动、智力发展，必须以左右半脑的均衡发展为物质基础，因此，在教学过程中，教师既要注意发挥学生左右半脑各自的功能，又要注意发挥左右半脑协调运动的功能。而在教学中运用情感因素，则有利于活化学生右半脑，并促使左右两半脑同步、协调和均衡地发展。因为学生在保持轻松愉快的心境学习时，右半脑处于兴奋状态，这种兴奋状态不断地向左半脑扩散，使主管逻辑思维的左半脑也处于兴奋状态。学生在高级神经系统兴奋的生理基础上学习，则有助于学习效率的提高。

第四，现代教学论认为，教学不是纯粹的认知过程，而是师生认知活动与情感活动交互作用的过程。也就是说，在教学活动中，除了知识对流的一条主线外，还有情感对流的一条主线，教学活动是在知识、情感两条主线相互交融、相互促进和相互制约下完成的，知识通过情感这种媒介能够更好地被学生接收。而教师没有真挚、强烈情感的教学是枯燥无味的，这样的教学会阻碍学生认知的发展，自然不能激发学生乐学、好学的意向。

2. 贯彻情感性教学原则的要求

（1）双语教师要具有坚定的双语教育职业理想、信念以及热爱双语教育事业的强烈情感，即双语教育情怀。双语教师从事双语教育工作，首先要有强烈而持久的教育动机，很高的工作积极性，把从事双语教育工作和培养高素质的双语者作为自己的职业目标，作为衡量自身价值的尺度，树立忠于双语教育事业的职责和信念，自觉地将自己的精力和感情投入到双语教育事业中去，并在追求双语教育的社会价值的过程中，实现自己的人生价值。

（2）保持积极良好的教学心境。教师的教学活动总是在一定的心境之中进行的，这就构成了教学心境。教学心境是教师特有的一种具有感染性的比较微弱而持续时间较长的情绪状态。教师保持积极良好的教学心境，对于生动活泼的课堂教学气氛的形成和教学效果的提高，都有重要的作用。教学心境良好，能使教师在课堂上情绪高涨、精神振奋，并通过和颜悦色的表情、自然大方的体态和富有感染力的语言授课，能使学生自然而然地受到影响，产生同样的情绪状态。这样学生就没有精神压力和心理负担，带着轻松、愉快、平静的心境投入到学习活动中，也就能敏锐精细地观察、深刻牢固地记忆、积极活跃地思维、丰富奇特地想象、准确熟练地操作，从而促知启智，产生良好的教学效果，提高学业成绩。我国心理学研究者所做的一项实验表明：教师以高兴、愉快的情绪教学，从幼儿园、小学到初中，学生当堂的学习效果与一般的情绪状态相比，最多提高 16. 8 分；而教师以不高兴、低沉的情绪教学，比一般情绪的当堂教学效果，最多降 30. 7 分。① 另外，保持积极良好的教学心境，教师大脑皮层才能处于兴奋状态，教学思路清晰、开阔，思维敏捷，不仅能根据事先计划的教学进程控制课堂、组织教学，还能最大限度地发挥自己的智慧潜能，进入一种超常境界，获得更好的教学效果。

（3）充分挖掘和体验教材的情感因素，使教师的思想情感与教材的情感融化在一起。“感人心者莫先乎情”。教师要以情施教，寓情于教。除了以自己积极良好的教学心境感染学生外，情感还来自教材。因为作为教学内容载体的教材本身就蕴含着人类丰富的情感，情感因素是教材的一种内在属性。离开了教材，教师在课堂上的情感感染就成了无源之水、无本之木。但教材是“死”的，需要教师深入挖掘和体验其中的情感因素，对教材内容进行情感加温，将自己的情感融于教学内容之中。一般来说，文科类教材含有相当多的情感因素，教师也就比较容易挖掘和体验教学内容中蕴含的情感因素，而科学性很强的理科类教材往往缺少或没有情感，教师要挖掘其情感因素则比较困难。理科类教学主要是设法赋予教学内容以某种情感色彩，可以采用情感迁移法、情感诱发法、言语情趣法、拟人比喻法、轶事插入法和美感引发法等情感性处理方式。（卢家楣，1994）如河北省邢台市中学物理教师陈甫林在讲授楞次定律时，先通过实验得出该定律，然后在进一步讲解时，把线圈比喻为具有“冷酷”和“多情”双重性格的人。当磁极来时，线圈的近端产生同性磁极，对原磁极发生排斥，以抗拒侵入者——磁极的接近，表现得十分“冷酷无情”。但一旦磁极要走时，近端又立即产生异性磁极，对原磁极发生吸引，以挽留远方来客——磁极的远离，表现得又相当“多情柔和”。最后，教师把这种现象归纳成“来之抗之，走之拉之”八个字。这样学生听了既感到形象有趣，又记忆深刻牢固。这就是通过拟人比喻法对教学内容做的情感性处理。目前我国的双语教育主要以理科为主，双语理科教师应该多多借鉴这方面的教学经验。人们常说，教学艺术是和戏剧艺术最为接近的一门艺术，教师是集

---

① 卢家楣．情感教学心理学［M］．上海：上海教育出版社，2000：230-231.

“编剧”、“导演”和“演员”三者的任务于一身。教师充分挖掘和体验教材中的情感因素，相当于演员对剧中角色的理解和把握。没有对角色很好的感受、理解和把握，演员就不能进入角色，其表演也就不能感染观众，教师的教学亦是如此。

（4）教学语言要有感情色彩，富有强烈的感染力。教师的语言也是影响课堂教学气氛的一个重要因素。如果教师用四平八稳、有气无力、枯燥乏味、缺少激情的语言讲课，就很难形成良好的教学气氛，同时也难以帮助学生更为准确地感知、理解和掌握教材。因为，从信息论的观点看，在课堂讲授过程中，教师是信息的传递者，学生是信息的接受者。学生虽然有接受信息的能力，但是否乐于接受，并不仅仅取决于教师传递信息的内容，关键在于信息所附加的感情色彩，换言之，就是语言的感情色彩对信息的“包装”程度。第斯多慧指出：“没有兴奋的情绪怎么能激励人，没有主动性怎么能唤醒沉睡的人，没有生气勃勃的精神怎么能鼓舞人呢？只有生气才能产生生气……所以，你要尽可能多地使自己习惯于蓬勃的生气。”① 教师就应以充满强烈感情色彩的语言感染学生、征服学生。教师讲课要进入角色，充满激情，随着讲授内容的变化，真诚而恰当地表达情感，使自己的语言生动形象、幽默风趣，有节奏感。

（六）宽容性原则

1. 宽容性原则含义及依据

宽容性原则是指在双语教学过程中，师生要有平和、良好的心态，适度的动机和期望，宽容他人或自己的不足与错误，宽容双语教学本身的不成熟与见效慢。

宽容性原则的依据主要是动机与工作效率的关系以及双语教学本身的复杂特性。心理学家耶基斯和多德森（Yerkes & Dodson，1908）的研究表明，各种活动都存在一个最佳的动机水平。动机不足或过分强烈，都会使工作效率下降。研究还发现，动机的最佳水平随任务性质的不同而不同。在比较容易的任务中，工作效率随动机的提高而上升；随着任务难度的增加，动机的最佳水平有逐渐下降的趋势，也就是说，在难度大的任务中，较低的动机水平有利于任

---

① 张焕庭. 西方资产阶级教育论著选［M］. 北京：人民教育出版社，1979：387.

务的完成。这就是著名的耶基斯—多德森定律（Yerkes-Dodson Law）。① 双语教学本身比单语教学（用母语的学科教学和外语教学）复杂、难度大，它有两大基本的目标：学科目标、语言目标（外语目标），而单语教学只有一个基本的目标，或者是学科目标，或者是语言（外语）目标。在我国由于学科要求高、容量大，难度也大，在此基础上的双语教学难度也随之递增。因此，较低的动机水平和期望值有利于双语教学任务的完成。

2. 贯彻宽容性原则的要求

（1）老师和学生对双语教学要有全面深刻的理解，坚定自己的信心和信念，形成和保持平和、良好的心态。双语老师要研究双语教育教学，对双语教育教学的意义、特征、目的、优势、劣势等，都要有全面深刻的理解，与其他双语教师（本校的、外校的）保持交流，互相取长补短，坚定自己的信心。还要经常对学生进行这方面的教育，端正学生的双语学习目的，培养他们良好的意志品质和社会动机与志向，师生共同形成和保持平常心态、坚定的信念。平和而坚定地面对双语教学的各种困难，努力克服困难，共同耐心地面对家长、社会的不理解，甚至责难。

（2）对双语教育教学要有适度的动机与期望。我们要相信双语教育教学的意义与价值，相信双语教育教学是提高外语学习效率的有效途径之一，这些已经为各国的双语教育教学的实践所证明。但我们对它不能有过强的动机、过高的期望。双语教育教学难度大，需要一个较长时期的发展才能相对成熟，不管老师还是学生，对它都不要有过高的期望，而应适度期望，甚至期望值适当放低。

（3）要宽容双语教学本身的不成熟与见效慢，宽容他人与自己的不足与错误。当前我国的双语教育教学处于起步阶段，还是个蹒跚学步的婴儿，方方面面都不成熟，有许多许多不足。尤其是它本身就具有见效慢的特性，像中药一样，但一旦见效，其效果就非常稳定。因此，无论老师还是学生，都要宽容这个婴孩的幼稚，要理解和遵循它本身发展的内在特性。

双语教师要宽容、包容学生的不足，尤其是学生在教学中犯的各种幼稚可笑的错误。要包容学生在双语教育教学中出现的“沉默期”“语际语”等特殊的双语教育教学现象；也要宽容自己的英语水平不高、双语教育教学技能的不

① 彭聃龄．普通心理学（修订版）[M]．北京：北京师范大学出版社，2001：326.

如意等，耐心又充满信心地逐步锻炼和提高自己的水平。

学生要宽容自己的不足与错误，坚定信心不断改正，不断进步；还要宽容双语教师的不足与错误。比如，学科教师在英语发音上往往出现不标准的现象等，学生平和地指出来，教师虚心地接受，改正即可。无论是学生还是教师都不要把“师”当成神，学生不要把教师当成十全十美无所不能的神。教师更不要把自己当神，而应切切实实地把自己当作普通的人，和学生一样的会犯错误的人。这样，师生的心里都会放松的，轻松、愉快地进行双语教学，进而求得更好的教学效果。

（七）学科与语言并重原则

1. 学科与语言并重原则的含义及依据

学科与语言并重原则，是指在双语教育教学过程中，学科目标（任务）与语言目标（任务）是同等重要的，二者不可偏废。

学科与语言并重原则提出的依据主要是我国双语教育的特性（含义、目的、特点与实质等）。我国的双语教育（双语教学）主要是指用外语（英语）作为教学媒介语来传授学科知识的教育教学，即用外语（英语）教授数学、科学、美术、音乐等学科，以实现其学科目标和语言目标，它不是单纯的外语（英语）教育（只有一个语言目标，没有学科目标）；我国的双语教育教学是保持性双语教育，母语（汉语）与外语（英语）具有同等重要的地位，即我国的双语教育是为了给学生提供更多的学习外语（英语）的时间空间环境，让学生在学好母语（汉语）的同时也学好外语（英语）。概括地说，我国的双语教育教学的基本目标有两个：一是学科目标，二是语言目标，从教学任务的角度，这两个目标同等重要，不可偏废。既不可以学科目标代替语言目标，又不可以语言目标代替学科目标；若以学科目标代替语言目标，就变成一般的学科教学了，若以语言目标代替学科目标，就变成外语教学了，这两种情况都不是真正的双语教育教学。

2. 贯彻学科与语言并重原则的要求

（1）坚守学科本质，体现学科特质，抓好学科教学。我国的双语教学是用英语作为教学媒介语进行的学科教学，在我国的社会背景下，双语教学也不可不考虑学生的成绩和升学率等，而且我国的双语教学模式是母语维持型的双语教学，因此，首先必须搞好学科教学。例如，双语数学课的本质首先是数学课，其次才是双语课，是用英语讲授的数学课，因此，必须坚守数学的学科本质，体现数学学科的特质，必须符合《义务教育数学课程标准》，达成数学课标所强调的“四基”，即基础知识、基本技能、基本思想、基本活动经验，不可以因为双语教学而背离数学课标的“四基”要求。① 同理，双语科学课本质是科学课，是用英语讲授科学课，必须坚守科学课的学科本质，体现科学学科的特质。双语美术课本质是美术课，必须坚守美术课的学科本质，体现美术学科的特质。双语音乐课，本质是音乐课，是用英语讲授的音乐课，必须坚守音乐的学科本质，体现音乐学科价值。② 此外，学科的重要专业用语还要考虑用中文进行对照，以防降低学生用中文表达学科的专业能力。

双语教学的难度远远大于单语教学，因此，双语教师要想搞好双语学科教学，必须首先具有深厚的学科造诣，不但不能比单语学科教师差，而且还要比单语学科教师强。要吃透所教学科的教材，对学科的知识体系、逻辑结构、重点难点透彻理解，深刻把握，并能融入自己的人生感悟，充分备课，认真上课，使自己的课受学生欢迎和喜爱。

（2）了解学生的实际，特别是英语实际水平，使用适合学生水平的英语表达方式传授学科内容。教学的各个环节、各个步骤、各种形式——从开始上课到下课、从提问到评价、从班级上课到小组讨论、从内容到形式，都要用符合学生认知和语言水平，或经学生努力可以接受的英语表达。还要注意运用从已知到未知、学科知识结构化和生活化等双语教学策略降低学科学习的难度，进而有效达成学科目标和语言目标。

（3）灵活巧妙地平衡好学科目标与外语目标。双语教师要对双语教学的条件和影响因素有整体和全面的把握。备课时，根据学生的学科基础和英语基础，透彻地分析和确定：什么样的内容适合用英语讲授，什么样的内容不适合用英语讲授。上课过程中，还要根据学生的实际表现灵活地调整教学媒介语，确保学生能够听懂学科内容，同时英语也有相应的长进和提高。不可顾此失彼，尤其不要造成学科损伤。

（4）遵循语言认知规律，注重运用演示、情境、图形、动画、声音等形

---

① 王丹红．坚守学科本质——由数学教师转变成双语数学教师的专业发展体会［J］．江苏教育（教师发展），2017（9）：15-16.

② 杨晓云．体现学科价值 展开语言双翼——双语音乐教师专业发展反思［J］．江苏教育（教师发展），2017（9）：20-21.

式帮助学生理解和运用英语词汇、专业术语。每门学科课程都有其特殊的专业术语，有一些专业术语的英文表达在英语课上学习不到，需要在双语学科教学过程中教会学生，否则会影响教学进程和教学效果。但怎么教是有讲究的，要注重运用演示、情境、图形、动画、声音等形式帮助学生理解和运用这些英文专业术语，要避免跟读、朗读、齐读、分组读、个别读等机械训练方式，防止把双语学科课上成英语课。例如，双语数学教学中必然要涉及 fraction（分数）、decimal（小数）、denominator（分母）、numerator（分子）、parallel（平行）、perpendicular（垂直）等数学学科专业术语的应用，对这些英文专业术语，通过演示性的讲解帮助学生理解和应用。而随着这些英文数学术语使用频率的逐步增加，学生就自然而然地听懂、理解、会说、能用了。①

第二节 小学双语教学策略

双语教学策略是指在实施双语教学的过程中，为达成双语教学目标而采取的各种措施和手段。双语教学策略是双语教学原则的下位概念，双语教学策略的设计和制定要遵循双语教学原则，但双语教学策略更具有操作性，是可以直接用于双语教学实际的操作办法。本书主要介绍双语教学内容加工、过程组织、指导和激励四方面的策略。

一、小学双语教学内容加工的策略②

（一）小学双语教学内容的认知加工

对双语教学内容的认知加工就是指根据学生的认知规律，对双语教学内容进行适当的重组与改造，使双语教学内容不但能够适应学生的认知发展现状，而且能够提升学生的认知发展水平。

学生对教学内容的认知是他们学习的基本心理历程，这一历程包括感知、记忆、想象、思维等一系列的认知活动。做好双语教学内容的认知加工，就是要让学生全面地认知双语教学内容中包含的信息。这些信息主要包括：① 材

---

① 王丹红．坚守学科本质——由数学教师转变成双语数学教师的专业发展体会［J］．江苏教育（教师发展），2017（9）：15-16.

② 苑金茹．双语教学策略［M］南宁：广西教育出版社，2006：55-78.

料信息。双语教学内容中的事实、例证、概念、原理和规律。② 结构信息。双语教学材料之间的关系与联系。③ 方法信息。习得双语教学内容所必需的方法、思路和策略。

认知策略是一种特别重要的技能，它是支配学生个体学习、记忆和思维行为的技能。对双语教学内容进行认知加工，可以从双语教学内容的导入、生活化、问题化、操作化、结构化等几个角度来操作。

1. 适时导入，让双语教学充满趣味

学生在认知新的双语教学内容时，必然要以已有的知识经验作为基础，要将已有的双语知识经验迅速地从大脑中提取出来，并活跃地进行新旧知识的相互作用，就需要下一番功夫进行转换导入。

（1）架设知识桥梁，沟通已知与未知。美国心理学家奥苏贝尔认为，学习的首要条件就是学生的认知结构中必须具有适当的知识储备以用来同化新知识。他提出，要在新知识和原有知识之间架设一座知识桥梁。苏联教育家苏霍姆林斯基说：教会学生能借助已有知识去获取知识，这是最高的教学技巧之所在。学生原有的双语知识是理解新的双语知识的基础，教师的讲授应当从已知到未知，由旧知引新知。这是小学各科教学的基本做法，它可以有效降低学习难度。而双语教学的难度明显高于单语教学，因此，要特别关注这一点。

（2）强调反思，更新知识。不管教师和书本传授的知识多么清晰，学生都得靠自己来体会、体验这些知识的含义。有效的学习不仅要求建立新旧概念的多重联系，有时还要求学生彻底重建思维方式。为了融合一些新的概念，学生必须改变某些原有观念的关联方式，或者抛弃某些长久坚持的信念。学生在进行双语学习时，要不断地进行自我反思，以便于更精确地学习双语知识，掌握新观点，更新自己的思想。

（3）自主学习，重点突破。教师要在教授新的双语内容前布置双语预习任务，并给予指导、提示或给出双语预习提纲及下一节课的主要双语教学知识点，让学生写出预习笔记，在通用课本中做出双语注释，并通过查字典及同学间的讨论解决一些疑难问题，明确自己在新课中应重点学习的知识和需要克服的困难。引导学生养成一种自学和预习的习惯，有助于双语教学的深入开展。

（4）主动学习，尝试探索。双语教师可以指导学生通过有目的地阅读双语书籍、双语杂志，上网收集双语知识等实践活动来获取与新的双语教学内容相关的知识，作为学习新知识的准备，并引导学生主动地参与一些与新学习内容有关的活动，在探索中有所获取、有所体验、有所发现，变被动接受为主动学习。

（5）有效反馈，讲求质量。如果仅仅要求学生简单地重复某项工作，不管是动手的还是动脑的，都不能改进学生的学习技能或形成学生敏锐的洞察力。如果学生有机会向同学表达思想并得到反馈，常常会取得最佳的学习效果。但是，若希望对学习者产生巨大帮助，反馈就不应局限于只提供正确的答案。反馈应该是分析性和建设性的，并在学生感兴趣的时候获得，双语教学中必须留给学生足够的反馈时间，教师应根据学生的反馈及时调整教学计划，形成“弹性制”双语课堂教学。教师要引导学生在课堂上用自己简练的语言描述新课的知识要点、分析解题过程、提出注意事项，与同学交流、辩论，这样可以大大激发学生主动学习双语的热情与积极性，提高双语教学的效率与质量。

（6）提供依托，降低难度。学生可以毫不费力地学习大部分具体的事物，然而，理解抽象的双语教学内容会感到困难，其障碍是需要记忆和背诵他们并不理解的学科术语。因此，教师在教学中应努力做到借助各种媒体为学生提供思维的依托对象，将学习进程逐步由抽象推向具体，降低双语教学的难度，增强学生进行双语学习的信心和勇气。以数学双语学习为例，可以将数学符号语言、数学图形语言、双语文字语言有机结合，以降低学习的难度。

（7）因材施教，体验成功。学生会对自己能学会什么和不能学会什么的期望做出反应，如果他们认为能够学会某件事，通常就会取得进展；但当他们缺乏信心时，学习就会难倒他们。当学习成功时，他们的自信心就会增长；当多次面临失败时，他们就会丧失信心。因此，教师应该为学生确定既具有挑战性又能达到的学习任务，并帮助他们取得成功。此外，学生会迅速地学会感受别人对他们成功或失败的期望，这也会直接影响到他们本身对自己的期望，影响到他们的学习表现。如果教师对学生双语学习的能力缺乏信心，学生可能就会对自己的能力失去信心，学习成绩也会比他们本来能够获得的成绩更差。如果学生表现出来的这种失败强化了教师的最初判断，就会导致自己的信心不断下降，沮丧情绪日益增长，学习成绩越来越差。双语教学中教师应用一颗爱心真诚地对待、关心每一名学生，帮助学生体验双语学习带来的成功与愉悦。

2. 走进生活，让双语教学内容生活化

双语教学中要充分注意双语教学内容与学生现实生活、与学生经验世界的联系，促进学生运用来自现实生活的个性化经验去理解、把握所要学习的双语知识，这在本质上是学生已有的知识经验同新学习知识之间的一种相互作用。正是通过这种积极的相互作用，已有经验和新学知识之间实现了结合、融会和贯通，学生的认知结构也得到重建和整合。

学生只有在实际运用中才能学得更好，因此，双语教师需尽可能地拓宽学生的学习空间，为学生提供实践、应用的环境，与学生一起从熟悉的生活实践中引出双语教学内容，在具有实际意义的生活背景中分析双语教学内容，回到现实生活中运用已有的双语知识，让双语教学贴近生活，靠近学生，充满生机与活力。

3. 教学内容问题化，让双语教学充满挑战

双语教学内容问题化，实际上是将“定论”形式陈述的材料，转化为引导学生探究的“问题”形式，变被动吸收式学习为主动探求式学习。双语教学内容问题化的关键是真正激发起学生认识上的矛盾，形成认知冲突，使处于问题情境中的学生有强烈的追本求源的欲望，并通过对一个个问题的解决，通过合作与探索的活动，自主地构建知识、发展智慧与能力。一般来说，双语教学内容问题化有两种基本的操作方法：一种是将教材中的定论式知识按其逻辑构成关系分设为若干问题，然后将这些问题链接起来，最后将这些问题双语化，使学生在逐一地解决这些双语问题的过程中，主动学习与尝试，最终掌握双语知识与学习技能。另一种是教师提供一些蕴涵实际问题的、与当前学习内容相联系的双语学习材料，使学生在一种“真实任务情境”中围绕主题进行双语认知学习。这时，主题即课题，完成课题就会学到双语知识，并且习得一定的双语学习策略和方法。学生对具有挑战性和实际意义的双语问题往往会表现出浓厚的研究热情和兴趣。

4. 实验操作，让双语教学潜移默化

新课改倡导学生主动参与、乐于探究、勤于动手，培养学生搜集和处理信息的能力、获取新知识的能力、分析解决问题的能力以及交流与合作的能力。同样，引导学生动手、动口、动脑，在“做”中学，在“用”中学，通过教学活动让双语知识“内化”为学生头脑中的经验，在双语教学的实施中具有十分重要的意义。双语教学内容的操作化，其实就是将那些能够让学生通过活动操作而掌握的知识，尽可能编织在一个有序的活动中，用“动”的方法来转化“静”的知识，用图形语言帮助学生解决语言问题。例如，课堂上同学

们在透明的包书纸和白纸上画好两个完全相同的平行四边形，通过旋转其中的一个平行四边形，明白了平行四边形的性质。讲解过程中因为有图形的帮助，师生之间可以做到用双语进行沟通，使语言目标和学科目标同时达成。

5. 系统组织，让双语教学内容结构化

双语教学内容结构化的实质，是对知识加以系统组织，凸显其内在结构。学生良好的认知结构是由组织得很好的知识结构转化而来的。双语教学内容结构化，要求我们能见树又见林，教学时做到瞻前顾后与左顾右盼，做好知识间的观照与贯通，尽可能勾画出知识点之间的关联。以数学《分式》一章的学习为例，学习前除了要让学生明确学习方法，教师还应与学生共同了解各部分知识结构之间的关联，即分式的意义完善了“整数幂”的概念；分式的基本性质为“通分、约分”提供了依据，“通分、约分”又分别为分式的加减、乘除运算提供了方法；在乘的基础上研究乘方，在单一运算的基础上研究混合运算……这样的框架分析有助于学生自主学习，减轻学生的学习负担，有效地进行学科双语认知。

（二）小学双语教学内容情境加工的策略

双语教学中要注重把学生的学习寓于具体的情境中，让教学内容蕴含于某一情境里，以“形”为手段，以“美”为突破口，以“情”为纽带，以“周围世界”为源泉，以诱发主动性、强化感受性、着眼创造性、渗透教育性、贯穿实践性为主导，促进学生发展。实践证明这是一种重要的双语教学策略。

学生总是在一定的情境中学习的，学生学习时所面对的一系列刺激，都可以视之为“情境”。教学情境主要分为三类：实在情境——自然的、社会的物质环境；图像情境——以画面形式出现的形象、事件和活动；符号情境——口头、书面与体态语言显示的意义。

心理学研究证明，形象愈是鲜明、具体、活泼、新颖，就愈能缩短感知的时间，引起联想、想象，激发人们认知的兴趣，提高效率。形象的事物总有一定的外在表现形式，总是由不同的声音、色彩、线条、形体等组合而成，这些外在形式可以直接作用于人们的感官，使人们获得刹那间的丰富感受，达到迅速感知对象的目的。因此，情境的形象性能够带来学生认知的直觉性，提高教学的效率。

1. 整合双语教学资源

教学资源是指形成教学的要素来源以及实施教学的必要而直接的条件，它包括，要素来源——作用于教学并能成为教学要素的资源，如知识、技能、经验、活动方式方法以及情感态度、价值观、培养目标等；实施条件——作用于教学却并不形成教学直接来源的资源，但它很大程度上决定了教学的实施范围与水平，如人力、物力、财力、时间、场地、媒介、设备、设施、环境、对教学的认识状况等。

在双语教学内容的情境加工过程中，教师要将丰富的双语教学资源汇聚起来，将之作为双语教学情境的一部分和双语教学的支持性条件，整合到双语教学的活动中来。运用实物、录音、录像、演示等教育手段，或通过讲述生动形象、富有情趣的实例，为学生提供充实的、典型的、较为完整的感性材料，使学生闻其声、观其形、临其境，触景生情，从而创设出良好的双语教学情境，给学生提供动眼、动手、动口、动脑的机会。在教学过程中，教师要注重实际操作，提高学生的感性认识，提供主动学习的机会，尽可能达到全员参与、全程参与、全心投入的最佳状态。

2. 调动和丰富双语学习的经验

除了了解别人的实践探索事例、感受知识产生的过程、追寻真理的艰辛外，还有一种很重要的方法就是提供一种感性操作，亲身经历，丰富学生的直接经验。

3. 营造双语教学真实情境

双语教学情境可以说无处不在。有时，最真切的实情实境可以给学生带来一种身临其境的惊喜，平添几分乐趣。而要实现这样的情境就需要教师具有“灵感”，能抓住双语教学转瞬即逝的教学资源，使之成为学生学习的“触媒”，促进学生对双语知识的内化和体验。双语教学要充分利用环境的这种独特的育人功能，让情感伴随理性，使学生在轻松、愉悦的状态下渐入双语学习佳境，从而达到既定的双语教学目标。

4. 激发双语学习动机

激发学生的好奇心、求知欲，使之变成学习的兴趣和要求。这就是苏联教育家巴班斯基所说的内容、形式和方法的“新颖效应”，不同看法的“冲突效应”，出乎意料的“惊奇效应”。

双语教学要通过创设符合学生多方面发展需要的，主题明确、情感相伴、充满美感和智慧的环境与氛围，使优化的环境与学生的情感、心理产生共鸣，促使学生在现实环境和主体活动的交互作用中缩短心理距离，形成最佳的情绪状态。

5. 创设双语模拟情境

很多“现实”的情境很难在教室中铺陈出来，因此，教师有时要通过假想构造一个模拟的情境，让学生置身其中，充当一种角色，通过角色效应，强化学生的主体意识，整合已有的经验，运用自身独特的理解，充分想象。这种“设身处境”的“再创造”，不仅让学生满足自己的“表现欲”、激发智慧潜能，同时也可以让整个双语课堂学习充满生动活泼和愉悦的气氛。

6. 拓展双语教学空间

双语教学应从课堂这一教学的主体区域延伸开去，努力通过多样性的课外教学活动，渲染学校欢乐向上的氛围；通过主题性教学活动，强化教学的效果；通过野外情境教学活动，不断丰富课堂上学生心灵活动的源泉。从多个领域拓宽教学空间，形成多维结构的情境，丰富、促进学生身心素质发展的“教学源”，使学生身在学校，而心灵无处不受到各种情境的滋润、感动，从而提高教学的整体效果。

（三）小学双语教学内容情感加工的策略

在进行双语教学过程中教师必须考虑情感因素对双语教学的影响，重视对学生的情感培养，利用学生的情感因素来优化双语教学过程与效果。

教师在对双语教学内容进行情感性处理的过程中，应当充分利用教材中的显性因素、隐性因素和感悟因素，通过激发情感的心理功能，使情感的信号传递功能、感染陶冶功能、迁移投射功能、认知评价功能在激发和培养学生积极的情感态度方面发挥更大的作用。双语教学内容的情感加工，一般可采用以下的策略。

1. 表达情感

在文学艺术作品中，作家、艺术家们通常将自己的情感融入作品当中，形成这些文学艺术作品的情感倾向。无论是喜、怒、哀、乐，还是优美、壮美或者崇高的情感，都反映了一种具有社会性的高级情感。如果能在双语学习中直接抒发这些情感，就可以激起学生对真善美的追求，对双语学习的向往，并在学习中不断实现自我超越。

2. 挖掘情感

有些学科教学内容中的情感因素并未明示，而只是潜在于字里行间，隐匿于事件、实例、数字和道理的背后，深蕴于情绪的表现或审美的情趣中。这就需要教师或点染、或感慨、或寓情于说理、或抒情于议事来启发学生，引导学生去感受、体会和领悟。教师在教学中善于发掘情感，可以培养学生的自强、自信，使学生自发形成对双语学习的兴趣和毅力。

3. 迁移情感

有些学生对英语学习不感兴趣，甚至非常惧怕，但却对学科学习充满兴趣和喜爱，这时教师要善于激发、引导学生把对学科学习的情感迁移到双语学习中去，以此引发学生对双语学习的情感体验，帮助他们逐步克服英语学习中的抵触情绪。学科英语教学是英语教学的延伸，对将学科学习的积极情感迁移到双语教学中，能够起到良好的作用。

4. 调控情感

学生在双语教学课堂学习中出现的情绪往往不是单一的，通常有愉悦、好奇、兴奋、焦虑等复杂表现。不论什么样的情绪，都应当保持适度，因为过高和过低的“激励水平”都不适宜学习活动中的认知加工，这已经为“耶基斯-多德森”定律所证明。因此，教师在进行双语教学内容的情感性处理时，要注意情感调节和效果整合，使愉悦、好奇、兴奋乃至焦虑（适度焦虑）都保持在适宜范围内，以充分发挥这些情感对学生认知的动力性作用。教师对学生双语学习情感的适时调控是将双语教学长久、稳步开展下去的保证，是提高学生双语学习质量的重要条件。

5. 培养情感

丰富学生的情感体验，帮助学生形成积极的情感态度，需要从多个角度入手。一是学习情感的培养，即学生积极的学习态度和良好的学习品质的培养。积极的学习态度包括对待学科双语知识、技能的态度，如强烈的求知欲、浓厚的学习兴趣等；科学的求知态度，如实事求是、严肃认真、按科学规律办事的态度和良好的学习习惯。良好的学习品质包括正确的学习动机，对学习有自信心，有坚忍不拔、百折不挠的意志，有自强、自立的独立精神，有勇于探索、勇于创新的精神等。二是人生价值情感的培养，即积极的人生态度和良好的个性品质的培养。三是社会情感的培养，即在教学过程中培养学生的爱国主义情感、社会义务感、社会责任感等。此外，还要培养学生的理智感和美感等。每名双语教师都应明确自己的教学目标，有目的、有计划地培养学生的情感，帮助学生树立正确的世界观、人生观和价值观。

（四）小学双语教学内容活动加工的策略

双语教学内容的活动性展开，除了凭借语言、符号，它更多的是综合运用包括语言交流在内的动手操作、情感体验、模拟尝试、社会实践、角色仿效等方式。它注重将操作——动作结构转化为内部的运演规则及认知图式。从实践经验看，双语教学内容的活动性展开大体包括三类相互联系、相互渗透的活动，这就是实践活动、符号活动和综合活动。

双语教学中语言的习得是下意识的、非正式的、自然的，甚至是“拾遗”式的，双语教学使学生有可能在使用第二语言的课堂上获得精确的语言形式、丰富的语言知识和部分的语言运用技巧。但他们获得语言的方式往往是被动的，需要付出一定的意志努力。所以需要有大量的非正式的活动做补充，使学生有更多的情感、动机等非语言因素参与，变被动“输入”为自动“吸入”。

1. 拓展学习时空

双语教学内容的活动性展开，有时需要超越空间意义上的课堂，使实践操作有一个更为合适的场所，使学习能在一种更广阔的背景中进行，也让知识内容在一种动态的实践操作和主动参与中有效地成为主体经验的一部分。同时更为重要的是在人文环境上拥有一种宽松、合作、开放、为学生所接纳和喜爱的师生氛围。只有学生的活动是自主的，活动环境是开放的，才能给创造性思维以生长的空间，学生才能形成一种自由的、独立的、主动的探索心态，在双语学习中积极主动地构建自己的认知结构，并获得具有创新意义、创新价值的学习成果。这样的学习空间与学习方法，使学生对所学知识有了直观的感性认识与体验。同时，由于对实物相对熟悉，在教学中学生能够接受并进行双语沟通。

2. 促进学生参与

在双语教学中要让学生主动参与，教师在设计和组织双语教学活动时，就必须提供一定的条件和创造机会，根据双语教学内容的特点，把活动作为学生学习的基本途径，借助活动来真正确立学生在教学过程中的主体性，使学生享有更充分的思想和行为的自由，享有发展和选择的机会，最大限度地获得身体与心灵的解放。没有学生喜欢一味地听老师讲，自己则不停地记笔记，只有充分调动了学生的脑、手、嘴的教学活动才是有效的教学活动。要努力让学生自主进入获取知识的天地，获取直接经验和感性体验，变教师操纵式地授予知识为学生自主地构建知识。

3. 引导学生探索

双语教学的挑战性要求教师注重引导学生转变原有的学习方式，由被动接受式学习走向主动学习、探究学习和合作学习，使教学过程真正建立在学生自主活动、主动探索的基础上，通过学生全面、多样的主体实践活动，促进他们主体精神、实践能力和多方面素质的整体发展。设置学生亲自体验的活动，所有相关知识的结论均由学生自己探求得出，像布鲁纳所倡导的那样，让学生像历史学家一样去学历史、像物理学家一样去学物理，把学生真正“卷入发现真理的过程中”。

二、小学双语教学过程组织的策略①

双语教学过程组织的策略可以分为双语教学前的准备策略和双语教学中的操作策略，两者相互促进，共同保障双语教学的顺利进行。

（一）小学双语教学前的准备策略

双语教学前的准备策略主要是指对双语教学的预设性安排，包括对教学中交互模式的选择、学生座次的摆放等。

1. 选择适当的交互模式

课堂内的交互活动是教学活动的载体，交互模式决定着学生的参与程度。常见的交互模式有三种：全班集体活动（lockstep）、同伴活动（group work）、和个人活动（individual work）。采用什么样的模式应主要根据学习内容而定。但是，学生是通过参与和做事来学习的，而不是通过单纯的听讲来学习的，因此交互模式应该满足学生动口、动手的需求。为使更多的学生参与课堂活动，一般应以同伴活动或小组活动为主要活动模式，并在活动中经常变换伙伴。

2. 合理安排座次

课堂上座次的安排对教学活动的组织起着重要的作用，固定的座次不利于同伴活动和小组活动的开展，但活动的桌椅若摆放不合适同样不利于活动的组

① 苑金茹．双语教学策略［M］南宁：广西教育出版社，2006：124-128.

织。要根据活动的形式是“角色扮演”“个人或小组陈述活动”还是全班活动来摆放桌椅，注意学生活动的余地要比较大，前后视线要通畅，活动时学生都能看到老师和黑板上写的东西；注意各个小组之间的距离，以减少小组之间的干扰。

（二）小学双语教学中的组织策略

双语教学中的组织策略是指双语教学实施过程中对各种问题的处理策略，它关系到双语教学能否有效进行，以及双语教学的教学质量。

1. 清晰明确地交代指令

指令是对学生活动的指示语，对学生的活动起着指导作用。指令必须简短、清楚，适当配以演示。交代指令前必须保证学生都已将注意力集中在教师的身上，在混乱状态下，或当学生正忙着手中之事时，或当学生私自交谈时，不宜发指令。发出指令时，要适当放慢语速、加大音量、重复指令；如果是句子比较长、内容比较难的指令，还要适当解释，保证每个学生都能听得清楚、听得懂。指令交代是否清楚、是否明确，往往是双语课堂教学能否顺利进行、能否成功的重要因素，这一点在双语展示课上清清楚楚地被证明。

交代活动的指令还应做到以下几点：① 注意新旧知识的连接。② 交代活动的方式。③ 交代活动的目的。④ 交代活动的操作步骤。⑤ 交代反馈的要求。⑥ 交代活动时间。⑦ 让学生清楚活动如何开始。⑧ 检查学生的理解（对指令的理解）。⑨ 监控学生活动。⑩ 终止指令要清楚，同时教师要对学生的活动做出适当的评价，评价要以有利于学生建立自信、发现问题并且明确改进的措施为目标。⑪ 要给学生提问的时间。

2. 思维小息（think break）

在课堂上教师提一些反问句，给学生 20 秒的时间思考，然后再解释，这一技巧有助于学生参与解决问题的思维训练。为了确保学生真正参与，可让学生写出自己的答案或理解。

3. 参与记录（participate print）

为了确保学生真正参与课堂的活动，教师可以要求每一位学生准备一张纸，上面写上自己的名字，记录自己上课回答问题和提问题的情况，这样便于教师掌握课上有多少同学真正参与了活动，有多少学生被忽视，以便调整自己的教学指令分配。

4. 好同桌（good neighbor）

学习能力弱的学生或难以集中精力的学生经常会问“老师讲到哪里了”“老师让干什么”等。如果有个好同桌，这些问题会自然解决。要使好同桌真正发挥作用，必须遵循下列要求：① 允许同桌公开交谈。② 同桌两人不得以求助为理由将话题扩大，甚至纠缠对方。③ 好同桌必须保持一种合作和谅解的态度。教师要确保学生能够理解“好同桌”与“伙伴”的区别，必须向同桌两人交代清楚什么问题能问，什么问题不能问；什么忙能帮，什么忙不能帮。

5. 指定参与（assigned participation）

指定参与是大班教学中促进讨论的一种技巧，每一堂课指定一个小组参与讨论，这样轮流参与，给每个人和每个小组一个展示自我的机会。

6. 计划参与（planned participation）

班级活动中学生的参与是“积极学习”（active learning）的重要表现，可帮助学生独立理解学习材料，培养其解决问题的能力。按照“计划参与”的技巧，教师可在下课前用5~10分钟来回答学生的提问，这样不仅使学生有心理准备，并且还可使学生在课堂教学过程中注意发现问题，避免浪费时间。

7. 一分钟问卷（one minute paper）

一分钟问卷用于课堂教学接近结束之时。由教师发给学生一张“试卷”，要求学生总结课堂的内容，说明自己有疑问的问题，答完后，由教师收齐。这种答卷不必判分，只是用来了解学生情况，共同存在的问题可在下一堂课处理。该方法有助于教师了解每个学生的具体情况，以便因材施教。

8. 学生反馈委员会（student feedback committee）

采用学生自愿的方式成立学生反馈委员会，每周与老师见面一两次。学生就课堂上教师授课情况、学生的活动情况等提供反馈信息，教师根据学生提供的信息调整方案以便更好地管理课堂。这样教师就不只是一个人管理课堂，而是多了几个助手，课堂管理因此变得更加轻松。

在教学过程中，只有根据学生的年龄特点和个别差异、学习任务的性质、特定学习场合的需要等，不断改变教学策略，优化组合教学策略，才能保障教学的有效进行。

三、小学双语教学指导的策略①

双语教学指导策略包括提问策略、探究策略、合作策略。在双语教学中提问、探究、合作是有效的双语教学策略，这些策略的运用有利于保障双语教学的顺利进行，提高双语教学的效果。

（一）小学双语教学中的提问策略

提问是教学中使用较普遍、功效较显著的教学手段之一，它在揭示矛盾、引起思考、判断是非、唤起注意、确定导向、交流信息、调节教学等方面具有不可低估的意义和作用。

1. 影响双语教学有效提问的因素

提问的目的是使学生能参与到所进行的学习活动中，因此，“有效提问”应能起到使学生做出相关的、正确的答复，同时激发学生参与意识的作用。不同的教学内容、不同的老师、不同的学生、不同的时间地点，提问的方式也应各不相同。影响双语教学有效提问的因素是多方面的，只有对这些因素做出合理的分析，才能根据具体的环境选择有效的提问方式。

（1）学生的特点。学生的认知水平和认知能力将直接影响双语教学提问的效果。双语教学中不同的问题对回答者的语言能力和思维能力要求均有不同，有些问题可能学生从学科角度来讲能够回答，但在语言表达上尚有障碍；有些问题语言要求不高，但限于学科认知程度不够，回答仍有困难。双语教学中的提问必须兼顾学生语言和学科方面的认知水平和认知能力，否则任何一方的欠缺都会使学生对提问的兴趣大打折扣。

提问还要能满足学生的需求，才能激发学生的兴趣。因此，双语教学中的提问必须考虑到学生的喜好和需要。多数学生喜欢开放性问题、分析性问题、有挑战性的问题。一般说来，学生对与自己生活经历有关的问题比较感兴趣，不大喜欢与自己毫不相干的问题和事实性问题。因此，提问时要能抓住学生的喜恶，尽可能问与学生生活密切相关的问题或问学生感兴趣的问题，如小学数学课在学习体积时，老师设计了富有生动色彩的问题：根据乌鸦喝水的故事想想，为什么乌鸦在往瓶子里放石子的同时水没有增加而乌鸦却喝到水了？这一

① 苑金茹．双语教学策略［M］南宁：广西教育出版社，2006：131-166.

现象怎么解释？这样的提问利用了学生在语文课上学到的知识，而且也新颖，激发了学生的学习热情，达到了提问的目的。①

（2）教师的反馈。教师的反馈也影响着提问的有效性。每个学生都希望自己的答案是正确的，成就感是学生的心理需求。教师的赞扬可以给学生成功的喜悦，增强学生学习的动机，增加自信，从而能促使学生更为积极地参与课堂问答活动。教师的批评则会损害学生的自尊心，扼杀其学习的兴趣。但表扬与批评同样要因问题的难易、学生的性别年龄而异。教师的评价反馈也对双语教学中提问的有效性有着显著的后继影响。

（3）问题的特征。从问题本身来看，不同的教学内容和不同的教学阶段决定了提出问题的目的与方式各不相同。大致而言，问题的特性有两大类：开放性和封闭性。封闭性问题可以导致一个或少数几个答案，如：阅读课上询问本文的主人公是谁、他有什么特点。开放性问题可能导致多样的但极有可能是错误的回答，如：对课文中的几种观点，你有什么看法？在一定情况下，两者可以互相转化。同样一个问题对一部分学生而言，可能只需回忆所学知识；而对另一部分学生来说，则有可能需要做出假设、推理、归纳才能得出结论。

（4）候答时间。候答时间是指教师提出问题后，等候学生回答问题的时间。候答时间的长短会影响学生对问题的态度和回答的质量，等待时间过短，学生缺乏思考的时间，提问失去意义；等待时间过长，学生思考回答的时间延长，一旦学生没有适时答复，那么课堂气氛必定沉闷。只有适当的候答时间才能保证学生全面参与，提高回答问题的准确率，促进学生自信心的增强，保障双语课堂的良性互动。

2. 双语教学有效提问的标准

有效的双语教学提问必须符合以下六条标准：

（1）清楚。问题必须能够使学生立即抓住要害。因此，双语教师要结合学科、学生和自身的特点，用师生双方都比较明确的语言提出问题，必须确保学生清楚所要回答的问题。

（2）具有学习价值。问题应能激发学生的思维，对该问题的回答有助于对所学知识的进一步掌握。问题需与所学的内容相关，需有助于学生学习，而不是为了填充时间。

---

① 蔡振兴．小学数学练习题的兴趣性和自由性探析［J］．教育科学，2015（11）：153.

（3）能激发兴趣。问题必须有趣，具有挑战性，令学生兴奋。双语教学中的提问尤其要注意既不能损伤学生学习学科的兴趣和热情，又不能挫伤学生学习英语的兴趣和热情。需要两全其美，而不是两败俱伤。

（4）刺激参与。问题需能使大部分学生参与到思考与回答之中，而不应只是几个成绩比较突出的、自信的、知识面比较广的同学来回答问题。双语教学中可能会碰到英语和学科学习均有困难的学生，双语教师在组织提问时可适当增加几秒等待的时间，或改变提问方式来刺激所有学生参与。

（5）具有扩展作用。问题需能激励学生做深入扩展性的回答，使学生能发挥想象，丰富答案的变化性。双语教学本身具有扩展作用，双语教学中的提问更应突出这一特点。

（6）教师的适当反馈。提问应能给学生安全感，使学生相信即使自己的回答不大得当，也不会受到教师的嘲笑、羞辱。双语教学中的提问涉及语言和学科的双重任务，学生要用英语进行学科思维，因此用于思考和组织的时间更长，教师要耐心等待，及时鼓励学生大胆回答。对于学生的正确回答应及时肯定，让学生感到来自教师的尊重，这也是双语教学有效开展的基本条件。

3. 常见的双语教学提问策略

提问的策略不仅与教学内容、教学目标、学生和教师有关，还涉及提问的四个阶段，即准备、发问、学生回答、教师提供反馈。因此，提问的策略也可根据这四个不同阶段分为以下四个部分：计划组织策略、问题设计策略、调控策略、评价反馈策略。

（1）计划组织策略。在课堂提问之前，教师应做好充分的准备，这样才能保证提问的有效性。这些准备包括以下内容。

① 确定提问的目标。不同的课堂教学目标需要与之相适应的提问目标，备课时教师应明确双语教学中提问的目标。目标不同，提问的类型也就会有所差别，提问的层次也会发生变化，提问的技巧也会有所不同。

② 选择提问的内容。双语教学中学生的学习往往以教师的提问为导向，因此教师应选择重要的内容提问，过多的细节性问题和容易的问题则会误导学生，使学生难以在双语课堂中抓住重点。用提问的问题把教学重点及基本思路串联起来，通过思考、回答和解决一连串的问题而逐步达成教学目标。

③ 组织问题。问题应有足够的弹性、尽可能具体、难易适度，否则很难激发学生参与，过于笼统或回答过于简单的问题不会在学生心中留下什么

痕迹。

④ 做出预测。教师要学会预测学生可能出现的情况，以便课堂上能随机应变。双语教学中计划组织提问时应考虑以下方面：哪些概念可能给回答带来障碍？学科方面的问题如何解决？语言方面的问题要采取什么措施？希望学生采用材料中的句子回答还是用自己组织的语言？用中文还是英文回答？如何对待不恰当的回答？如果学生拒绝回答，怎么办？……

⑤ 确定问题。虽然双语教学中的提问很多是口头的，并且在教学过程中需要不断调整，但在还没有完全熟练掌握提问策略之前还是有必要将自己要提的问题写下来。

（2）问题设计策略。双语教学中的问题设计策略是指帮助双语教师选择恰当问题的方法和技巧，以便组织有效的提问，具体包括以下一些基本策略。

① 简化问题语言。双语教学中语言只是学科教学的媒介，而不应成为学科教学的障碍。因此，提问的语言应简单、清楚，要运用学生所熟悉的词汇，涉及专业术语时应尽可能采用国际公认的术语，避免使用生造词语及晦涩难懂的语句。

② 启发思维。双语教学的目的不只是为了扩充知识，而是通过信息的分析和综合培养学生的认知能力、思维能力和解决问题的能力。因此，双语教学中信息性问题不可过多，要尽可能提启发思维的问题，这是有效双语教学的关键之一。

③ 提出挑战性问题。根据最近发展区理论，问题应在学生认知水平以上，这样才能刺激学生，培养学生的能力。对挑战性问题的正确回答，有利于增强学生的自信，促进学生能力的发展。但挑战性问题不可超越学生力所能及的界限，应是“跳一跳，够得到”，否则学生容易知难而退，问题也就失去了意义。

（3）调控策略。双语教学的提问调控策略是指在双语教学提问过程中有意识地调整提问方式与内容的策略，具体方式有：

① 排序。双语教学中的问题应按照由易到难、由封闭性问题到开放性问题、由聚合性问题到发散性问题、由浅层问题到深层问题的顺序排列，这些有层次性的问题能组成一个个台阶，帮助学生到达预期的学习目标。

② 先发问后提名。在双语教学过程中应面向全体学生提出问题，给予学生充分的思考时间，特别是用英文提问学科问题时，应让学生对问题有反应

后，再点名要求回答，否则只会使学生胆战心惊。

③ 提问不主动的学生。双语教学需要每一层次的每一名学生的参与，而不仅仅是几名有语言优势和学科优势的学生展现自我。双语教师不可贪图教学中的一时便利，忽略了腼腆内向的学生，忽略了容易走神或做小动作的学生。提问作为师生课堂中的一种对话方式，它在完成课堂教学任务的同时，也起着师生情感交流的作用，对不主动的学生加以关注是双语教学成功的又一保障。

④ 转移和诱导。当被提问的学生无法回答时，双语教师可将问题转向另一名学生，转移时可采用另一种方式给以解释或形象演示，以便于学生加深对问题的理解。双语教师需避免直接讲出问题的答案，而应转变提问的方式，调整问题，给予更多暗示，帮助学生找到问题的答案。

⑤ 增加等待时间。教师发问后的时间不宜过短，否则学生来不及思考，双语教学中尤其如此。但等待的时间也不宜过长，否则会浪费宝贵的课堂教学时间，这就需要教师结合实际情况来控制候答时间。

⑥ 变换提问的方式。双语教学提问要激发学生的兴趣和参与热情，集中所有学生的注意力，但如果没有多样的提问方式，则很难做到这一点，这要求双语教师要多一些创新意识，多给学生以新鲜感。

（4）评价反馈策略。教师对学生回答所做的表扬与鼓励以及教师的手势、表情等体态语言都对学生有很大的影响，它直接影响着提问的效果。因此，双语教学中运用恰当的评价反馈策略（以表扬和鼓励为主）可收到事半功倍的效果。

总之，双语教学中的提问策略既有普通常规教学提问策略的共性，又带有自身的独特性，将这些策略转化为双语教学中的实际操作是双语教师的重要任务。

（二）小学双语教学的探究策略

双语教学中的探究主要指双语教师引导学生对有关双语学习的内容进行深入的探讨，或对有关问题进行多方面的研究，以寻求答案，解决问题的过程。在这一过程中，学生既掌握了双语学习的有关内容，又得以锻炼和发展思维能力、形成研究的态度。探究教学不直接把构成双语教学目标的有关概念和认知策略直接告诉学生，而是通过创造一种智力和社会交往环境，让学生自主探索发现学科内容要素、语言内容要素和认知策略。双语探究教学由学生亲自制订获取双语知识的计划，能使双语学科内容有更强的内在联系，更容易理解，有利于激发内在动机，使学生的认知策略自然获得发展。

作为双语教师，必须对学科层面和语言文化层面有相当的理解，要始终比学生站得高看得远，善于把握教学的关键，将教学策略灵活运用于教学实际。只有学生真正参与探究，才能加速知识的内化和思维的创造，学生对学科知识理解的程度以及对语言的理解把握都影响着探究的结果，因此，教师要学会平衡研究对象的难易程度，使之顺应学生认知水平的发展。

1. 双语教学中探究的类型

探究是一种涉及形成问题、建立假设、分析信息、解释预测、作出结论等多个方面的复杂活动，根据不同的分类标准，双语教学中的探究可以分为不同的类型。

（1）定向探究和自由探究。从师生在探究过程中所起的作用看，可以将探究分为定向探究和自由探究。

定向探究是指学生所进行的各种探究活动是在教师提供大量指导和帮助下完成的，它既包括教师提供具体的教学事例和程序，由学生自己寻找答案的探究；也包括教师给定要学的概念或原理，由学生自己发现它与具体事例联系的探究。开展定向探究时，教师不是直接施教，而是尊重学生自己的判断和创见，引导学生探索解决问题的途径。学生进行定向探究时，教师并未为学生铺平学习的道路，学生自己仍需做出巨大努力，发挥主观能动性。如在双语物理教学中，教师给出不同类型的工具，如凸透镜、凹透镜、面板、其他小物体等，要求学生运用所提供的工具探究光的反射、折射，填写设计好的表格，得出焦距与像之间关系的结论。在这个教学过程中，教师决定了探究的问题，制订了相应的探究计划，指导学生进行资料的记录与整理，但有关光的反射、折射，焦距与像之间的关系却需要学生自己动手动脑才能获得。

自由探究是指学生开展探究学习时，极少得到教师的指导和帮助，由学生自己独立完成的探究活动。开展探究时，学生自己提出探究的问题，确定探究的对象，设计探究程序，收集所需资料，最后得出结论。教师主要是给学生提供所需的资料，起着活动的辅助者和组织者的作用。例如在双语阅读教学中，要求学生对自己喜欢的双语读物进行介绍，学生就要结合自己的阅读兴趣有所取舍，以自己喜欢的呈现方式来进行探究。这样的自由探究将学生的学习由课内延伸到课外，由定向探究扩展到自由探究，使学生的自主性、独立性越来越强。由于自由探究对学生的综合素质要求更高，因此，当定向探究发展到一定阶段，学生已基本掌握探究的一般方法后，自由探究的质量才有保证。由定向探究到自由探究不是陡然转化的，中间要经历逐渐发展的过程。在形成问题、建立假设、制订方案、检验假设、得出结论等各个环节中，教师可以由收到放，让学生承担的任务逐渐增多，促使学生的独立性越来越强。

（2）归纳探究和演绎探究。从学生在探究过程中表现出来的思维方式看，可以将探究分为归纳探究和演绎探究。

归纳探究是从个别或某类事例出发，经过探索得出一般结论的探究。在归纳探究活动中，学生先获得一系列观察资料，然后对它们进行观察分析，形成假设，经过检验后，形成概念、原理或得出某种概括。如在双语数学教学中，教师先给出不同形状的三角形，要求学生运用尺、辅助图形等计算其面积，再要求学生借助学习工具，探讨这些不同三角形面积与什么有关，从而得出三角形面积公式。在这个过程中，学生由规则三角形面积的计算公式，进而观察其他不规则三角形面积计算公式，并比较其异同，最终发现其与底边和高的关系，形成三角形面积计算的概念。

演绎探究是由一般的结论到具体的事物的探究过程。当教师只给定规则而没有给定答案时，教学中的探究便是定向演绎探究。如在双语物理教学中，教师告诉学生磁性的特征，同时给出一些材料——磁铁、纸张、尺、铁钉、文具盒等，最后由学生完成给定表格并举出不同的例子。这个过程中磁性的特征是给定的概念，但具体到那些日常生活中常见的事物与磁铁的关系，则需要学生通过探究才能获得。

以上四种探究的类型在双语教学实践中并不是孤立存在的，通常紧密结合在一起，共同达成教学目标。

2. 双语教学中探究策略实施的条件

双语教学中的探究策略需要一定的条件才能施行，具体包括以下一些条件。

（1）具有一定难度的学习对象。探究的对象过于简单则毫无意义，难以调动学生的参与热情，探究也就失去了价值。而有一定难度的学习对象能激发起学生挑战的欲望，通过探究使学生有新的发现，这是探究教学的意义所在。

（2）教师的必备素养。探究教学策略的实施还依赖于教师的能力、态度和方法。有无明确的计划、能否对教学内容和学生进行恰当的分析、能否判断探究过程的可操作性等都直接影响着探究教学的效果。

（3）学生主体地位的确立。在双语探究教学中学生是主体，因此，学生必须有明确的探究目的、主动参与探究的意识，掌握探究的基本策略和方法，有充足的基础知识储备，以保障探究活动的顺利进行。

（4）特定的探究气氛。教师和学生要共同营造一种适合探究的情境，选择合适的时间、地点和材料，让师生的兴趣和激情有助于探究的顺利开展。

3. 设计与实施双语教学探究的策略

双语教师要运用一定的基础理论，对双语教学中的探究进行系统分析和规划。要通过分析双语教学的目标系统、实际情境、所采用的媒介语的特点，运用恰当的策略、手段和教学结构，安排双语教学中的探究策略，以达成教学目标。

（1）确定双语探究目标。双语教师要制定明确的教学探究目标，使学生既掌握学科大纲所要完成的内容，又能发展各种探究能力，形成科学的态度和方法。探究的目标既要符合探究所属的学科知识体系，又要符合学生的学习准备和学习特点，这就需要双语教师对学生学习情况、年龄特征、知识储备等加以分析，使双语探究目标符合认知、动作言语技能、态度情感等方面的要求。

（2）选择双语探究内容。探究教学离不开大量的材料，尤其在双语教学中，材料本身就有两种语言文化背景，而语言的差异又带来思维理解上的差异。在双语探究中语言可以是载体，也可以是探究的对象。教师所提供的材料之间要有一定的联系，具有一定的组织结构，这样才能使学生在认识这些材料的过程中，发现材料的内在联系，从而一步步地进行探究。

双语教学中探究的内容来源广泛，可以来自教科书，可以来自社会生活，还可以来自学生本身；可以是语言文化方面的内容，可以是知识背景方面的内容，还可以是思维特点方面的内容。但选择探究的内容要适当，要顾及学生的兴趣，同时要便于操作，不能全盘拿来。

（3）明晰双语探究过程的思路。在双语教学探究之初，教师要致力于创设一种和谐、合作、公平有序的情境，特别是在目标呈现时，要创设激发学生求知欲望的情境；在学生遇到困难时，要创设有助于学生迎难而上的情境；在分享成果时，要创设一种包容反思的情境。

双语教学探究过程离不开问题，问题的展示关系到探究的顺利展开，也关系着探究能否达到目的。因此，教师在探究中提出的问题必须是学生能够探究的问题，必须能激发学生探究的欲望和激情。这就要求教师在设计问题时要考虑到学生已有的知识和能力，要考虑如何用问题激发学生的学习动机，如何让学生的思维集中于某一问题等。在展示问题时要采用电影、录像、多媒体等丰富的手段，把学生带入新奇有趣的世界。

（4）安排和调控双语探究活动的过程。双语教师必须确定在什么情况下对哪些问题采用探究的方式，探究活动如何组织，如何根据学生不同的学科水平和媒介语水平采用不同的探究方式，怎样给不同层次的学生或小组分配不同的探究任务等。简而言之，就是教师必须安排好双语教学中的探究活动。因为学生不可能自然获得探究结果，这就意味着双语教师对活动的安排，对探究过程的指导和控制至关重要。作为教师必须努力在探究开始时激发起学生进行探究的兴趣，在学生遇到困难时提供必要的帮助，让学生既有充分的时间研究某一问题，又不影响整个探究活动的顺利进行。可以肯定，教师的合理调控和指导能够使探究更有效率，针对性更强，使学生能得到更快的发展。

（5）评价双语探究活动。双语教学中探究的评价既要重过程，又要重结果；既要重方法，又要重情感态度和价值观。评价的目的是促进学生发展，促进教师发展。因此，教师要学会对双语探究学习中的亮点加以肯定，不要挫伤学生双语探究的热情，要在评价中为学生指明努力的方向，让评价成为下一次成功探究的起点。

双语教学中探究策略是在对探究活动所涉及的各种因素进行系统分析的基础上，对探究活动进行合理规划和实施的过程中形成和完善的，也是一个把一般教学设计原理应用于双语探究教学中的过程。探究活动的过程应该易于被教师控制，有助于师生创造性思维的发挥，具有开放性和程序性的特点。

（三）小学双语教学的合作策略

合作学习是20世纪70年代初兴起于美国，并在70年代中期至80年代中期取得实质性进展的一种富有创意和实效的教学理论与策略。自20世纪80年代末、90年代初开始，我国也出现了合作学习的研究与实验。合作学习在改善课堂内的社会心理气氛，大面积提高学生的学业成绩，促进学生形成良好的非认知品质等方面实效显著，被人们誉为“近十几年来最重要和最成功的教学改革”。

合作学习把“不求人人成功，但求人人进步”作为教学所追求的一种境界，同时也将之作为教学评价的最终目标和尺度，将常模参照评价改为标准参照评价，把个人之间的竞争变为小组之间的竞争，把个人计分改为小组计分，把小组总体成绩作为奖励或认可的依据，形成了“组内成员合作，组间成员竞争”的新格局，使得整个评价的重心由鼓励个人竞争达标转向大家合作达标。尤其是“基础分”和“提高分”的引入可以说是合作学习评价的一个非常显著的特色和创新之处。所谓基础分是指学生以往学习成绩的平均分，而提高分则是指学生测验分数超过基础分的分数。引入基础分与提高分的目的，就是尽可能地使所有的学生都有机会为所在的小组赢得最大的分值，指导学生的着力点定位在争取不断地进步与提高上，让自己与自己的过去比，只要比自己过去有进步就算达到了目标。另外，为了体现评价的公平性，合作学习还注意根据学生以往的学业成绩和测验成绩，安排优等生与优等生、中等生与中等生、后进生与后进生一起分组测验，测验的难度根据学生情况不同而有所不同。各测验组的每个成员的成绩都与原属小组的总分挂钩，优等生小组的第一名与后进生或中等生小组的第一名所得的分值完全相同，这种使学生在原有的基础上进行合作竞争，公平比较其成绩的做法，最终会导致全班学生无一例外地受到奖励，取得进步，并由此走向成功。合作学习以标准参照评价为基本手段，不求人人成功，但求人人进步的理念，以及以小组总体成绩为评价依据来决定奖励与认可的做法，有利于我们走出竞争教育的怪圈，实现教学评价的科学化。

1. 双语教学中合作的要素

美国合作学习专家尼尔·戴维森提炼出了合作学习的七个要点：① 学习任务由小组合作完成，通过讨论来解决难题。② 小组成员面对面地交流。③ 小组中有合作互助的气氛。④ 小组成员的个人责任感强。⑤ 学习能力不同的学生混合编组。⑥ 教师直接指导合作技巧。⑦ 小组成员有组织地相互依赖。根据以上几个要点，我们可以分析出双语教学中的合作学习主要应包括如下组成部分。

（1）教师与学生之间的互动。双语教学中的合作需要学生与教师之间配合，共同查询资料、确立目标、解决问题、分享成果。当然，师生所面临的不一定是同一个问题，学生通常面对某一个具体问题，而老师更多面对的是怎样发动学生来解决这个问题的问题。

（2）学生与学生之间的互动。双语中实施合作学习，离不开小组合作这种形式，这就要求小组成员既要明白团队的共同目标，又要明确各自的任务，通过学生与学生之间的互相合作，共同解决问题，在完成个人任务的同时又实现组织目标。

（3）教师与教师之间的互动。合作学习将师师互动作为教学的前导性因素纳入教学系统，扩大了教学系统的外延，并将之视为教学过程不可或缺的一个环节。与学生一样，教师之间在知识结构、智慧水平、思维方式、认知风格等方面也存在重大差异，即使是教授同一课程的教师，在教学内容处理、教学方法选择、教学整体设计等方面的差异也是明显的。这种差异就是一种宝贵的教学资源，通过教师与教师之间就所教授内容的互动，教师之间可以相互启发、相互补充，实现思维、智慧的碰撞，从而产生新的思想，使原有的观念更加科学和完善，有利于达成教学的目标。

（4）专门化的任务。合作学习的任务是事先计划好的，它需要在规定的时间内，在一定的工作环境中完成。合作学习的任务往往被分割成几个部分，每部分由不同的小组或个人承担，这些专门化的任务能够促进小组内的合作，也促使小组间的竞争。

（5）明确的角色分工。合作学习活动的成功取决于教师对角色期望和角色任务的传达。如果某人任务不清或小组任务含糊，合作学习容易成为无序的讨论，会出现许多未参与或被动的成员，这就破坏了合作学习的目的。因为只有一小部分成员贡献了他们的成果，并不是每个成员的批判性思维、推理性思维和问题解决能力都得到了提高。只有明确了角色分工，才能使小组中的每个成员都有序地参与到合作学习中来，充分发挥自己的才能，共同完成小组的任务。

2. 双语教学中合作的要求

双语教学中的合作学习要求教师要创设适宜的情境，采取班级集体授课和小组活动相结合的形式，以增强学生之间的合作，提高合作学习的效果。

（1）创设适宜的合作情境。双语教学中的合作学习，对合作的情境有更具体的要求，从合作的角度来讲学习情境可以分为三类。

一是竞争性情境。在这种学习情境中，学生们会意识到个人的目标与同伴的目标之间是相互排斥的，即别人的成功意味着自己的失败，反之亦然，是一种“利己损人”的学习情境。二是个体性情境。学生们各自朝着既定的目标独立学习，而不必管其他人学得如何，这是一种“利己不利人也不损人”的学习情境。三是合作性情境。学生在既有利于自己又有利于他人的前提下进行学习，在这种情境中，学生们会意识到个人目标与小组目标之间是相互依赖的，只有在小组其他成员都成功的前提下，自己才能获得成功，小组成员之间是“荣辱与共”的关系，这是一种“利己利人”的学习情境。合作学习的倡导者认为，在这三种情境中，合作情境是最重要的一种，但却是目前运用得最少的一种学习情境。

（2）班级集体授课和小组活动相结合。教学应当兼顾教学的个体性与集体性，应当把个别化与人际互动有机地结合在一起。因此，在教学形式上，双语教学中的合作学习强调以集体授课为基础，以小组活动为主体形式，力求体现集体性与个体性的统一。

双语合作学习基本流程可归纳为：合作设计—目标呈现—集体讲授—小组合作活动—测验—反馈与补救。由此可见，班级集体授课是合作学习策略中必不可少的组成部分。当然，我们要将合作学习中的班级集体讲授与传统教学中的班级集体讲授区别开来，合作学习中的班级集体讲授是以合作设计为基础的，讲授过程也力求简要清晰，时短量大，高效低耗，有着较强的研究性、探究性，能为继起的小组活动留有足够的空间。此外，合作学习的小组活动与传统教学中的小组活动也有着重大区别，这主要表现在传统小组（如兴趣小组）往往是同质小组，而合作学习小组则主要是以异质小组为主。异质小组通常是由性别、学业成绩、能力倾向等方面存在差异的成员构成，成员之间存在着一定的互补性。合作学习小组通常由 4 人组成，其中 1 人是优等生，1 人是后进生，2 人是中等生，要求各小组总体水平基本一致，每个小组都应是全班的缩影或截面，同时，全班各合作学习小组之间又应具有同质性。组内异质为互助合作奠定了基础，而组间同质又为全班各小组间展开公平竞争创造了条件。

3. 双语教学中合作的策略

合作学习使学习者积极参与到学习过程中去，通过与他人的互动来相互启迪，达到共同进步的目的。在双语教学中，教师可以通过以下步骤来组织合作学习。

（1）明确目标。在合作学习中，对目标的理解不足会导致整个小组步入歧途，影响目标的实现，影响学生的知识水平和合作技能的发展。因此，教师要让所有的学生明确合作学习的目标，将目标以书面或口头的形式告知所有学生。只有在学生明确合作学习目标的前提下开展合作学习，才能保证合作学习目标的顺利完成，实现学生的全面发展。

（2）组织小组。教师在组织小组时，要确保组间同质，组内异质，同时要根据合作学习的材料、合作的人数、合作的目标等因素对小组进行适当的调整，确保小组的结构有利于学生开展合作学习。

在完成小组的组织后，教师要给小组内的每一个成员分配角色，小组内共有以下几种角色：① 总结者。向小组解释和呈现主要的结论，为小组在全班前的展示做准备。② 监察者。确保小组没有使用不充分的事实或不会遭到其他组更精确的成果的挑战。③ 研究者。阅读参考文件，获得背景信息。④ 经营者。找到必需的资源，解决任务所需要的物品、材料、设备等。⑤ 记录者。写出小组成果。⑥ 支持者。鼓舞小组成员，赞扬小组的努力，促使小组前进。⑦ 观察者或解决困难的人。记录小组进展，汇报困难或帮助解决困难。⑧ 提供增援和奖励者。评定等级，给予象征物和特权或意外报酬等。小组内的每一名学生可以同时承担多种角色，充分发挥自己的特长，为实现小组的目标共同努力。在使用这种策略时，教师可发一张或几张“角色卡”给每一个学生，让学生明白自己在活动中的角色与责任，或者将学生的角色与责任制作成海报挂在教室的显眼位置，这样学生可准确有效地扮演各自的角色与承担相应责任。

在分配小组角色时，每一名学生都可以尝试成为小组中的专家，指导组内成员一起来解决问题与建构知识，让学生成为自己学习的负责人。这种策略在鼓励不同能力的学生为主题任务承担平等的责任方面很有好处，当然，学生工作的深度和质量可能会不一样。

具体做法如下：① 将学习内容根据每个小组的学生分成几部分（如每个小组有四个人，则将学习内容分成四块），每名学生负责一部分学习内容，这样每名学生都可能成为他承担部分的专家。② 这些将要成为专家的学生，大约需要一课时的时间，调查研究并学习所分配的材料，如发一张“专家表”给同组成员，引导他们工作，并收集其他成员完成自己负责部分的信息加以总结。③ 专家（即完成自己负责部分的学生）向所属小组的全体成员汇报。这时学生既可将非正式的报告交到小组，将他的学习内容“块”交给小组同伴（这可被视为直接教学），也可向所属小组提供一系列问题，然后由小组成员集体解决这些问题。④ 教师对学生完成任务的测试。测试可以是书面的，而更多的则是演示性的。在测试中，学生必须运用自己所分配的学习内容解决问题。⑤ 最后是赏识与奖赏。教师为小组的成功工作颁发证书。

此外，合作学习还有让两人组成小组来解决问题的方法，主要操作方式是让两个学生组成一个小组工作，教师提出一个问题，其中一个学生解决问题并说出解题思路，另一个学生鼓励并支持这个学生解答问题，然后学生间转换“问题解决者”与“促进者”的角色。

（3）合作技巧的指导。有效的合作学习离不开教师的指导，教师对学生合作学习的指导，主要应侧重于合作技巧。学生如果缺乏必要的合作技巧，就无法有效地合作学习，甚至导致合作学习难以开展。在课堂教学中开展合作学习，教师要根据学生的身心发展规律，对学生进行必要的合作技巧的指导。

概括起来，对学生合作技巧的指导主要有以下几点：

① 指导合作学习小组如何分配学习任务。② 指导合作学习小组如何分配学习角色。③ 指导小组成员如何向同伴提问。④ 指导小组成员如何辅导同伴。⑤ 指导小组成员学会倾听同伴的发言。⑥ 指导小组成员学会共同讨论。⑦ 指导小组成员学会相互交流。⑧ 指导合作学习小组如何协调小组成员间的分歧。⑨ 指导合作学习小组如何归纳小组成员的观点。

对学生进行合作技巧的指导时，应当循序渐进，专门训练，让学生学会表达自己的思想、观点和情感，理解别人的意见，确保合作学习的顺利开展。

（4）适当监控。在合作学习的背景下，教师的角色是合作者，教师应当参与到不同的合作学习小组的学习活动中去，与学生平等对话，以此来监控学生合作学习的进展。当合作学习小组在学习上遇到困难时，教师可以适时点拨、指导，提供必要的帮助，但不能给学生提供现成的答案，以有利于发挥学生的主观能动性，促进学生之间通过合作来解决问题。学生对学习内容容易产生误解，这些误解在小组相互影响的过程中可能会增强，这就需要教师进行监控，及时消除学生的误解，以免学生在合作学习时步入误区。

教师在监控合作学习的过程中，要注意以下几点。首先，对遭受挫折的学生提供感情支持。国外研究合作学习的代表人物穆里安认为，合作学习中存在六种类型的消极学生：沮丧的学生、未被承认的学生、灰心的学生、缺乏动机的学生、厌烦乏味的学生、炫耀聪明的学生。教师对这几种类型的学生应予以关注，加强监控和指导，为他们提供情感动力，使他们在合作学习小组中积极主动地与同伴合作。其次，要防止冷场。在开展合作学习初期，有的合作学习小组可能缺乏组织，小组成员之间不能相互配合，出现冷场的局面。另外，合作学习小组在讨论问题时，有时也可能会出现冷场的尴尬局面。教师应当分析冷场的具体原因，或指导合作技巧，或激活学生的思维，或鼓励学生大胆表达。再次，要注意发挥所有学生的主体性。在合作学习的过程中，有的学生由于学习能力或学习态度等方面的原因，可能会过度依赖同伴的帮助，而自己不采取积极主动的态度。对这样的学生，应当让他明确个人责任，引导他发挥自己的主观能动性，同时鼓励他积极创造条件，在合作学习中去帮助同伴。

四、小学双语教学的激励策略①

激发和维持学习动机是教育教学过程的一个重要环节，对于双语教学来说，激发学生的参与热情和意识有着更加积极的作用和意义。

（一）影响双语学习动机的因素

学习动机和双语学习过程之间存在一种辩证关系，双语学习动机的形成与巩固要在学习过程中完成，而正确的双语学习动机又能促进双语学习过程的有效开展。对未形成良好双语学习动机的学生来说，最有效的办法是帮助他们克服学习困难，让他们尝到学习成功的喜悦，依靠卓有成效的双语学习活动来形成下一步的双语学习动机。学生的双语学习动机受多方面因素的影响。

1. 双语学习任务的特点

根据双语教学的目标，教师可以把双语学习任务分为四类：一是记忆性任务。要求学生再认或回忆已经学习过的信息，如学习“数位”时记忆个位、十位、百位、千位、万位及它们间的进率等。二是程序性任务。要求学生用规定的程式解决问题，知道步骤就能得出答案。如用公式求得圆的面积。三是理解性任务。要求学生转换信息，选择最佳方案，用多种方法解决一个新的问题或用特定的方式写一篇文章。四是评价性任务。阐述自己的喜好、看法，如对一位成功科学家的经验小结。双语教学的评价性任务是低风险的，因为没有确定的对错答案。简单的记忆和程序性任务也是低风险的，因为几乎不会错。多数学生希望双语教学中的任务降低风险和减少含糊程度。

任务的难度和时间要求也影响着学习动机，任务过难和过易都会损害学习动机。一般提倡中等难度，即适合学生能力的难度，而且应由易到难，这样既

① 苑金茹．双语教学策略［M］南宁：广西教育出版社，2006：170-189.

能让学生体验成功感，培养自信心，又能促使学生能力的逐步提高。

2. 双语学习内容的处理

经过适当处理的双语学习内容有利于双语学习动机的培养。在双语教学之前，教师应让学生了解双语学习的重点和重要性，以使学生随时保持高度的学习方向感，在听讲、讨论、回答问题和参与各种教学活动时，把握学习重点。在双语教学过程中，教师要以导言的形式让学生在双语学习进行之前初步理解双语学习内容，理解其间的逻辑关系，体会其间的文化意义。

在双语教学中，教师要把知识点和专业术语处理好，将专业知识通俗化，再用学生能够接受的英语表达出来。教学过程中可以运用多种教学手段，如教师的动作、表情、学生的表演、相关教学用具（图片、标本、实物和录像等）以及实验演示等，与英语有机结合起来，使学生愉快地理解英语和专业知识。

3. 双语学习环境的布置

和谐的学习环境，不仅可以促进学生的学业进步，而且还可以促进学生良好人格的养成，激发学生双语学习的动机。双语教学特别强调调动一草一木参与教学，从环境布置开始，充分利用一切设施，创造双语学习的条件，让学生置身于英语的环境之中。

4. 双语教师的态度

每名学生都有归属和爱的需要，需要同学和老师的爱护、友谊和认可，渴望被接受为这个集体中的一员，渴望能够在任何活动中得到别人的支持、赞许，被别人注意和尊重。这些需求的满足程度直接影响着学生双语学习的动机。双语教学是一种全新的教学理念和教学探索，教师要以激励的方式扩展学生的心灵，激发学生更热切的双语学习动机，让每名学生都能维持持续不断的努力学习状态。

5. 双语教师的期望

期望，是人们在对外界信息不断反应的经验基础上或者在推动人们行为的内在力量需求基础上，所产生的对自己或他人行为结果的某种预测认知。教师和家长如果善于把社会需要双语人才的信息转化为学生自身需求，充分了解每名学生的外语认知能力和人格特征，形成对每名学生恰如其分的期望，那么，这种期望就能对学生产生良好的自我实现的动力，能让学生保持学习的积极性。

6. 双语教师的反馈

及时的反馈能帮助学生及时发现、纠正错误，调整学习的进度，使用合适的学习策略来完成学习任务。如果学生在学习很长时间后，仍不知道进展情况和所取得的成就水平，就难以保证学生会继续保持巨大的学习热情。

教师的赞扬（表扬、微笑、肯定）对学生起着积极的强化作用。在课堂教学中，我们可以发现每当教师的赞许行为减少时，学生课堂的破坏性行为就增强；当教师的斥责行为增加时，大动作和吵闹之类的破坏性行为的增加最为显著。教师应该适当地使用表扬与批评、奖励与惩罚，表扬、鼓励、奖励要比批评、指责、惩罚更能有效激发学生的学习动机。奖励的方式很多，不一定是物质上的（如流动红旗），教师的一句“Good”，“OK”，“Well done”或微笑、点头等都可以起到奖励的作用。

双语教学开创了一种新的学科教学方式，具有自身的规律性，它不等同于英语教学和学科知识教学的简单叠加。双语教学处于实验初始阶段，在这一阶段教师更需要给予学习者鼓励，让学生体验到成功的快乐。

7. 学生对双语学习的态度

学生对双语教学活动本身价值的看法，对自己双语学习成败的归因等，也影响着学生的学习动机。由于学科英语的教材往往涉及历史、地理、计算机、数学、物理、化学、生物等广泛的学科领域，学生只有通过双语教学才能迅速找到学科知识和英语学习的最佳结合点，从中感受到双语教学带来的能力提升和双语学习魅力。同时，双语教学不能因为教学语言的障碍而使师生间、学生间的对话仅限于一些快速的、简单的、零星的、记忆性的一问一答，而应引导学生进行比较从容的、有深度的、统整的、智慧的双语教学对话，激励学生围绕主题进行诠释、推测、引申、评价以及论证。一般来说，学生比较喜欢具有挑战性的任务，太简单的活动对学生没有吸引力，也无法激起学生的兴趣。如果学生看不到活动的价值，看不到活动与学习目标的联系，则不会对活动感兴趣。当学生将其失败归结为能力不济，就可能会失去信心；归结为方法不当时，他会试着努力去做；当学生把成功归结为自身的能力时，成功会使其增强自信。

此外，学生的个体差异、家庭背景、学校的校风、教师的课堂教学艺术等都会影响学生的双语学习动机，双语教学的任务之一就是控制和利用影响动机的各种因素，最大限度地激励学生，使学生积极地进行双语学习活动。

（二）小学双语教学激励的基本要求

每一种学习激励策略都可以用于广泛的教学活动，同时每一种教学活动都需要从多个角度进行激励，为使这些激励策略有效地在实践中开展，应该遵循以下基本要求。

1. 激励主导性

激励主导性是指在教育过程中，教师对学生的评价要以激励为主，让学生在不同程度上看到自己在参与双语学习后取得的学科及英语方面的进步和成绩，享受成功的快乐，从而进一步激发学生的学习兴趣。这就要求教师在课堂上对学生要少批评，多赞扬；放大学生个体的“单元”优势，提高其自信心；培养学生群体学会欣赏、赞扬他人的行为等。

2. 内部自主性

心理学研究表明，内部动机比外部刺激更具持久作用。自我评价作为一种自我发展的内在动力机制，应在双语教学中得到高度重视。教师可以有效地创设小组交流的时空，使学生有取长补短、学习他人、认识自我的机会，这是一种良好的自我评价能力的培养机会。还可以在教学实践中进行作业的自评、互评等具体操作，有效地提高学生的自我评价意识和能力。

3. 针对性与差异性

对学生的激励与评价，要“上不封顶，下要保底”。“要保底”就是确保每名学生在每日的课堂学习过程中都有不同程度的成功体验，即使是学困生，也同样要通过教师的帮助、同学的影响而感受到“只要我努力，我也会提高，我也有优势”。对学困生的评价可侧重于他的某一方面或几方面的进步，关注他的“更好”，即使难寻其长也应对其进行一定的鼓励性评价，因为只要希望在，成功就在。“不封顶”就是注重教育的层次性，最大限度地提升广大学生的多元智能发展平台。

4. 发展性

发展性又可划分为整体发展性与协同发展性。

整体发展性是指，教师要把教学看成是一个生命整体的成长发展过程，它包括学科、学习环境、学习方法、学习态度等，是一个有机的整体，这个整体有内在的和谐性，它表现为能力的多样统一性、身心生长的有序性。如果没有关注教学的整体性，就有可能导致人的非整体性发展，而人的非整体性发展最直接的不良后果就是导致创新能力的萎缩，更有可能造成人格的不健全。

协同发展性是指，在双语教育活动中要把教与学的发展有机地统一起来，把学科教学与英语教学有机地统一起来，把校内发展与校外发展有机地统一起来，把精神的培养与能力的提高有机地统一起来。

5. 情感性

在双语学习的情感激励中，要注意以下一些特点。

（1）渗透性。双语教学的情感教育，是利用学科及外语知识的相关素材进行的，所以，情感教育必须寓于学科及外语知识、技能教学之中，使传授知识、技能与情感培养有机地结合起来，要积极地挖掘和充分利用双语教学自身的教育因素，潜移默化地渗透到双语教学的活动中去，做到科学性与情感性的有机统一。

（2）目的与手段相统一。在制定、实施情感目标的过程中，既要把学生情感的激发和调动作为提高教学效率的手段，又要通过情感培养促进学生个性的和谐发展，达到使学生形成良好情感品质的目的。

（3）层次性。制定、实施情感领域教育目标应依据教学目标的水平分类，按照由近及远、由浅入深、由低到高的内在逻辑顺序，表现出不同的层次性，应从低起点开始逐步提高层次。

（4）一致性。由于情感培养具有缓慢性与长期性的特点，这就要求不同年级、不同阶段的情感培养的内容与要求相互联系，做到相互衔接，保持渗透情感内容的系统性、计划性与完整性。

（三）小学双语学习的激励策略

为了激励学生进行双语学习，教师必须使学生预先明确学习所要达到的结果，并且使学生确信，只要做出适当的努力，他们就能获得成功。双语学习主要包括以下一些激励策略。

1. 创设必要的学习条件

在双语教学中，教师要努力创设良好的学习环境，从而有效调动学生的学习积极性，提高他们的学习效率。

（1）支持性的环境。教师必须把课堂组织和安排成一个有效的学习环境，这包括鼓励学生，耐心地帮助他们学习，以及让他们乐于智力冒险而不必担心犯错误会导致批评。

（2）适度的困难。如果学习太容易，学生会感到厌烦；如果太难，他们会产生挫折感。教师要给学生创设适当的学习内容，这些内容应该符合学生的最近发展区，是学生通过努力能够掌握的。

（3）富有意义的学习目标。某些学习活动对于激发学习动机是不合适的，例如反复练习已经完全掌握的技能，缺乏恰当理由的背诵，抄写在阅读或其他学习中永远用不上的名词术语的定义等材料，重复式的机械性的训练作业等。教学内容要富有变化，比如一题多解，它体现了突破常规的传统解法，体现了求异思维和探索新的多种解法的思想；一题多变，则在变化中产生新的疑问，激发起学生新的求知欲望。

（4）求新求变。双语教学应该常教常新，以“新”来吸引学生，教学手段与方法要不断更新，富有变化。不同的课型、不同的内容可以变换教法，即使同一课中，也要使设计有节奏、有起伏，动静、张弛、收放、疏密对比转化，读读、讲讲、练练、议议交叉运用，各种教学媒体各得其所，恰到好处，切忌单调枯燥。

2. 保持适当的成功期望

心理实验证明，学生在学习中获得多次成功体验便会激发其学习的兴趣与动机；反之，反复多次的失败也会使其丧失自信，逐渐失去学习的兴趣与动机。因此，双语教学应当使学生都能成为“成功者”，让他们从内心产生“我能行”的自尊和自信。

教师在使学生保持成功期望的时候，要注意以下几点：

（1）明确学习目的。双语教学对学生是一种挑战，学生原来以母语为媒介语进行学习，而在双语教学中要转为以英语为媒介语进行学习，学生在这个转变过程中肯定会有各种思想问题。思想是行动的指南，教师一定要统一学生的思想，提高学生的认识，让他们对双语教学有一个正确的认识。让学生了解学习英语的目的，学习一些专业英语的重要性等，解开学生思想上的疙瘩。

（2）确立走向成功的程序。保持学生成功期望的最简单的方法是确保他们不断地达到成功。要做到这一点，教师应确定适应学生水平的教学起点，适当地掌握教学进度，在可接受的范围内，不失时机地把学生引向一个又一个新的知识台阶，使学生总是保持吸收新知识的新鲜感。要让学生小步前进，使他们在每跨出新的一步之前都有充分的准备，保证在前进过程中能够调整学习步骤而避免过多的疑惑和挫折。

（3）帮助学生认识努力与结果之间的联系。通过树立典型、集体交流和学习反馈，让学生意识到他们所付出的努力决定了他们能得到什么。要使学生明白，自己成功的程度取决于他们自己努力的程度。

（4）适当采用分层教学。在双语教学过程中，总有一部分学生由于各种原因无法及时适应双语教学。对于这类学生，教师应采用分层教学的措施。分层教学主要有课堂环境分层教学和课后分层教学两种。进行课堂环境分层教学时，教师可以特意请这部分同学观察课堂上的一些演示实验，让他们感到自己没有处在“被双语遗忘的角落”；对这部分学生要选择简单的问题提问，及时鼓励和表扬，帮助这些“特殊学生”融入双语教学课堂，使他们有归属感和成就感。进行课后分层教学时，对他们的作业要采取面批的形式，对学生不明白的地方要再给予辅导；多督促这部分学生课前预习、课后复习，巩固英语单词；对这部分学生还要加强思想激励工作，使他们树立克服困难的信心和决心。

（5）提供矫正背景。对于灰心丧气的学生，教师要坚持原定目标，运用掌握学习原理及有针对性地补课，为学生提供进一步学习的机会，使学生的学习行为能够得到矫正，从而保障每一名学生都能体验到成功。

3. 有效地利用外部动机

外部动机利用得好，也能够为双语教学提供有效的帮助。教师可通过组织适当的竞赛和强调知识的价值来激发学生的外部动机。

（1）组织适当的竞赛。竞赛和外部刺激与引导思考和强调学习质量相比，能更有效地刺激努力的强度。因此，竞赛内容的设计及奖励最好依据简单技巧的掌握而不是着眼于烦琐的问题或发现学习，要注重表现的速度和成果的数量。一般来说，青少年都有争强好胜的心理，这种心理如果引导得当，会转化为学习的动力。各式各样的竞赛常常使人忘掉犹豫、忘掉自卑，竞赛可以刺激大脑的活动，可以造成热烈的气氛。

（2）强调知识的价值。这就是让学生注意到，在课堂上学到的知识技能将会符合他们的现实需要，课堂学习是今后生活和事业获得成功的基础。

知识来源于人类的实践活动，又反过来运用到改造世界的实践活动中。知识的价值也就在这里。但是教师在教学中常常忽略知识的源泉和归宿，将抽象的枯燥的东西填塞给学生，这是很多学生厌学的原因之一。我们应当还知识以本来的面目，让学生了解知识与人类实践紧密联系的丰富底蕴，这样才能极大地调动学生学习的积极性。如一位数学教师执教苏教版小学《数学》六年级上册“百分数的认识”课，通过教学与生活实际的紧密联系，让学生感受到数学学习的价值，激发学生对数学探索的兴趣和求知欲望。在引导组织学生学习百分数时，跳出教材、课堂这个狭小的空间，发动学生去寻找生活中的百分数（如商标中、新闻联播中介绍的百分数），关注在课堂学习中新生成的百分数，使“单纯从书本中学数学”变为“密切联系生活做数学”①。这些做法无疑给学生留下了深刻的印象，潜移默化地激励学生努力学习数学。

根据不同学科的特点让学生参与实践活动，也能使学生品尝到理论联系实际的乐趣。例如让学生练习写作并向报纸杂志投稿，一旦作品被发表，学生的兴奋心情是难以言喻的。此外，学生可运用所学的科学、数学知识参加环境保护、小发明小创造等活动，这些都有益于进一步提高学生的学习兴趣。

4. 合理地利用内部动机

在教学过程中，教师可以通过以下一些方法来激发学生的内部动机。

（1）使教学符合学生的兴趣。教师可运用多样化的例证、活动及学生感兴趣的其他内容来激发学生的学习兴趣，从而达成教学目标。说明或应用概念原理时，可利用新闻或引人注目的人物、事件和流行的事物。

（2）采用多种教学方法。双语教学中，英语取代母语成为课堂上的媒介语言，这无疑给学生增加了学习的难度。如果用母语“满堂灌”，学生或多或少还能接受一些内容，而在双语课中的英语“满堂灌”则是一种噪音，学生接受的内容很可能为零。双语教学如果对此处理不当，就会产生更强的“杀伤力”，挫伤学生的学习积极性，对学科学习产生负面影响。双语教学必须以学生为主体，采用多维互动模式，调动学生的学习积极性，让学生参与课堂教学。在教学目标限定的范围内，向学生提供多种方法和机会。

① 小组讨论法。外语作为课堂语言会使学生感到紧张，而与同学之间的讨论是缓解紧张心理的有效方法之一。学生之间的讨论使同学们有机会交流想法，寻求伙伴的帮助，做好用英语发言的准备。此外，他们还可以充分发挥自己的想象力、创造力，表现自我。可以说通过讨论得出的结论能给学生更深刻的印象。教师指导学生讨论之前要明确小组的范围和讨论的话题，还要限定讨

---

① 郑榕．大胆地放手，让数学课堂自由呼吸——苏教版小学《数学》六年级上册“百分数的认识”教学案例及评析［J］．数学学习与研究．2014（16）：111-112.

论的时间，以确保讨论的效率。教师可以通过提问、小组竞赛等方式，了解和巩固小组讨论的结果。

② 以“点”带“面”法。同龄人对青少年的影响往往大于成年人对他们的影响。同龄人的示范能够引起学生的关注，极大地提高他们的学习兴趣，帮助他们牢固地掌握知识。如做科学实验时，可以请两名同学做演示实验，一名用英语叙述指令（对英语口语差的同学可降低为读出英语操作过程），另一名同学按照指令行动，其余同学监督，并在活动结束后指出他们的错误，教师对此作出评判，给予补充。又如学习数学方程式的英语读法时，一名同学用英语说方程式，另一名同学在黑板上写，其余的同学对黑板上的答案作评改，这种互动由两个学生带动了全班。

③ 对比法。对比法可分为两种方法：第一种方法，当学生在教师规定的时间内独立思考问题、解决问题后，教师发出核对指令。同桌之间可以互相核对答案，然后再听教师讲评，这时学生对有异议的问题会听得格外仔细。第二种方法，教师给出话题范围，同桌起立，面对面地在指定时间内轮流用英语举例。答案多者获胜。这个活动可以连续使用几个话题，训练由简到繁。活动结束后，教师要以询问的方式来督促和检查活动效果。

（3）及时的反馈。学生特别欢迎这样的教学方式，即不仅允许他们积极活动，而且可以得到及时的反馈，以指导随后的活动。教师可以组织小组活动以便轮流指导，也可以指定学生担当教师角色或让学生结对或分小组互相检查作业。学生是课堂行为的对象，教师在双语教学的课堂上要始终关注学生的表情和反馈，及时调整课堂语言和教学方法，这样才能使学生及时理解相关的知识，确保课堂教学的顺利进行。如在讲到“铁的反应过程”时，使用 excess 这个词，可能会发现学生表情漠然，这时立即转换为学生熟悉的另一种表达方法 Iron isn't used up，to be used up，这样能够加强学生的理解。

（4）安排多样的学习任务。学生们愿意由自己来完成一项有意义的任务而不仅仅是做部分工作。当他们完成这样的任务时会体会到一种成功的喜悦。除了正规的戏剧、角色扮演、模拟比赛等重要形式外，还应在日常教学中使用恰当的模拟活动手段。例如让学生假想作家、科学家的心理活动，或让学生设想自己生活在某个历史年代或地理环境中。

5. 使用有效的教学手段

在教学过程中，教师可以使用以下一些教学手段，以有效地激励学生。

（1）学习兴趣和动机的示范。向学生表明，把学习看作是一种奖赏和报酬，是一种丰富个人生活、令人满意的自我实现活动。与学生分享阅读和观赏与你所教科目有关的书籍、文章、电视、电影的乐趣，注意把所教知识应用到日常生活、当地环境或当前事件中去。

（2）引起好奇或悬念。所谓“奇”，就是某一事物所表现的状态异乎寻常，大大超乎人们的想象和原有的经验，这种新的刺激与原有认知之间的极大反差，能够引起高度的兴奋，产生质疑和释疑的强烈冲动。教学中如果能以“奇”取胜，就能收到意想不到的好效果。新奇的课堂设计、奇妙的教学语言、奇异的事物和奇怪的现象、新奇的解法、奇特的活动都能调动学生的好奇心，把学生引向趣味盎然的学习境界。

（3）使抽象的内容具体化。当课本内容过于抽象或概括时，应补充足够的细节以帮助学生想象所描述的内容，并使学生能用自己的语言来加以说明。要很好地做到这一点，教师可借助大量的文本、图形、动画、声音等形式的英语材料，强调灵活、共享、交互等特点，创设接近实际情景的虚拟学习环境，给双语教学带来便捷的学习方法和全新的认识方式。例如水的分解等微观动态过程无法用肉眼直接观察，学生感到极抽象，而互联网上的课件动画形象具体、客观、科学，设有后退、暂停等键，过程可分解，并配有英语注解。这既可让学生直观地了解水分解的各个过程，又有助于他们理解英语授课的内容。

（4）强化单词教学。在双语教学过程中，单词教学是重要的组成部分，教师始终要求学生掌握一些必要的单词。双语教学中的单词包括专业单词、半专业单词、非专业单词。根据语言学家的统计，双语教学中的专业单词只占20%。在双语教学中，单词既是绊脚石，也是垫脚石。双语教学中庞大的词汇量可能成为教学的障碍，但双语教学也极大地扩大了学生的英语词汇量，掌握了一定量的单词后，学生又可以运用英语主动获取目标学科的知识。

双语教学中对单词一定要进行分类，明确对各类单词的不同掌握程度。语言学家认为，一个人的词汇量可以分为四个层次，按掌握的程度依次递增：能说的词汇（speaking vocabulary）、能写的词汇（writing vocabulary）、能读的词汇（reading vocabulary）、能猜的词汇（guess able vocabulary）。前两个层次属于能够应用的积极词汇（active vocabulary），后两个层次属于不一定能够应用的消极词汇（passive vocabulary）。在学生使用的英语材料中，对达到课堂教学和学科要求必须掌握的基本单词，要求会说会写；对教学中出现的不属于学科主要内容的单词，要求在具体的语言环境中会读会听，课后不需要着重掌握；还有部分单词只要求在阅读中能理解含义，无须读写。这样不仅可以减轻学生的负担，减少语言的障碍，又可以达到学科学习要求。

单词可以提前预教，也可以在随堂教学中习得。如小学双语美术老师在讲授 Castle《城堡》这节双语课时用到了 decoration（装饰）这个专业术语。起初，学生不明白它是什么意思，老师在白板上给学生示范画了一个城堡的外形，再引导学生用彩色粉笔给它画上花纹和颜色使之漂亮起来，经教师点拨，学生顿时有了恍然大悟的感觉，终于明白 decoration 就是“装饰”的意思。①

教师要有意识地帮助学生习得单词，如在做演示实验时，用英语告诉学生各个仪器的名称，多次重复后，学生自然而然地就掌握了这些单词。必要时，教师可在黑板上写出英语单词，并标明音标和汉语含义。课堂上习得的单词还要及时地巩固或反复出现，强化学生的记忆以防忘记。

双语教学的激励策略是丰富的，关键在于教师要能够审时度势、因地制宜、因人而异地选择合适的激励策略，最大限度地调动学生双语学习的积极性，使学生在双语学习中获得乐趣、得到发展、不断成长。

QUESTIONS

1. What is the principle in bilingual teaching? What is the relationship among all the bilingual teaching principles?

2. What is the relationship between the principles of bilingual teaching and the principles of general Education/Mathematics or Science teaching?

3. What is the connotation of each teaching principle? How do you carry out the teaching principles in primary school? Try to apply them in your bilingual classes.

4. Could you explain what teaching principles were applied in the bilingual classes you have listened to/watched?

---

① 党慧敏．攻关莫畏难：我的双语美术教学之路［J］．江苏教育（教师发展），2017（9）：17-19.

5. What is bilingual teaching strategy? Are there any differences between teaching strategy and teaching principle? What are they?

6. Could you explain what teaching strategies were applied in the bilingual classes you have attended or observed?

7. How do you apply each teaching strategy in primary school? Try to apply them in your bilingual classes.

第七章　小学双语教学设计与实施

教学设计是指教师为达成一定的教学目标，对教学活动进行的系统规划、安排与决策；教学实施是执行教学设计方案，把教学设计方案付诸实践的过程和活动。

小学双语教学设计是指小学双语教师为达成一定的双语教学目标，对教学活动进行的系统规划、安排与决策；小学双语教学实施是执行小学双语教学设计方案，把小学双语教学设计方案付诸实践的过程和活动。

小学双语教学课时计划的设计是教师单方面、静态、封闭的活动，是双语教学工作的准备阶段；小学双语课时计划的实施则是教师与学生双方面对面直接传授与学习的动态、开放的活动，是双语教学工作的中心环节。

第一节　双语教学目标设计概述

教学目标，是对教学活动预期结果的标准和任务的规定和设想。教学活动的效果主要体现在学生的身心发展变化上，教学目标是通过一定的教学活动准备在学生身上实现的预期变化。它表现为对学生学习成果及其终结行为的具体描述，如：获得某种语言知识，掌握某种读、写、算技能，产生特定的态度和情感，认同某些价值观等。教学目标具有导向功能、激励功能和标准功能。

制定教学目标是课堂教学设计的第一步。双语教学的目标是通过英语这一工具来教与学学科知识的，对教师而言是“通过外语教授学科知识”，对学生而言是“通过外语学习学科知识”。双语教学目标的设计是以学生为主体、以教学过程为对象、以教学实践为基点的操作规程，它是实施有效双语教学的关键所在。

双语教学目标设计得合理与否，直接决定着双语教学开展的成效，影响学校的整体教学质量。必须以对教学有关因素的客观分析为依据，遵循科学的步骤与方法，方能制定出符合要求的双语教学目标。

一、双语教学目标设计的依据

设计双语教学目标必须分析与双语教学相关的因素，明确双语教学目标设计的依据所在，从而使双语教学目标能够切合实际，符合各方面的要求。一般来说，教学目标来源主要有三个方面，即学习者的学习需要、社会的发展需求和学科知识发展要求，但双语教学目标设计除了要考虑以上三个因素，还要考虑英语文化交流的需要，因为这是开展双语教学的一个重要原因。

（一）学习者的已有基础和学习需要

教育的对象是人，培养人就必须研究教育与人发展的关系，研究如何促进学习者的身心发展。教师在制定教学目标时要加强对学习者的研究，力求教学目标符合学习者身心发展的规律。由于学习者在知识学习能力和认知能力发展上具有差异性，并且学生人格发展既具有年龄阶段的差异性，又具有个体差异性，所以，教师一定要在分析学生的基础上制定双语教学目标。

在确定双语教学目标时，教师要充分考虑学生的英语水平和接受双语教学的能力。学生是双语教学的接受者和受益者，学生的英语水平和接受双语教学的能力直接影响双语教学实施的效果。实施双语教学的重要前提之一是学生除了要具备一定的外语阅读和理解能力，还要具备相应的听和说的能力，否则双语教学的效果将大打折扣，甚至影响学生对学科知识的掌握，更不用说实现双语教学的培养目标和教育目的了。

（二）社会发展对双语人才的需求

学校教育总是体现着社会的发展要求，双语教学本身就是适应市场经济发展的需要而产生的。在确定双语教学目标时，必须考虑社会对双语人才质量规格的要求，培养出能够适应现代经济生活的观念、态度和行为方式的双语人才。

（三）学科特点及发展要求

儿童由自然人发展为文化人的基本途径就是通过学校课程学习学科知识，

继承文化遗产。因此，学科知识及其发展是课程与教学目标的基本来源之一。不同学科有不同的特点、性质和发展功能，不同学科的双语教学目标因此也要有所不同，要反映出各学科的这种特殊性。

（四）英语文化交流的需要

双语教学的主要目的是通过创造一定的语言氛围，提高学生对英文的实际运用和国际交流的能力，帮助学生准确迅速地掌握学科基础知识和了解学科的发展前沿，进而达到一种文化的传递和思维方式的拓展。教育心理学指出，良好的教学效益，应该首先建立在学生对该课程的强烈需求上。学生对英语的学习动机可分成工具型和融合型。工具型是希望通过语言学习使自己得到社会承认或者获得经济利益；融合型则渴望自己将来能融入目的语言的环境中，了解其生活方式和价值观念，并成为其中一员。不同层次的学生，其学习动机不同，但不论何种动机的学生，均希望能够流畅地进行英语交流。因此，英语文化交流的要求也是双语教学目标的来源之一。

二、教学目标设计的基本要求

教学目标设计要符合学科教学的要求、学生发展的需要，同时还必须具有可行性与协调性，以确保所设计的教学目标能够顺利实现，促进学生各方面的和谐发展。

（一）关注学科间和学生间的差异性

不同学科之间的差异性决定了各学科设计双语教学目标的差异性。例如，初中双语物理的教学目标侧重于学会用双语来表达学科的概念、原理、规律，并和生活、生产的实际结合起来，主要培养学生的应用能力，重点是实现双语教学目标中的学科学习目标。初中双语化学教学则侧重于对学科的双语词汇的掌握和识别，能阅读有关的报刊、文献、文摘，识别并获取有用的信息，比较侧重于语言学习目标。

不同年龄的学生，接受知识的能力和对事物的分辨能力都有所不同，因此，对于不同的学生，其教学目标也要有所差异。如初中的双语物理教学侧重于对物理现象的了解，希望从双语教学中寻求有益于提高初中学生学习兴趣并且能促进教学发展的东西；而高中的双语物理教学则要求学生自主地探索并有能力在双语教学过后，体会双语物理教学的价值。

（二）目标之间以及目标与其他积极的非预期效应的相容性

教育目标是一个系统，因此，在目标设计中，人们必须考虑目标之间的一致性，这就是说，目标之间不能互相冲突。目标相冲突就会造成教育活动的混乱，就可能使学生无所适从，这是需要尽量避免的。

目标与其他积极的非预期效应的相容性，指设计的目标要尽可能有利于各种积极效应的实现。这里所谓的非预期效应是指在人们规定的结果之外，教育活动可能出现的其他结果，这种结果可能是积极的，也可能是消极的。如果一个目标，在它实现的过程中，出现消极效应的可能性明显大于出现积极效应的可能性，这时设计者就要十分谨慎。

（三）目标要有可行性和有效性

如果设计的双语教学目标过于空泛，没有实际内容，就不可能正确引导双语教学实践。所以，在进行大范围的实践前，可以先进行小范围的试验（十个人左右个别调查或访谈乃至小班实行双语教学），如果结果证明已设计的双语教学目标是可行的，再到双语班级（整体）进行常规授课，以便全面实现学科双语教学目标。

（四）目标要有层次性、连续性和协调性

教育是一种循序渐进的活动，人们不能期望学生一下子就能达到教育的最终目标。教育目标的层次要与学生接受教育的层次相适应，同时，教育目标本身也要有层次。每个章节的教学目标都是整体课程目标的一个组成部分，为了保证课程目标的最终实现，各章节目标的层次、连续和协调是十分必要的。教师在开始上课之前要对各章节的教学目标进行分析和设计，对各类目标进行综合安排，具体到一节课教学目标的设计时，还需要结合实际对预先的安排做一定的调整，以保证各类目标的实现和均衡分布。

（五）正确地分配目标的权重

目标的权重由目标的相对重要性决定。目标是说明预期成果的，它指明我们要做的工作有哪些，重点应放在哪里，以及通过一系列的活动所要完成的任

务是些什么。目标的制定还必须同时确定目标的优先顺序。

对于教育活动来说，在一定时间内某一目标的实现相对地说要比实现其他目标更为重要，这种确定目标相对重要性程度的工作，我们称之为确定目标的优先顺序。确定目标的优先顺序是极其重要的，它有利于保证在时间等资源紧缺的情况下，优先实现重要的目标。目标的相对重要性和目标的优先顺序通常以目标权重的方式加以表示，在学业成绩的评价中，就是以每一测验题的分数来表示。

三、双语教学目标设计的步骤

设计教学目标首先应根据各方面的要求确定教学目标的类型，弄清楚应达到哪些教学目标；然后再确定各种类型的教学目标应达到的水平，弄清楚教学目标应达到的程度；最后将教学目标清晰地陈述出来。

（一）确定教学目标的类型

确定教学目标的类型即确定一章或一节内容中有哪些教学目标，弄清它们分别属于什么类型以及这些教学目标之间应按照怎样的次序进行排列，这是教师全面、准确把握教学目标的前提。

加涅为教学目标分类提供了依据，他根据学习结果的特点，把教学目标分成五种类型：智慧技能、认知策略、言语信息、动作技能、态度。

1. 智慧技能

智慧技能是指学习者运用符号或概念与环境发生相互作用的能力。学习一种智慧技能意味着学习如何做一种智力性的事情，它的行为表现是回答“怎么办”的问题，所学的内容通常称为程序性知识，包括辨别技能、学习和运用概念的能力、运用规则的能力、解决问题的能力。学习较高一级的智慧技能是以较低一级的智慧技能为先决条件的，智慧技能中带有明显的层级关系，从低级到高级依次为：辨别—具体概念—定义概念—规则—高级规则。

2. 认知策略

认知策略是一种特殊的智慧技能，是指学习者用来选择和调节自己的注意、学习、记忆与思维方式等内部过程的技能，是以学习者自己的认知过程为对象的。智慧技能是使学生能处理“外在的”符号，认知策略是学生能在学习过程中控制自己“内在的”行为，是学生“使用脑子”管理或操作自己学习过程的方式，是回答“怎么学”的知识。例如，归纳法、演绎法、复述法等学习方法。认知策略的学习目标与概念是和规则的运用联系在一起的。

3. 言语信息

言语信息既是知识也是能力，知识是回答世界“是什么”的陈述性知识，它对能力的要求主要是记忆。课程标准中的“基本事实”就属于言语信息，包括各类名称、符号、事实和有组织的知识。应注意的是，如果上述的概念、规则等智慧技能的学习仅达到会“说”而不会“用”的程度，那么学习目标则变成了言语信息，而不是智慧技能了。

4. 动作技能

动作技能是一种习得的能力，其行为结果表现为身体动作的敏捷、准确、有力和连贯等，是回答“怎么操作”的知识。如实验操作、画图、制表、制作模型等。

5. 态度

态度是一种习得的，影响个人对某事物、人或事件的行为选择的内部状态，表现为一种行为的取向，回答“怎样对待”的问题。态度学习的目标强调形成一种能够对行为做出选择的内部准备状态或者反应倾向。态度学习和情感是密切结合在一起的，也与价值观相关。我们所说的学习兴趣、意志、信心、科学态度和创新精神等都属于态度的范畴。

加涅的学习结果分类系统，首先为教师设计教学目标时全面考虑教学目标内容提供了一个参考框架。其次是加涅对学习层级关系的划分，为教学目标设计的目标层次、顺序的划分和安排提供了依据。再次是指导教学结果（言语信息、智慧技能）的测量与评价。例如，对“言语信息”学习结果的测量与评价侧重于记忆的程度，而对“规则”学习结果的测量与评价则不仅要求记忆规则，而且能在不同的情境中将规则加以运用。这对于教师全面把握教学目标，合理安排教学顺序，科学测量和评价教学目标达成的程度，保证课程目标的全面实现具有重要的意义。

（二）确定教学目标的水平

确定教学目标的水平就是确定教学目标的行为表现及其在一定的框架内所达到的程度。划分目标水平的目的在于使教学结果可以清楚鉴别和准确测量。加涅的学习结果分类系统中主要对认知领域（言语信息、智慧技能）目标水平进行了划分，布鲁姆等人不仅将教育目标按照学生学习之后所发生预期变化的行为分为三个领域——认知领域、动作技能领域和情感领域，而且按照原子论的方法，对三个领域的教学行为层层分析，形成了不同的学习水平，使教学结果更易于清楚鉴别和准确测量。

布鲁姆的教育目标分类是针对课程目标而言的，但对教学目标设计同样有着重要的指导意义：一方面，教育目标分类理论从目标水平和目标行为上为教师提供了一个二维参考框架。在一个维度上规定了各个目标应达到的水平，在另一个维度上界定了各目标水平应表现出的行为，使教师在设计教学目标时能全面、更快而准确地确定各目标水平与相应的行为。另一方面，为科学测量和评价教学结果提供了依据。借鉴布鲁姆的教育目标分类思想，结合我国的教育教学实际、基础教育课程标准，将课程目标分为三个领域：知识与技能、情感态度与价值观、过程与方法。对布鲁姆的过细分类做适度的综合简化处理，能够确定各领域的学习水平并提供一些相应的行为动词，确定目标水平时应以此为依据，选择相应的行为动词，并将不同的学习水平与加涅的学习结果结合起来。

1. 知识与技能

“知识”分为三个学习水平，一是了解水平，与加涅的言语信息、辨别技能相对应，包括再认或回忆知识，识别、辨认事实或证据，举出例子，描述对象的基本特征等。使用的行为动词如说出、辨认、回忆、举例、复述、描述等。二是理解水平，与加涅的概念和规则相对应，包括把握内在逻辑联系，与已有知识建立联系，进行解释、推断、区分、扩展，提供证据，收集、整理信息等。使用的行为动词如解释、说明、比较、概述、判断、预测、推断、检索、收集、整理等。三是应用水平，与加涅的问题解决相对应，指在新的情境中使用抽象的概念、原理、规则，进行总结、推广，建立不同情境下的合理联系等。使用的行为动词有应用、质疑、设计、解决、撰写、拟定、检验、计划、总结、推广、证明、评价等。

“技能”即加涅所说的动作技能，分为三个学习水平，一是模仿水平，包括在原型示范和具体指导下完成操作，对所提供的对象进行模拟、修改等。行为动词有尝试、重复、模仿等。二是独立操作水平，包括独立完成操作，进行调整与改进，尝试与已有技能建立联系等。行为动词有完成、运用、使用等。三是迁移水平，包括在新的情境下运用已有技能，理解同一技能在不同情境中的适用性等。行为动词如联系、转换、灵活运用等。

2. 情感态度与价值观

情感态度与价值观即加涅所说的态度，分为三个学习水平。一是经历（感受）水平，包括独立从事或合作参与相关活动，建立感性认识等。行为动词如经历、感受、参加、参与、尝试、讨论、交流、合作、考察、体验等。二是反应（认同）水平，包括在经历基础上表达感受、态度和价值判断，做出相应的反应等。行为动词如遵守、拒绝、认同、尊重、接受、同意、反对、欣赏、关心、关注等。三是领悟（内化）水平，包括具有相对稳定的态度，表现出持续的行为，具有个性化的价值观念等。行为动词如形成、养成、热爱、树立、坚持、保持、确立、追求等。

3. 过程与方法

过程与方法是指运用相关的认知策略在达到知识、技能、情感态度与价值观各教学目标水平的过程中获得能力。行为动词如经历、发现、考察、探索、解决问题等。相关的认知策略应达到应用的水平，但对于不同阶段学生的水平要求应有所不同。比如对于低年级的学生，首先要求他们知道按顺序观察或对比观察的方法，然后能够在教师的指导下运用方法去观察。而对于高年级学生来说，应该要求他们能够根据具体情况熟练地选择和运用观察的方法。在运用加涅的学习结果分类系统确定教学目标类型及顺序之后，进一步将各目标按照新课程标准确定其学习领域和学习水平，选择相应的行为动词，把教学目标转化为相应水平上的行为表现。

（三）陈述教学目标

教学目标的陈述将在本章第六部分“双语教学目标的陈述”中详细阐述。

四、双语教学目标的结构

双语教学的目标大致包含以下三个方面的子目标：① 学科学习目标，即对学科知识的学习和掌握。② 语言习得目标，使英语成为教与学的一种工具，让学生逐步掌握学科的专用术语和语句、语言结构和语言表达，读懂该学科的英语教学资料，并能用英语就该学科的问题进行口头和书面交流。③ 文化理解目标，即培养学生对各种不同文化的理解能力。

（一）学科学习目标

双语教学在本质上属于学科教学范畴。双语教学的主要目标之一是掌握本学科的专业知识和技能，如果一味追求外语学习目标而放弃了专业知识目标就是舍本求末。目前实验双语教学的部分学校采用了国外进口的原版教材，由于国外教材的编写体系与我国现行教材有很大的不同，因此给尚未形成完整知识体系的中小学生造成了很大的学习障碍。这就使得部分中小学的双语课往往变成翻译课，大量的时间花费在解释生词上，对语言形式投入过多，忽视了激发兴趣、培养能力等开发学生思维的教学方式，课堂气氛单调乏味。而且由于中小学的教学大纲和教学进度要求比较统一，双语授课减慢了教学进度，教师很难顺利地完成教学任务并达到预期的教学目的。此外，学生语言水平差异悬殊，个性不同，某些语言能力差的学生难免会产生很多负面情感，这一问题在中小学双语教学中尤其值得注意。双语教学，必须时刻注意学科目标的达成程度，切不可以牺牲学科目标来换取学生外语水平的提高，必须把学科目标摆在双语教学的首要位置。

（二）语言习得目标

双语教学的语言习得目标是学生能够熟练地使用双语进行口头和书面的交流。根据心理语言学的理论，两种语言的相似性易导致语言学习的正迁移；相反，两种语言的相异性则会导致语言学习的负迁移。英、法两种语言的相似性是加拿大“浸入法”双语教育成功的重要因素，而隶属于汉藏语系的汉语和属于印欧语系的英语从音、形、义到文化背景都有天壤之别，所以，两种语言的差异决定了以汉语为母语的英语学习者要付出更多的努力。而且，芒罗（Munro）的研究表明，八岁之后，儿童的母语学习系统已基本形成，达到二语本族语者的语音水平的可能性极其微小。这就要求教师在双语教学中要制定合适的语言目标，这种语言目标的要求应在学生的最近发展区内，不宜过高或过低。

环境也是语言学习不可缺少的因素，环境包括课堂环境和课外环境。欧洲与加拿大的双语教育实验能够取得成功的一个重要原因是学生有良好的课外学习环境。而我们的双语教学，即使增加了英文板报、英文广播也只是个虚拟的目标语环境。多年来英语教学的费时低效饱受指责，客观上，我们的确缺少英语环境，所以我们的英语学习只能停留在学习外语的层面上；主观上，绝大多数学生的学习动机为工具动机。因此，教师在制定语言目标时，既要考虑客观环境的因素，又要突出语言的应用功能，使语言目标切合学生以及环境的要求。

（三）文化理解目标

从社会学的角度来看，语言与文化密不可分。文化对话作为一种文化上的“人际关系”发生过程，体现为现在与过去的对话、解释者与文本的对话、解释者与解释者的对话。掌握外族语言是理解异族文化的重要条件，克服语言障碍将有助于减少“文化独白”“自言自语”的封闭与隔离的状况，有助于推动文化间的交流。双语教学中的文化理解包括两层含义：其一，理解是历史的。要丰富文化视野，真正接受外来异域文化，理解其文化要义，要懂得本国与外国的文化发展史。其二，理解是运动的。国际理解是一个不断变化、不断发展和不断生成的开放的动态过程，对异域文化的理解也是在不同文化间相互渗透、相互交流中完成的。静止的凝固的文化理解，将导致对异族文化刻板、狭隘和破碎的认识与理解，将使文化之间的“文化差异”人为地僵化与扩大。通过双语教学，能够加强各种文化之间的交流，有利于培养学生的跨文化理解能力。

五、双语教学目标的特点

双语教学目标要寻求学科教学目标、母语教学目标、外语教学目标之间的平衡点，同时又要顺应素质教育目标的要求，以确保双语教学目标既适应我国教育的发展趋势，又适应学生的发展需求。

（一）与学科教学目标互补互促

本书所研究的双语教学就是以英语作为媒介语的学科教学，它有双重目标，既要完成学科教学任务又要提高学生英语水平。因此，在提高学科教学质量方面，双语教学与学科教学拥有一个共同的目标，二者相互制约。

双语教学的实验研究表明，教师在学生可接受的前提下，用英语讲授某门学科知识，将有助于激发学生的学习兴趣，集中学生的学习注意力，使他们产生好奇心、新鲜感，起到调动学生学习积极性的作用。特别是在遇到一些用英语表述概念和定理的符号时，教师若用双语加以解释，将有助于学生理解和记忆。另外，双语教学为学生提供的是一个真实的语言环境，这对培养学生的英语实践能力是大有裨益的。但是，如果教师不能准确把握学生的学习基础和英语接受能力，不善于寻求英语工具性与学科知识性的最佳结合，不能做到循序渐进，因材施教，反而有可能挫伤学生双语学习的积极性，影响学生学科学习任务的完成。有些地区和学校的双语教学实验之所以半途而废，其中一个重要原因，就在于他们没能正确把握双语教学与学科教学之间的关系，一味追求英语作为教学媒介语的应用，忽视了学科教学目标的完成，结果，虽然学生的英语水平提高了，而学科教学质量却降低了。这种教训我们应引以为戒。

因此，我们在确定双语教学目标时，要坚持一切从实际出发和实事求是的原则，充分考虑学生的学习基础和接受能力。教学目标不宜定得过高，要兼顾学生的学科学习与英语应用，绝不能以降低学科教学质量为代价来换取学生英语水平的提高。在选择双语教学内容时，要坚持双语教材的基础性原则，把最需要用英语表述的学科基础知识传授给学生。教材内容不宜过深，那些难以用英语表达的概念和原理，应放到用汉语教授的学科教学中去完成。在实施双语教学的过程中，要遵循“由少到多、由浅入深、由易到难、循序渐进”的原则，逐步增加双语课程的课时比重，逐渐拓宽双语教学的学科领域。在双语教学的初级阶段，双语课时量不宜过多。总之，正确把握双语教学与学科教学之间的关系，将有助于实现学科学习与英语学习互为促进、共同提高的目标。这是双语教学目标定位中的一个难点问题，需要我们认真研究，谨慎从事。

（二）与母语教学目标相辅相成

双语教育既不同于外语教育，也不同于母语教育，它是以提高学生两种语言能力为目标的教育。

目前，我国基础教育阶段所实施的双语教学主要是以汉、英两种语言作为媒介语的教育体系。其中，汉语是我们的母语，是我们赖以生存的最基本的语言，也是实施双语教学的基础。在我国抛开汉语或排斥汉语而进行双语教学是不现实的，也是不正确的。有人把双语教学理解为“非英语学科的全英语教学”，甚至主张语文课也要用英语讲授，这是一种漠视母语的错误观点。联合国教科文组织多次召开专家会议讨论语言教育问题，并在会议报告中一再强调，“教育儿童的最佳语言是他的母语”，“母语教学是教育的最好手段，是继承文化的最好工具”，“是消灭文盲与愚昧、与歧视和贫穷作斗争的有力武器”。汉语是世界上使用人口最多、文化积淀最深厚的一门语言，学好汉语，对于继承中华民族优秀文化传统，实现中华民族的振兴，有着难以估量的重大意义。在我国基础教育阶段实施双语教学要明确，汉语的法定教学语言地位不能动摇，英语只是一门外语，一门处于从属地位的教学媒介语。我国的双语教学只能是一种汉英主从型的双语教学，提高学生的汉语表达能力同样是双语教学的一项重要任务，在这一点上，双语教学与母语教学的目标是一致的。

然而，双语教学与母语教学又有所不同。双语教学的一项重要任务是要在确保汉语作为主体教学语言的前提下，通过开设双语课程和发挥英语的教学媒介作用，实现大幅度提高学生英语应用能力的目标。对此，有人提出质疑，认为双语教学“负迁移太多”，会削弱母语教学，影响学生的汉语学习。其实，这种担心是多余的。从目前我国实施双语教学的实际情况来看，双语课程的开设比重一般都在总课时量的20%以内，根本不可能削弱母语教学。相反，在双语教学研究与实验的过程中，许多研究者和实验教师通过汉英两种语言的比较，找到了一条通过发挥汉、英两种语言的正迁移效应来促进两种语言能力提高的有效途径。随着双语教学的实施，汉语与英语的比较领域在不断拓宽，产生正迁移的范围也在不断扩大。汉、英两种语言不仅在语音、词汇、语法和篇章结构等方面有迁移规律可循，而且在情感、技能和学习策略等方面也都可以产生正迁移效应。其最终结果，不仅可以提高学生的英语水平，学生的汉语水平也会随之提高。

（三）与外语教学目标相互依存

双语教学指的不是在学校里开设两门独立的语言课程，而是指通过发挥两种语言的教学媒介作用，帮助学生在有意和无意之间学会两种语言的使用技巧。而外语教学指的则是通过学校教育体系所实施的一门外语课程的教育，是通过外语课程帮助学生掌握目的语的语言知识与技巧的教育。很明显，双语教学与外语教学有着不同的内涵。但是，在提高学生综合运用外语能力方面，它们却拥有一个共同的目标，二者相互依存。

首先，外语教学是双语教学的基础。外语教学可以帮助学生扫清在双语教学中所遇到的种种语言障碍。在我国目前的条件下，如果学生没有一定的外语基础，是难以接受双语教学的。反过来，双语教学又是外语教学在其他学科教学领域里的延伸，是学生应用外语时空的拓展。如果没有双语教学，单靠外语教学也很难提高学生综合运用外语的能力。长期以来，我国外语教学“费时较多、收效较低”的问题一直没有得到很好的解决。原因固然是多方面的，但其中很重要的一条，就在于外语教学只局限于语言课程教学，而没能作为一种教学媒介语在更宽广的学科领域中应用。虽说外语教学是学生学习外语的主渠道，但是仅靠每周有限的几节外语课，学生缺少外语实践的机会，势必造成学用脱节和难以达标的现实。

事实证明，要实现基础教育阶段学生一门外语过关的目标，单靠外语教学是难以奏效的，即便是高才生也概莫能外。双语教学的实施则可以有效地克服传统英语教育学用脱节的弊端，使学生不仅可以在英语课上学习英语，还可以在双语课程中应用英语；不仅在课堂教学中接受英语信息，还可以通过双语课外活动提高英语的应用能力。双语教学把英语作为媒介语，有效地扩大了学生接受与应用英语的时空，拓宽了学生习得英语的环境，有助于培养学生的英语思维能力，使他们在应用中快速掌握。因此，我们可以得出这样一个结论：没有双语教学的外语教学是难以奏效的外语教学。只有在强化外语教学的同时，积极推行双语教学，才有望实现基础教育阶段学生一门外语过关的目标。

（四）与素质教育目标一脉相承

从双语教学产生的背景和预期的目标来看，我国经济发达地区的双语教学是一种适应对外开放需要的、以提高国际竞争力为目标的、以培养汉英双语型人才为特色的教育模式。它在提升学生素质，特别是在培养创新型人才方面，与素质教育的目标是一致的。

早在20世纪60年代，兰伯特比较了在同样社会文化背景中讲单语（法语）和双语（英语—法语）的学生后发现，讲双语的学生在需要智力的创造性和灵活性的任务中占有优势。几乎同时，鲍凯比较日内瓦的完全双语（法语—英语）和单语学校的学生后得出了同样的结论。姜宏德主持的山东省教育科学“九五”规划重点课题“小学双语教学整体改革实验研究”也证明了这一点，经过为期6年的双语教学试验，实验班学生的整体素质明显提高：不仅英语测试成绩高，而且其他各科的学习成绩也均好于对照班；不仅学业成绩好，而且创造性思维能力也明显优于对照班学生。

双语教学不仅是两种语言的教育，还是两种文化的教育，它可以使学生在更宽广的课程领域里接受两种文化的熏陶，掌握两把传承文明和启迪智慧的金钥匙，即既能继承中华民族的优秀传统文化，又能吸纳丰富多彩的世界文化。两种不同文化的融合与优势互补，将有助于开阔学生的视野，增强他们的世界意识，使他们摆脱传统狭隘观念的束缚，以开放的心态和跨文化素养迎接全球化所带来的诸多挑战。因此，双语教学又是一种以两种文化为载体、以培养具有跨文化素养的创新型人才为目标的素质教育。

随着经济全球化进程的不断加快，一个全方位、多层次、宽领域对外开放的新格局已在全国形成。据美国《财富》杂志的调查显示，有92%的跨国公司计划在中国设地区总部。外商外资的涌入，为我国经济带来了新的发展机遇的同时，也对我国的教育提出了前所未有的挑战。而双语教学是实现素质教育多元目标的一种有效途径。传统英语教育所培养的专业技术人才学的是“哑巴英语”和“聋子英语”，很难与外国人进行流畅的交谈。而为数不多的外语专业人才虽然外语听、说能力过关了，但由于缺少专业技术知识，同样难以与外商沟通。现实表明，推进经济全球化战略，建设现代化国际城市，不仅需要大批双语型的拔尖创新人才，也需要各种类型的双语专门人才和普通劳动者。双语教学在培养各类双语人才方面具有不可替代的重要地位，应当成为新时期我国经济发达地区高质量高水平实施素质教育的一种教育模式。

六、双语教学目标的陈述

设计好双语教学目标之后，必须采用清晰、准确、精练的语言陈述双语教学目标，这样才能为教师的教与学生的学提供参照标准，使教学具有明确的方向。双语教学目标陈述的质量决定着双语教学目标的可实现性，因此，必须采取科学的方法来陈述双语教学目标，才能确保高质量地实现双语教学目标。

（一）双语教学目标陈述的原则

为了克服教学目标陈述上模糊笼统的弊端，我们认为在表述目标时应当遵循以下几项基本原则。

1. 教育目标的行为主体必须是学生而不能是教师或教育工作者

在这个意义上，诸如“培养学生的创造能力”这样的目标表述是不合格的。因为，它的行为主体并不是学生。如果我们把教育目标用教师或教育工作者的行为来界定的话，那么，只要教师或教育工作者开展了这些活动，这个目标就算达成了。比如，“培养学生的英语听说能力”这一目标，只要教师把学生带进语音室，组织学生进行了有关活动，这一目标就算达成了。至于学生在听说方面究竟有多少提高，如果按上述目标来衡量的话，那是无关重要的。

我国当前大量公开出版的教学参考书中大都是用“教学要求”代替教学目标，在陈述教学目标时，仍然习惯于陈述教师应该做什么。“教学要求”陈述的是教师的行为，而不是学生通过学习后的心理、行为变化。如“引导学生认真体会作者对旧社会无比憎恨和愤怒的感情”，“培养学生勇于探索的科学精神”，“提高学生的思想道德水平”之类。这些都是对教师行为的描述。广大一线教师在教案设计中也常常把这类教学要求写成教学目标，混淆了两者之间的差别，影响了课堂教学任务的分析与教学行为的设计。

教学目标的陈述不仅要将教学目标与教学要求区分开来，而且教学目标还应与学习目标区别开来。教学目标还可分为显性目标和隐性目标。新一轮课程改革中，学科课程教学目标有三个方面：知识和能力、过程和方法、情感态度与价值观。不难看出，知识、能力、方法等方面是显性目标；过程、情感、价值等方面是隐性目标。许多素养的提升和隐性知识的获得都不是那么好明显标识的。对学生的教育有的时候本身就要求让学生感觉不到是在对他进行教育才是有效的。因此，在教学活动中，要呈现给学生，让学生明确的主要是认知方面的“学习目标”（显性教学目标），而教师要清醒地把握并引导学生达成的内容才是完整的教学目标（包括并不一定要让学生明确的隐性教学目标）。善于把握教学目标隐性与显性的区分，让学生明确学习目标是教学目标陈述的艺术。

需要强调的是，这里作为主体的学生可以是学生个体也可以是学生群体。

2. 教育目标只能用教育活动的结果而不能用教育活动过程或手段来表述

在这一意义上，“学生应受到外语听说读写的基本训练”也是一不合格的目标表述。虽然，这一目标的行为主体是学生，但是，它并没有表达教育活动最终要达成的结果。如果人们可以用过程来表述目标的话，那么，学生只要参加了这一活动，这一目标就可以认为已经达成了。教育目标只能用教育活动的结果（尽管这个结果可能是阶段性的）来表述，这是科学地设计和陈述教育目标的一个基本要求。

3. 教学目标的陈述必须反映学生行为或心理的变化

教学目标应陈述学生通过教学等活动之后，他们在行为、智力和情感、态度等方面的变化。从本质上讲，教学目标是对一个单元（章节）、一篇课文或一个课时的教学活动之后学生行为和心理变化的预期。因而，教师要在教学目标中反映出学生的行为和心理将有怎样的变化，有什么样的表现，应该达到什么样的程度等。要做到这些，教师必须弄清楚内在能力、情感态度同外在行为（直接的和间接的）之间的关系，在此基础上设计认知与行为相结合的目标，力求通过描述行为的变化来反映心理的变化。学习的实质是内在心理的变化，教师设计教学目标的出发点应该是学生内在的心理过程，表述教学目标应该着眼于知觉、记忆、理解、创造、热爱等心理的变化。设计行为目标虽然可以克服目标陈述的模糊性，但它往往只强调行为的结果却忽视了内在的心理变化过程。所以，为了两全其美，可以通过列举反映学生内在心理变化的外在行为样例来作为教学目标。这样的教学目标既能表述学生内在心理的变化，又便于人们直接观察和测量。例如，《荷塘月色》中的“理解生动形象的景物描写”目标可表述为：“在诵读课文的基础上，找出描写生动的语句，应有重叠词与通感句。陈述其生动之妙处，其中应有叠词与移觉的解说。”

4. 教学目标的表述必须是确定的而不能是模棱两可的

模糊的语言必然使陈述的内容模糊不清，使用抽象笼统的动词，是导致教学目标陈述含糊的一个重要原因，应避免使用这类动词。西方的有些学者甚至反对用所谓 should be，able to 这样的字眼来表述教育目标，他们认为，“应该”“可以”表达的只是一种意向并非必须完成的要求。“说出”“提出”“写出”“找出”“解释”“复述”“读准”“默写”“背诵”“划分”“使用”等行为动词，对学习结果能做出明确具体的规定，可操作性强，便于观察和测量，应该在课堂教学目标的陈述中多加使用。至于“辨别”“区分”“分析”“概括”等词虽然反映内心活动，但亦有相对应的外显行为，可以使用一些。陈述教学目标的语句要尽可能地简洁精练，但是必要的限制性词语不可随便省略。例如，对行为方式、活动条件、学习程度与数量等方面做出严格规定且需要的词语是不可少的。如有位教师为《荷塘月色》设计的教学目标里有这样的陈述：“学生在朗读与默诵课文的基础上（行为产生的条件），能依据课文的自然顺序列出作者抒发的主要感情（行为），其中应有‘幻想超脱现实’‘沉醉美好之中’‘无法超脱现实’（合格行为的标准）。”

5. 对于用于评价和检查教学效果的具体目标来说，行为化的教学目标的行为动词必须是具体的而不能是抽象的

教学目标不仅是教学过程的指南，而且也是评定学业成绩的依据。抽象的

目标无法观察，也无法检查，因而也不符合评价学的要求。

这里所谓具体就是说，这一动词所对应的行为或动作是可以观察的。其判断的标准是：如果你能根据这一动词想出一个动作，这一动词就是具体的，反之就是抽象的。

比如，对“学生要掌握计算机的应用程序”这一目标来说，人们很难找到与“掌握”对应的动作，因而，这一目标不是可观察的目标。

把抽象目标转化为具体目标通常可以用分解目标的方法进行。如“学生要掌握计算机的运用程序”这一目标分解为下述四个目标后，这些目标就可观察了。

（1）说出计算机各组成部分的名称；

（2）列出计算机操作的基本步骤；

（3）描述计算机操作过程的注意事项；

（4）演示计算机操作的技能。

把抽象目标转化为具体目标的另一方法就是用作业目标的形式来表述对应的目标。作业目标通常包括三个部分：刺激、反应和标准。刺激部分说明给定的情景和条件；反应部分说明预期学生作出的行为和反应；标准部分提供评判依据。下面以化学实验能力这一目标为例，说明作业目标的三个部分。

给出：5 种不同化合物和有关分析仪器；（刺激）

学生：能确定这些化合物的成分；（反应）

标准：正确判断 4 种以上为优秀，三种为及格。（标准）

6. 教学目标应该分类分层表述

教学目标分类分层表述是目前国际上比较流行的做法。国外这方面最具影响力的理论有两种：一种是以布鲁姆为代表的几位学者提出的“教育目标分类学”，一种是加涅的“学习条件”理论。国内最具影响力的是皮连生教授等提出的知识分类理论。皮教授提出广义的知识分为三类，即陈述性知识、程序性知识和策略性知识。陈述性知识又称语义知识和言语信息，指个人有意识地提取线索后，能被直接回忆出来的知识。程序性知识又称为办事的方法与操作步骤的知识。策略性知识指人们应用一定的操作步骤或规则来控制和调节自身的认知过程，以提高学习、记忆和思维等认知活动效率的知识。明确表述知识的类型这一点非常重要。因为知识类型不同，学习过程和条件也不同，相应的教法、学法、测试评价都会有差异。

（二）双语教学目标陈述的要素

规范的双语教学目标陈述一般应该包含四个要素。

1. 行为主体必须是学生

陈述教学目标时，应将教学要求与教学目标区分开来，因为教学要求强调教师的行为，要求教师应该做什么；而教学目标是预期学生的学习结果，即预期学生通过学习后产生的行为变化以及内在的能力和情感变化。像“拓宽学生的知识面”“通过教学活动，培养学生的概括能力与争辩能力”等写法都是不规范的。这样的目标陈述仅仅体现的是教师的行为，而看不出学生学习后的行为变化。而判断教学有没有效益的直接依据是学生有没有获得具体的进步，而不是教师有没有完成任务。

2. 行为动词必须可测量、可评价

如“掌握课文大意”这样的目标陈述宜改为：（1）通过学习课文后，学生能找出每个段落的主题句或概括出段落大意。（2）能根据课文的时间或逻辑等顺序，将各个段落大意有机地联系起来加以陈述。

3. 行为条件必须清晰

行为条件是指影响学生产生学习结果的特定的限制或范围，为评价提供参照的依据。如“能正确解答已知反应物求生成物和已知生成物求反应物的简单计算题”“学完本节之后，学生能从提供的圆柱和球形物体以及非圆柱和球形物体中，识别出圆柱形和球形物体”“能用气温曲线图和降水量柱状图判断热带气候类型”。

4. 教学目标的陈述要反映学习类型

教学目标中对学习类型的反映是通过能力动词来体现的，即不同类型的知识，采用不同的能力动词来陈述。这样，根据教学目标所使用的动词，我们就可推知目标所反映的学习类型。不同类型的知识，其能力动词不同。如（括号内为能力动词）：陈述性知识（陈述）、辨别（区分）、具体概念（识别）、定义性概念（分类）、规则（演证）、高级规则（生成）、策略性知识（采用）等。

（三）双语教学目标陈述的方法

近几十年来，教学目标的陈述一直被西方教育心理学作为重要课题来研究。为了克服用描写心理状态的术语陈述目标的含糊性，认知心理学家提出三种陈述教学目标的理论与技术，即行为目标陈述法、内部心理与外显行为相结合的目标陈述法、表现性目标陈述法。

1. 行为目标陈述法

行为目标陈述法（即行为式）是对学习者学习之后将产生的行为变化所做的一种精确说明。一是要说明通过教学后，学生能做什么（或会说什么），二是要规定学生行为产生的条件，三是规定符合要求的作业标准。根据美国心理学家马杰（R. F. Mager）的观点，行为式教学目标具备四个基本要素：行为主体、行为本身、行为条件和行为标准。简称 ABCD 法。

（1）行为主体（audience）指目标适用的对象，即学习者。

（2）行为本身（behavior）指行为主体在实施教学目标时所采取的具体行为。

（3）行为条件（condition）指行为主体完成行为时所处的情境。

（4）行为标准（degree）指行为完成后，所达到的可接受的最低表现水准。

2. 内部心理与外显行为相结合的目标陈述法

由于人的情感往往难以用具体的行为体现，所以，情感领域的教学目标最难陈述。但是格伦兰（N. E. Grounland）采用的内部心理与外显行为相结合的目标陈述法（即认知式）对教师的教学目标陈述有一定的指导作用。对于情感领域目标，格伦兰认为不妨把重点放在能反映出态度的行为上，即只需明确规定学生必须参加的活动，而不必精确规定每个学生应从这些活动中习得什么。

认知式教学目标在陈述时，首先提出一个一般性目标，又称终点目标（terminal objectives）。该目标可以先用表示心理活动的词语来陈述，如懂得、理解、运用、掌握或欣赏等。然后，再陈述过渡目标，又称使能目标（enabling objectives），即用来提供证明学习者满足目标要求的具体行为。过渡目标可以被看作是终点目标的先决条件，是学习者达成终点目标所必须学会的特定行为，而终点目标关注的则是整个教学目标的结果。下面以“学习者对某活动持有积极态度”的教学目标为例，简要说明教师如何有效地陈述认知式教学目标。

首先，陈述终点目标：学习者对某活动持有积极态度。

其次，分别陈述使能目标。表现在：① 学习者说他喜欢这个活动。② 学习者选择了这项活动而放弃了其他活动。③ 学习者充满热情地参加了这项活动。④ 学习者通过与他人讨论或鼓励他人参与来彼此分享活动的乐趣。

格伦兰的认知式目标陈述的优越性在于，该方法既表述了学习者内部心理的变化，又列举了学习者的具体行为表现；既便于教师把握学习者内部变化的规律，又有助于教师认识学习活动促使学习者内部心理的实质性变化。

3. 表现性目标陈述法

高级的教学目标要经过长期教学才能实现，如高级认知策略的形成、反省力的提高等。在这种情况下，教师只需规定学生必须参加的活动，而无须精确规定学生从活动中得到什么。这样陈述的目标叫表现性目标。

加涅进一步发展了行为式目标陈述的思想，认为教学目标应该由五个要素构成，即学业行为的情境，习得能力的类型，学业行为的对象，运用习得能力的具体行为，与学业行为相关的工具、条件或限制。以上五项分别简称为情境（situation）、性能动词（verb）、对象（object）、行为（action）、限制（constraints），并用英文字母表现为S、V、O、A、C。其中加涅又选用九个不同的性能动词分别代表智力技能的五种形式和四类学习结果（表7-1）。

表7-1　性能动词、智力技能和学习结果对应表

智力技能	性能动词	学习结果	性能动词
辨别	辨别	认知策略	采用
具体概念	确认	言语信息	陈述
定义概念	归类	动作技能	执行
规则	演证	态度	选择
高级规则	做出		

以言语信息为例，说明表现性目标陈述法的运用。[S] 口头提问，要求学生 [C] 不看参考材料，[A] 口头或书面 [V] 陈述 [O] 鸦片战争爆发的主要原因。

由于加涅的表现性目标陈述法采用不同性能动词来陈述不同类型的教学目标，因而避免了学习者表现行为与能力不符的情况。

第二节 小学双语教学目标设计要点

一、小学双语教学目标的类型

小学双语教学目标可以从不同维度进行分类，如最终目标与直接目标，明显目标与隐蔽目标，学科教学目标、单元教学目标和课时教学目标，一般教学目标与内容点教学目标。

最终目标与直接目标。最终目标是为受教育者将来从事各种社会性活动做准备所需要实现的目标，如按健康、休闲、职业等活动确定的教学目标；直接目标是为学生掌握从事上述各种活动所需的活动工具、行为方法方面所要实现的目标，一般包括习惯与技能、知识与思想、理想与信仰等。

明显目标与隐蔽目标。明显目标是指通过教学产生显而易见的行为，如知识与技能；在教学中不能或不易看出的学习结果是隐蔽目标，如态度与思想等。

学科教学目标、单元教学目标和课时教学目标。按照教学活动的需要可以把教学目标分为学科教学目标、单元教学目标和课时教学目标。学科教学目标是指各门学科教学在总体上所形成的结果，它只是对这门学科起指导作用；单元教学目标是对一门学科结构中各个组成部分的具体要求，它对某一课题、某一单元的活动起指导作用；课时教学目标是对每个课时所提出的具体要求。

一般教学目标与内容点教学目标。一般教学目标主要包括行为目标、内部心理与外显行为相结合的目标和表现性目标；内容点教学目标由教学内容和教学目标两个系列构成。

二、小学双语教学目标的功能

小学双语教学目标主要具有三方面功能：

（一）导向功能

小学双语教学目标为双语教学活动指明方向，为分析教材与设计学生行为提供依据，也决定着教学内容的选择和组织、教学方法的选择和运用、教学的具体步骤和组织形式。因此，教学目标不仅能保证教学活动的科学性、整体性和连续性，也能保证教师对教学全过程的自觉控制。

小学双语教学目标的导向功能具体表现在下列三个方面：

第一，小学双语教学目标制约着教学设计的方向，对双语教学过程起着指引作用，使双语教学活动自觉地进行，防止陷入盲目状态。

第二，小学双语教学目标有助于有意义结果的达成，可以避开无意义或不符合预定方向的活动，排除无关刺激的干扰。

第三，小学双语教学目标能够提高双语教学活动的效率，可以帮助教师在教学活动开始时就把学生带上明确而正确的教学路径，进而取得良好的教学效果。

（二）激励功能

小学双语教学目标可以激发学生的学习动力，从而调动学生的学习积极性，使其努力达到预期的学习结果。

要充分发挥教学目标的激励功能，必须注意以下三个方面：

第一，小学双语教学目标要为学生认同。这就要求教学目标要与学生的内部需要保持一致，内部需要是积极性的源泉。

第二，小学双语教学目标要与学生的兴趣相一致。

第三，小学双语教学目标的难度要适中。

（三）标准功能

小学双语教学目标可为双语教学评价提供标准，是进行双语教学评价的尺度和重要依据。

第一，小学双语教学目标是调控教学过程的重要标准。在教学活动中，双语教学目标可以帮助双语教师随时了解双语教学活动的效果，对教学活动的速度与方法进行调整和改进，对教学进程进行调控。

第二，小学双语教学目标是进行教学效果评价的重要参照。教学效果评价就是评判教学活动是否或在多大程度上达到了预期教学目标，根据教学效果与教学目标的符合度来对教学效果进行评判。教学目标描述了具体的行为表现，可为教学评价提供依据。以全面、具体和可测量的教学目标为依据，有助于提高测验的效度和信度，保证评价的科学性。

三、小学双语课时教学目标设计操作要点

在小学双语教学设计中，双语教学目标的设计是第一步，也是难点，尤其是对师范生而言难度更大。他们往往只知道教哪些内容、基本的步骤和程序等，至于通过这些内容、步骤和程序要使学生身心产生怎样的变化则十分模糊，甚至没有任何意识和概念。

如果把一节课比作一次短途旅行，那么，教学目标就是旅行的目的地，出发之前必须先确定目的地，否则，就是漫无目的的闲逛。旅行漫无目的地闲逛，作为放松的方式也并非不可以，而教学任务很重的一节又一节课如果没有教学目标、没有目的地，其教学效果无法保障。

双语教学目标要符合学科课程标准的要求，要明确、合理、客观、可测，表述要规范。概括地说，小学双语课时教学目标的设计要注意如下三方面操作要点：

要点一：依据学科课程标准，分解内容点教学目标

小学双语学科教学的本质是学科教学，只是用英语作为教学语言来讲授而已，因此，双语教学目标必须符合小学相关学科课程标准的要求，要体现相关学科的学科本质和学科特质。

基础教育新课标将课程目标分成知识与技能、过程与方法、情感态度与价值观三个领域，对照这三个领域，研究教学内容，分析出教学内容中包含的目的，从众多的知识点、内容点中找出这一节课需要学生记住哪些知识，形成哪些技能和能力，掌握什么方法，形成什么样的情感态度与价值观。

要点二：根据小学生已有学科基础、英语基础以及新课内容特点，灵活筛选和确定双语课时教学目标

在确定教学目标时，往往会产生疑问：教学目标是不是有统一的规定？任课教师有没有权利自己确定教学目标？通过教学目标与教学目的的比较可以解决上述疑问。

教学目标是教学目的的具体化，与教学目的的方向、性质基本一致，教学目的具有稳定性，教学目标具有灵活性。教学目的体现着社会的意志和要求，更多地带有强制性，多以指令的形式表现出来；教学目标则较多地体现教学主体的要求，具有一定程度的自主性和自由度。换言之，教学目的是某一历史时期学校教学的规范，不允许随意变更；而教学目标则是一种策略，可由教师根

据需要加以调整、变更，具有较大的灵活性。

小学双语课时教学目标主要包含学科目标和语言目标两部分，其主体是学科目标。教师可以根据小学生已有学科基础和英语基础以及新课内容特点，对第一步找出来的内容点目标进行灵活筛选和修改，确定适合的课时教学目标。如果小学生已有学科基础和英语基础比较好，新课内容比较简单，那么，这节课的课时教学目标可以选得多一些、标准定得高一点；如果小学生已有学科基础和英语基础不是很好，或者新课内容比较难，那么，这节课的课时教学目标可以选得少一些、标准定得低一点。把比较难的内容点目标分成几个小步骤目标，通过分散难度较大教学目标来降低教学坡度和教学难度。另外，课时教学目标也不需要每一节课都从知识与技能、过程与方法到情感态度与价值观都写全，可以根据实际教学需要选取其中的几方面；如果没有新的英语词汇或句式，也不一定每一课时都写语言目标。总之，要根据具体情况，灵活筛选和确定双语课时教学目标。

要点三：根据双语教学目标陈述的原则与要求，规范地表述双语课时教学目标

小学双语教学目标是通过双语教学活动准备在小学生身上实现的预期变化，它表现为对小学生学习成果及其终结行为的具体描述。如：获得某种语言知识、掌握基本的读写算技能、产生特定的态度和情感、认同某些价值观等。因此，小学双语课时教学目标的主语必须是学生，表示确定行为的情态动词用 can 这样确定的词，动词尽量是明确、具体、客观、可测的，不可以是抽象的、模棱两可的。

上述几方面操作要点，也是双语课时教学目标设计与编写的基本思路、基本步骤。教学目标的设计本身难度比较大，用英语来写难度更大，初期可以先用汉语把教学目标写出来，然后再翻译成英语，逐步过渡到直接用英语表述双语教学目标。

四、小学双语课时教学目标设计案例

本书选取江苏理工学院双语方向学生微课教学设计中的几个课时教学目标案例，并运用上述双语教学目标设计的基本原理进行简要分析，以便更直观地说明与理解小学双语课时教学目标的设计与操作。

案例一：Link-plus

Teaching Objectives：

1. The objectives on subject

（1） Students can understand the principle of link-plus.

（2） Students can calculate the link-plus formulas correctly by practising again and again.

（3） Students can apply the principle of the link-plus to solve the problems from our daily life.

2. The objectives on language

（1） Students can use the sentence pattern “A plus B equals C，C plus D equals E” to express the principle of the link-plus.

（2） Students can use sentence pattern “A plus B plus C equals D” to work out the formulas of link-plus.

（3） Students can say the sentence “I am the winner！”

3. The objectives on emotion

（1） Students can develop the habit of cooperation.

（2） Students can strengthen their self-confidence.

案例一从学科、语言、情感三个方面设计双语课时教学目标，比较全面，每一方面的目标写得比较具体、细致，教学目标的导向、激励和标准功能清晰可见。这里的情感目标也可以归到学科目标里面，把情感目标与学科目标、语言目标并列，其意应该是强调情感目标，表明在实现学科目标和语言目标的过程中也要重视达成情感目标。教学目标的主语是 students，表明教学目标是体现在学生身上的、通过本节课教学预期在学生行为或心理方面产生的变化；情态动词用 can，表示教学目标是确定的，不是模棱两可的；动词 calculate，apply，say 等是具体、客观的。

案例二：Knowing the Decimal

Teaching Objectives：

1. The objectives of knowledge

（1） Students can recognize，read and write the decimal which is just one number after the decimal point.

（2） Students can know the name of every parts in the decimal.

2. The objectives of abilities

(1) Students can apply the knowledge of decimal to real life.

(2) Students can use the same way of learning decimal to other fields.

3. The objectives of emotion

(1) Students can apply the knowledge of decimal to to solve the problems from our daily life.

(2) Students can realize the relationship between math and life.

(3) Students can use the methods in learning a new figure.

案例二从知识、能力、情感三个方面设计双语教学目标，省略了语言目标，与单语学科教学目标的设计没有什么区别，比较简洁清晰。主语用students，表明教学目标是体现在学生身上的、通过本节课教学预期在学生行为或心理方面产生的变化；情态动词用can，表示教学目标是确定的，不是模棱两可的；动词recognize，read，write等是具体、可测的，不是抽象的。

案例三：Shining Cartoon

Teaching Objectives：

1. Students can appreciate excellent cartoon and improve their appreciating abilities.

2. Students can understand and recognize art characteristics of cartoon and the easy producing process.

3. Students can create cute cartoon image using the knowledge they have learned.

案例三抓住美术课最基本的几项任务来设计双语课的教学目标，比较合理、客观。教学目标表述比较规范，主语是students，表明教学目标是体现在学生身上的变化；情态动词用can，表示教学目标是确定的，不是模棱两可的；动词appreciate，improve，recognize，create等也比较明确。

第三节　小学双语教学课时计划的设计

课时教学目标确定后就要设计教学方案去实现它。事实上，课时教学目标的设计是课时计划设计的一部分，因为它是课时计划设计的第一步，是难点，也是在实际学习和教学工作中容易被忽视的内容，因此本章把它单列出来阐述。

一、小学双语课时计划设计五项工作

课时计划是教学设计即备课（备课是教学工作基本环节这一层面的用语）要制订的三种计划之一，是最主要的计划，也是教师日常备课要设计的最主要内容。所以，设计课时计划要做的工作也就是备课要做的几项工作。一般备课要做的三项工作，就是钻研教材、了解学生、考虑教法，即通常所说的“三备”（备教材、备学生、备教法），但双语教学难度较大，还要加上两项——设计和演练英语教学语言、准备教学辅助手段与教具。

（一）钻研教材

钻研教材包括钻研学科课程标准、教科书以及有关的教学参考书。学科课程标准是教师备课的指导性文件，钻研课程标准就是要弄清该门学科的教学目的，了解该门学科的教材体系和基本内容，明确该门学科在教学法上的基本要求。教科书是教师备课的主要依据，必须熟练地掌握教科书的全部内容和组织结构，分清重点和非重点章节，熟悉各章节的重点、难点、疑点和关键。还要广泛阅读各种教学参考书，充分占有相关教学资料。

钻研教材可以分“懂”“透”“化”三个层次。“懂”就是掌握教材的基本结构，弄懂整个教材的体系；“透”就是吃透教材的范围和深度，对教材融会贯通，把它纳入自己的知识体系；“化”就是将教师自己的思想感情、人生感悟与教材内容融合在一起，达到融化的程度。

（二）了解学生

学生是学习与发展的主体，是教学的主要依据。教师要备好课，搞好教学工作，必须全面了解学生，做到“目中有人”；忽视了解学生或者“目中无人”，往往是教学失败的重要原因。了解学生主要包括了解学生原有的学科知识基础和英语语言基础、学习态度、学习习惯和学习方法以及学生的兴趣、爱好、思想情况、个性特点、身体状况等。拿到教学任务后，即使接触不到学生、无法进行直接的了解，备课时也要根据学生的学段、年级、年龄特征以及学校的基本状况推断学生的基本情况作为备课的依据。

（三）考虑教法

“事必有法，然后可成”，科学合理的教学方法是提高教学质量的重要保证。考虑教法，实际上就是把前两项工作融合起来，就是考虑把“这样的内容”教给“这样的学生”，究竟怎么教更好。这里的教法是广义的，既包括具体的教学方法，如讲授法、演示法等，也包括对教材内容的组织与加工，是对教学进程的具体设计与安排。要根据教学内容本身的特点、学生的实际、学校教学条件、教师自身条件以及教学方法的功能，选择教学方法、设计教学进程。

教学进程的设计要注意充分运用学科教学原则、学科教学方法以及双语教学原则与双语教学策略，特别是要对双语教学内容进行问题化加工和情境化加工，对于初学者和新教师这两点非常实用、管用。

问题化的基本做法是把教学内容分解成几个部分（三至五个部分为宜），用相互联系、逐步递进的三至五个问题把这几个部分串联起来，上课时通过设疑、质疑，引导学生思考，调控学生思维，一步步展开教学过程，达成教学目标。这样既容易记住教学内容，又可以避免平铺直叙，使教学层次高一些。设置的三至五个问题应该是切合主题和教学目标、突出教学重点难点的有意义、实质性问题，不应该是表面热闹的虚问题、废问题、没有实质意义的花架子。

情境化的基本做法是把教学内容放置到一个或几个能够引发、运用教学内容的场景中，场景可以是学生熟悉的、感兴趣的、比较直观的，也可以是学生没有接触过的、新颖的、充满矛盾冲突的。要根据教学内容的难易程度、学生的学习状况等选择合适的场景，一般原则是比较简单的内容要设置新颖、较复杂的场景，这样可以增强学生的学习动机强度，提高学习效率；难度大的内容要设置熟悉、直观的场景，降低学习坡度，保证教学效果。

板书是反应教学目标、重难点，引导学生思路的重要手段，是教学基本思路的主要体现，也可以看作一种情境，需要备课时巧妙地设计好。

此外，还要有预案，预判教学过程中可能出现的变数，重要节点或难点设计备用方案或多种方案。

（四）设计和演练英语教学语言

小学双语教学是用英语来讲授学科内容，英语作为教学语言是双语教学的最大难点，因此，备课时必须花费足够多的时间和精力来设计英语教学语言。

第一，要了解学生已有的英语基础，还要了解这节课要用的英语词汇和学科专业用语等，在先修课或者英语课上是否已经学过，有哪些必须用又没有学过的。

第二，要考虑没有学过的词汇和学科专业用语等用什么方式教给学生，这些词汇和专业用语可以用学生已经学过的哪些相近词汇或者术语来解释，还要确定是否有必须用中文来对照的重要学科专业用语等。

第三，根据本节要学习的学科内容难易程度来确定采用什么样水平的英语语言和表达方式。如果学科内容比较简单，英语语言和表达方式可以稍微难一点；如果要学习的学科内容难度较大，英语语言和表达方式就稍微简单一些。

第四，演练英语教学语言。解决英语教学语言难点的有效方法是从头到尾或者部分演练所设计的教学方案，再根据难度及练习的情况进行修改，直至能熟练讲下来。尤其是准教师、新教师，新授课等，必须进行演练，以保证双语教学能够顺利有效地完成。

（五）准备教学辅助手段与教具

一般学科教学也要准备教学辅助手段和教具，而这一点对于小学双语教学尤其重要，是不可或缺的。原因是双语教学难度大，学生对老师讲的英语不一定完全听得懂，因此，必须充分准备教学辅助手段与教具。

教学辅助手段需要特别关注教师眼神、面部表情、肢体动作等体态语的运用，而且这些体态语在双语教学中幅度稍微大一些、适度夸张一些，这样能给学生留下较深的印象，较好地起到辅助教学的作用。教具需要关注准备学生能够直接操作、人手一份的教学用具，这样学生能够直接参与，直观性更强，更利于降低双语学习难度。这类教具不需要很贵，也不一定买得到，往往需要教师发现或制作。

二、小学双语教学课时计划的主要项目及内在关联

小学双语教学课时计划（即教案），主要要包含下面几方面项目：课题（Title）、教学目标（teaching objectives）、教学重点和难点（teaching emphasis and difficulty）、教学进程（teaching process）等。这几个方面是教案的主体，是需要花心思设计的。此外，完整教案还要填写学科名称、授课班级、授课时

间、课的类型等。

课题（title），就像一篇文章的题目一样是一节课的主题，标明这节课教与学的核心内容。

教学目标（teaching objectives）是这节课的目的地，标明通过这节课的教学要在学生身心方面达到的预期结果或产生的变化，要特别注意其主语是学生而不是老师，不是老师教了什么做了什么。

教学重点和难点（teaching emphasis and difficulty），是教学目标里比较特殊的一两点或几点，也是教学过程中要着力解决的问题；教学重点和难点的判断维度不同，教学重点（teaching emphasis）是从这个教学目标在学科知识体系中的地位是否重要的维度来判断，教学难点（teaching difficulty）则是从学生学习起来是否困难的维度来判断；教学重点和难点有时是并列的，即重点是重点、难点是难点，有时是重合的，即重点也是难点、难点也是重点。实践中要特别注意，要在教学目标里找重点和难点，不要抛开教学目标另外设计重点和难点；教学重点和难点的表述要求和教学目标一样。这两点要求看起来很简单，实际上，尽管多次强调，仍会有 80%以上的同学做不到。

教学进程（teaching process），是围绕教学目标展开的，也是实现教学目标的具体教学过程，是课时计划的主要组成部分。以讲授和学习新课为主的综合课为例，其结构大体如下：组织教学、检查复习、讲授和学习新课、巩固新课、布置课外作业。

组织教学的目的是集中学生的注意力，做好上课的心理和物质准备，时间要少于 1 分钟。检查复习，时间要少于 8 分钟；检查复习旧课的内容多样，可以是上节课学习的需要巩固的知识，也可以是以往学习的但与新课有关的知识。如果有新授课内容，则以复习与新课有关的内容而导入新课为好，这样既可以巩固旧课，又可以由已知到未知，降低学习难度。讲授和学习新课是主要环节，时间要保证在 20 分钟以上。巩固新课，即当堂练习，时间要多于 10 分钟。布置课外作业，时间要少于 3 分钟。比较好的做法是把课外作业与当堂练习一起布置下去，这样方便学生在完成当堂练习后继续写课外作业，既减少环节又节约时间。(表 7-2)

尽管教学目标已经确定，课的结构类似，但“教无定法”，达成教学目标的具体过程会千差万别，正如到达同一目的地的路线、交通工具可以多种多样。

表 7-2 小学双语教学课时计划主要项目表

Title	
Teaching Objectives	
Teaching Emphasis and Difficulty	
Teaching Process	组织教学 <1 分钟 检查复习 <8 分钟 讲授和学习新课 >20 分钟 巩固新课 >10 分钟 布置课外作业 <3 分钟

三、小学双语课时教学设计案例

本节选取的双语微课设计案例，是用来讲授 12-18 分钟双语微课的，是大学三年级双语方向师范生设计的，尽管还比较稚嫩，但大体上体现了双语课时计划设计的基本要求，可以做抛砖引玉之用。

Knowing the Decimal

ONE：Teaching Objectives

1. Subject objectives

(1) Knowledge objectives

A. Students can recognize, read and write the decimal with one digit behind the decimal point.

B. Students can tell each part of a decimal.

C. Students can recognize, read and write the decimal with one digit behind the decimal point, and the decimal with integer part being zero or other natural numbers.

(2) Ability objectives

A. Students can apply the knowledge of decimal to solve the problems from our daily life.

B. Students canapply the method of learning decimal to other learning.

(3) Emotion objectives

A. Students can realize the meaning of decimal from real-life experience.

B. Students can realize the relationship between maths and real-life situation.

C. Students can learnthe methods of learning a new figure.

2. Language objectives

Students can listen, read and speak these words such as "decimal", "point", "integer", "natural number", "decimeter" and "meter".

TWO: Teaching Emphasis and Difficulties

1. Students cantell each part of a decimal.

2. Students can recognize, read and write the decimal with one digit behind the decimal point, and the decimal with integer part being zero or other natural numbers.

THREE: Teaching Process

1. Warming up (T for teacher and S for student)

T: Class begins! How are you, my students, today?

S: I am fine, thank you, Miss Zhao.

T: Perfect, let's play a game. Take up your rulers, please. And then measure the length and width of your desk. Write down the results and tell me.

(Students take this measurement then hand up.)

S1: Miss Zhao, my results are as follows. The length of the desk is 5 decimeter and the width is 4 decimeter.

T: OK, very good. Sit down, please.

(Teacher writes the results in the blackboard.)

2. New lessons

(1) Knowing the decimal with the integer part being zero

T: This results are measured in the unit of decimeter. Now I want to measure them in meter, what does 5 decimeter equal to? And what about 4 decimeter? Who can have a guess?

S: Maybe...

T: You are very fond of learning. 5 decimeter is five tenth meter. In the same way, 4 decimeter is four tenth meter. Five tenth meter is 0. 5 meter, 0. 5 is read in this way, one point five. Four tenth meter is 0. 4 meter, 0. 4 is read in this way, one point four.

T: Who can tell me how you explain these?

S: I divide 1 meter to 10 parts, then every part of it is 1 decimeter, 1 decimeter is one tenth meter, and also 0. 1 meter.

T: Wonderful! Let's give him/her a big hand!

Some tenth is 0. Some—REMEMBER IT.

(2) Knowing the decimal with the integer part not being zero

(Show the pictures of goods prices)

T: One day, I went to the supermarket, and see many goods in the window pane.

Look! Can you write this price in the form of Yuan unit?

Think it carefully, in the 1 Yuan 2 Jiao, how much does 2 Jiao mean for Yuan? And then how much is 1 Yuan 2 Jiao?

S: I can try the 1 Yuan and 2 Jiao. I think I can divide 1 Yuan into 10 Jiao, and 2 Jiao is 2 tenth Yuan, and account for 0. 2 Yuan. So totally is 1. 2 Yuan.

T: Yes, how smart you are! 1. 2 Yuan can read one point two Yuan.

What about 3 Yuan and 5 Jiao?

S: I can try! I think I can divide the 3 Yuan and 5 Jiao. 5 Jiao is 5 tenth Yuan, and 5 Jiao account for 0. 5 yuan. So the total is 3. 5 Yuan.

T: Good job! I think you have understood the key to the knowledge.

Who can try some others?

S: …

(3) Knowing the name of every parts in the decimal

T: Before this class we have learned many numbers, such as 1, 2, 3, 4, 5, 6, 7, 8, 9… They are natural number, especially 0 is also natural number. And they are also integers.

In this class we learn 0. 5, 0. 4, 1. 2, 3. 5. They are alldecimals. The point in the figure is called decimal point. The left part of the decimal point is integer part and the right part of it is decimal part.

Write：1，2，3，4，5，6，7，8，9… natural number，integer

0.5，0.4，1.2，3.5… decimal

0	.	5
integer part	decimal point	decimal part

T：Now try to read the decimals. For example，1.2. Who can have a try?

S：The 1 is integer part，the "." is decimal point，and the 5 is decimal part.

T：Wonderful！Now you can try to say it in pairs.

S：…

Four：Summary

T：There are many decimals in our daily life. For example，

The average height of Grade 3 students is 1.2 meter.

The average height of babies is 0.5 meter.

The cost of a chewing gum is 3.5 Yuan.

You can apply the decimal knowledge to you daily life.

（课时计划设计：06 小教 2 赵莉　修改：杜秀花 恽佩红）

该双语微课设计方案中教学目标明确，重点难点包含在教学目标中。围绕教学目标展开教学进程，教学结构层次分明、思路清晰、循序渐进，符合学生认知发展水平。

课题是“认识小数”。首先，教学以游戏开始，让学生测量自己课桌长和宽。这样可以在开始上课时，迅速地集中学生的注意力，并能引发学生学习的兴趣。其次，把教学内容分为两部分，第一部分是整数部分是零的小数，即类似于0.5的小数；另一部分是整数部分是自然数的小数，即类似于1.3的小数。这节课的重点是学生能够了解小数各个部分的写法，组成结构以及所代表的意义。难点是认识整数部分是自然数的复杂多位小数，即比较大的小数（比如：10.34）。

这节课的缺点在于内容不够充实，有点为了目标而填塞内容的感觉，所举的例子本身大多缺乏逻辑性。为了追求“数学要联系生活”的新课改目标，把去商场买东西这个事例作为唯一的“实际”，没有创新意义，需要探索新的实例。

第四节　小学双语教学课时计划的实施

小学双语教学课时计划的设计是教师单方面、静态、封闭的活动，是教学工作的准备阶段；小学双语课时计划的实施则是教师与学生双方面对面直接传授与学习的动态、开放的活动，是教学工作的中心环节。设计教学方案、备课，是为了更好地付诸实施，更好地上课，更好地为学生所接受；如果不去实施，教学方案设计得再好也没有实际意义，只能变成束之高阁的一堆文字。教学方案设计的效果，最终也要通过教学实施、上课来检验。尽管双语教学方案设计不那么容易，但比较起来，实施更难。前者是单方面静态封闭的活动，其可控因素较多；后者是双方面或多方面动态开放的活动，其不可控因素、变数更多。因此，需要付出更多努力、更多时间精力、更多练习与实践，才能逐步掌握。

小学双语教学课时计划实施过程中，既要遵循课时计划方案，又要不拘泥于课时计划方案，要根据课堂的真实情境灵活调整，并善于利用课堂的生成性资源。

一、小学双语好课的标准

为了更好地实施小学双语教学课时计划，还要十分清楚上好一堂课的基本要求。这些基本要求也是一堂好课的标准，而且既是教师要遵循的上好课的标准，也是用于评价教师上课效果如何的标准。

一堂好的双语课的标准和基本要求可以概括为教学目标明确、合理；学科教学内容正确；英语口语表达清晰、流畅、准确；教学方法恰当；逻辑性强、组织得好；师生互动，积极性高；板书规范，仪态得体；重点突出、难度突破，教学效果好、目标达成度高等几个方面（表 7-3）。

表 7-3 上课（评课）的基本要求及分值

基本要求	分 值
教学目标明确、合理，	10 分
学科教学内容正确	20 分
英语口语表达清晰、流畅、准确	10 分
教学方法恰当	10 分
逻辑性强、组织得好	10 分
师生互动，积极性高	10 分
板书规范、仪态得体	10 分
重点突出、难度突破，教学效果好、目标达成度高	20 分

第一，教学目标明确、合理。教学过程要围绕课时计划设定的教学目标展开，使整个教学过程体现出明确、合理的教学目标。

第二，学科教学内容正确。用英语传授的学科内容必须是正确的、科学的，对概念和原理的说明和解释应该准确无误。所选用的事例、补充的材料也应该是真实、正确的，这一点易被忽视。

第三，英语口语表达清晰、流畅、准确。课堂英语教学言语尽量选用简单句和词汇，少用从句，避免用深奥难懂的词汇，保证吐字清晰，前后连贯、流畅，用语及发音准确。

第四，教学方法恰当。方法恰当既包括教学方法选择上的恰当，也包括教学方法运用上的恰当，要按照教学方法的内在要求和条件来运用。

第五，逻辑性强、组织得好。讲授要有条理，符合逻辑，层次分明。组织好一堂课的全过程，课的安排井井有条，教学步骤有条不紊，有良好的教学秩序，师生的活动都紧紧围绕教学思路与主题进行。

第六，师生互动，积极性高。在整个教学过程中，教师教和学生学两个主体的作用发挥得好，师生双方积极性高，教与学相互促进。

第七，板书规范、仪态得体。板书的格式和书写都要规范，把黑板分成两三个部分，从左往右写；左边板块是主板，书写重要知识点和教学基本思路，一直保留至下课；右边板块为副板，写提示性、解释性词语与材料，可随时擦掉。穿着打扮要得体，符合教学内容及场合需要，言谈举止落落大方。

第八，重点突出、难度突破，教学效果好、目标达成度高。一堂课的成功与否，归根结底要看教学效果，看教学目标是否达到。通过一节课的教学，课时计划设计的教学重点得到体现，学生学习的难点得到解决，教学效果好，教学目标达成度高，这必然是一堂好课。

上述八个方面的要求要像背景知识那样刻在脑子里，在教学过程中，眼观六路、耳听八方，每个方面都要兼顾到。其难度很大，只有经过长期艰苦严格的训练和实践才能达到。

二、如何上好一堂小学双语课

上好一堂小学双语课，不是轻轻松松的事，也不是高不可攀的事。只要具备基本条件，肯下功夫，肯用心用脑，经过不厌其烦、反反复复的努力练习，每个人都能够掌握上好一堂小学双语课的基本功。下面几方面的做法可以助你一臂之力。

第一，课前充分准备，多次演练。“台上一分钟，台下十年功”，“不打无准备之战”。要想上好一堂小学双语课，必须备好课，而且必须比单语学科教学下更多功夫、花更多时间精力准备，要经过备课、练习、修改、再练习的反复多次演练才可以。

第二，底气要足，充满信心。经过反复多次练习，课前做了充分准备，一旦走上讲台，就要表现出底气十足、充满信心的样子，心里就要想“我是最棒的”，要有豁出去的勇气，不要再畏首畏尾。只有这样才能放得开，思路才能清晰，才能发挥出自己的水平；也能给学生以信心，使学生感觉到你值得信赖，进而形成良好的师生互动氛围，取得良好的教学效果。

第三，脱稿讲课。脱稿讲课的要求很高，势必要在课前多下功夫准备，需要对教学内容进行精细加工，需要对课时计划了然于心，这样可以提高备课的水平和层次。脱稿讲课，对教学内容的熟练度更高，更容易分出精力来关注学生的反应，对教学过程做出准确的评估，及时调控教学进程。脱稿讲课在学生心目中还是大大的加分因素，有助于树立教师的威信和良好形象，这对于年轻教师尤为重要。脱稿讲课、讲话，是受益终身的基本功，值得花工夫和心思去训练。

第四，敢于直视学生，与学生进行充分的眼神交流；面部表情与肢体语要适度夸张一些。眼神是教师与学生交流最重要的非言语手段，是言语交流不可或缺的支撑；坚定自信的眼神是学生相信教师所传授知识、道理的正确性并予以接受的先决条件；犹疑、飘忽不定的眼神往往会降低教师所传授内容哪怕是真理的可信度和被接受度。在无言语交流状态下，眼神更是“此时无声胜有声”的主角；眼神就像空气一样无处不在，而且是有穿透能力的，可以直达学生的心灵。因此，双语教师要注重训练和运用自己的眼神，敢于直视学生，还要充分与学生进行眼神交流。用眼神照顾到教室的每一个角落，保持良好的教学秩序；用眼神鼓励学生的良好行为，制止不好的行为；用赏识的眼神倾听学生的回答，用期待的眼神鼓励学生主动回答问题；等等。

双语教师的面部表情与肢体语还要适度夸张一些，像“老外”那样，上双语课时，根据教学内容需要，眼睛睁大一些，嘴巴张大一些，手举高一些，动作幅度大一些，以此使双语教学更形象生动，使学生印象更深。

第五，面带微笑，举止大方。双语教师面带微笑，举止落落大方，一方面是内心自信的外在体现；另一方面会让学生放松，产生愉悦的心情，缓解双语学习任务的压力，提高学习效率。

第六，指示语清晰而明确，保持适合的节奏。双语教师提出的问题、讲与练等各个环节之间转换的提示语等，都要清晰而明确。通过放慢语速、提高声音、重复、示范等方式让所有的学生听清楚、听懂，让每个学生都知道接下来应该做什么，这样，双语教学过程才能有条不紊地进行，才能保证教学效果。

要根据双语教学内容的难易、学生的基础与现场状态等调整教学的快与慢、紧张与舒缓、严肃与活泼，使教学过程有节奏感，在适合的节奏中达成教学目标。

第七，从头到尾全英文讲授。要把学生当成“老外”，是只懂英语不懂汉语的人，用英语从头讲到尾；不要试图用汉语讲解，一旦用了汉语，就很难转换到英语。

QUESTIONS

1. What are the basis and requirements in designing bilingual teaching objectives?

2. What are the construction and features of bilingual teaching objectives?

3. Could you try to design the teaching objectives of one or two bilingual lessons in primary school?

4. What jobs should be done to design a lesson plan of bilingual teaching in primary school? What are the basic requirements of a bilingual teaching plan?

5. Could you try to design a lesson plan of bilingual teaching in primary school?

6. What are the standards to a good bilingual lesson in primary school?

7. How do we teach a bilingual lesson in primary school successfully ?

8. Try to teach a bilingual lesson in a primary school.

第八章　双语教育评价

双语教育评价作为双语教育活动的监控、反馈和“元认知”，对于双语学生和双语教师的发展，对于双语教育本身的发展，对于双语教育管理、决策和研究，都有至关重要的作用，是双语教育的“指挥棒”。

双语教育作为一种教育现象，其评价必然遵循教育评价的一般原理；同时，双语教育又是一种特殊的教育现象，其评价也应该有自己的特殊之处。

第一节　双语教育评价概述

一、双语教育评价的含义

英语表示“评价”的词主要有 evaluation，assessment 和 appraisal 三个，其中 assessment 一般译作“评定”，appraisal 则译为“考评”。

汉语的评价是评定价值的意思，是一种价值判断。评价的过程就是人们用智能、道德、审美等方面的某种标准去衡量被评价对象，从而评判出这一对象有无价值、价值大小，得出诸如是非、优劣、等级、层次等方面的结论。

所谓价值，从本质上讲属于一种关系范畴，是通过主体和客体的相互关系而体现的，这种关系涉及主体对客体的需要和客体满足主体需要的客观属性，是主体对客体的有用性的一种反应。只有当主体具有某种需要，而同时客体本身也具有满足主体这种需要的客观属性，才能体现出价值。缺少主体的需要，或者主体有需要，但客体本身没有满足这种需要的客观属性，那么主、客体就没有形成关系的可能性，也就无法谈论价值。

评价与测量有联系，但不同于测量。通俗地讲，测量是用数值来描述事物的客观属性，是事实判断；评价则是判断事物的这一客观属性是否能满足人的需要以及满足的程度，是价值判断。

评价=测量（量的记述）或非测量（质的记述）+价值判断（Gronlund，N. E.，1971）。

教育评价要以教育测量为基础，但与教育测量有根本区别。所谓教育评价，是指在系统地、科学地、全面地搜集、整理、处理和分析教育信息的基础上，对教育的价值作出判断的过程，目的在于促进教育改革，提高教育质量。所谓教育测量，就是根据一定法则（标准）用数值来描述教育领域内事物的属性，是事实判断的过程。要对教育活动的价值作出判断，就必须获得有关教育活动的大量信息，教育测量是获取这些信息的有效手段之一，是教育评价的基础。

所谓双语教育价值，就是指双语教育能够满足个人和社会需要的属性。具体地说，双语教育价值主要体现在两个方面：双语教育对个人发展的价值和对社会发展的价值。双语教育对个人发展的价值主要是指双语教育对人的精神需要、物质需要的满足，也就是对个人的知识增长、能力提高、个性发展等需要的满足；双语教育对社会发展的价值主要是指双语教育满足社会对双语人才的需求及双语教育的文化功能、经济功能、政治功能等。

双语教育评价，是指在系统地、科学地、全面地搜集、整理、处理和分析双语教育信息的基础上，对双语教育的价值作出判断的过程，目的在于促进双语学生和教师的发展，提高双语教育质量。

上述定义包含四个要点：

第一，双语教育评价的对象（即价值判断的对象）可以是双语教育领域中的任意元素，既可以是双语教育的参与者（人物），如教师、学生、教育管理人员等；也可以是双语教育现象和活动（事物），如双语教育政策、双语教育活动、双语教育过程、双语教育效果等。

第二，双语教育评价的本质（即评价的主要性质）是对双语教育的价值作出判断，是评价者的主体需要与被评价对象的客体属性的一种特殊的效用关系。

第三，双语教育评价的手段（即评价的方法和技术）是运用科学的评价技术和方法。综合运用测量、统计、系统分析等手段进行综合分析判断，既有定量的，又有定性的。

第四，双语教育评价的目的（即评价活动所要达到的最终目标）是为了促进双语学生和双语教师的发展，提高双语教育质量。其中，促进双语学生和双语教师的发展，是提高双语教育质量的体现和目的，而双语学生的全面发展又是双语教师发展的体现和目的。因此，促进双语学生的全面发展是双语教育评价的最终目的。为了达到这样的目的，要为评价的对象诊断各种教育问题，探索改进措施，选择行为决策。

二、双语教育评价的功能

（一）导向功能

导向功能是指双语教育评价本身所具有的引导评价对象朝着理想目标前进的功效和作用。在双语教育评价中，对任何被评价对象所做的价值判断，都是根据一定的评价目标、评价标准进行的。因此，有什么样的评价内容，被评价对象就会注重那个方面的工作；有什么样的评价标准，被评价对象就会向什么方向努力。也就是说，评什么、怎样评，将有力地引导被评价者在教育教学工作中做什么、怎么做。这些评价内容、评价标准，对评价对象来说，起着“指挥棒”的作用，发挥着导向功能。例如，在评价教师双语课堂教学时，如果把学生参与双语教学的活动量和程度作为其标准之一，这一标准就会引导教师在双语教学中设计和使用各种方法促使学生动脑、动口、动笔、动手积极参与教学活动，以充分体现学生是双语学习的主体。

（二）鉴定功能

鉴定功能是指双语教育评价认定、判断评价对象合格与否、优劣程度、水平高低等实际价值的功效和作用。它主要表现在以下几个方面：一是用于配置和决策。如通过对学生的学科和英语等方面的评价，来鉴定双语教学的效果，以便制订更合理的双语教育方案。二是进行认可鉴定。具体地说就是对学生某一阶段的双语学习或者对教师的双语教学进行认可性的评定。例如，结合学年末的考试所进行的评价，就是对学生双语发展水平的认可。三是资格鉴定。就是判断被评价者是否具备某种资格，如对双语教师的筛选与任用就是一种资格鉴定评价。

（三）调控功能

调控功能是指双语教育评价对评价对象的双语教育教学或学习等活动进行

调节和控制的功效和作用。通过双语教育评价，可以获得有关双语教育活动满足个人和社会需要程度的信息，并用这些反馈的信息去改善和调节双语教育的目标、课程与教材、教师的教与学生的学等过程。这就是教育评价的调控功能，主要包括他人调节和自我调节两个方面。

（四）改进和激励功能

改进和激励功能是指双语教育评价本身所具有的促进评价对象为实现理想目标不断改进和完善行动的功效和作用。改进功能主要是运用“反馈原理”，通过评价及时获得双语教育过程、双语教育结果的信息，及时强化正确的、有利于双语教育目标实现的教育行为，及时调节和矫正不良的、不利于双语教育目标实现的教育行为，从而控制双语教育活动和双语教育工作的过程，促使其不断地完善和优化。

（五）管理和服务功能

管理和服务功能是指双语教育评价为教育管理和决策提供信息和服务的功效和作用。教育评价的管理功能比一般行政性、经验性教育管理功能有更大的优越性。因为良好的教育评价采用科学的评价手段和方法，对评价对象进行定性和定量分析，能够客观、公正地反映被评价对象的实际情况，它既能为决策部门提供信息，又能检查其决策的执行情况。现代教育评价已成为各国和各级教育行政机构、学校自身加强对教育事业宏观管理和各类学校内部微观管理的有效手段。

（六）研究功能

研究功能是指双语教育评价是一个复杂的过程，本身就具有教育研究上的价值。从评价方案的设计，评价指标、模式和方法的选用，到信息的搜集、处理，结果的分析与反馈等都含有丰富的教育研究的因素，或者说教育评价本身就是一种教育研究。

三、双语教育评价的指导思想

我国的双语教育是在新课程的背景下开展的，其根本目标与新课程的目标是一致的，因此，双语教育评价必须以《基础教育课程改革纲要（试行）》

中有关评价的规定为指导思想。《基础教育课程改革纲要（试行）》关于评价的规定有下面一些：

第一、课程改革的六个目标之一是“改变课程评价过分强调甄别与选拔的功能，发挥评价促进学生发展、教师提高和改进教学实践的功能”。

第二，课程评价方面，“建立促进学生全面发展的评价体系。评价不仅要关注学生的学业成绩，而且要发现和发展学生多方面的潜能，了解学生发展中的需求，帮助学生认识自我，建立自信。发挥评价的教育功能，促进学生在原有水平上的发展。

建立促进教师不断提高的评价体系。强调教师对自己教学行为的分析与反思，建立以教师自评为主，校长、教师、学生、家长共同参与的评价制度，使教师从多种渠道获得信息，不断提高教学水平。

建立促进课程不断发展的评价体系。周期性地对学校课程执行的情况、课程实施中的问题进行分析评估，调整课程内容、改进教学管理，形成课程不断革新的机制。”

第三，继续改革和完善考试制度。“在已经普及九年义务教育的地区，实行小学毕业生免试就近升学的办法。鼓励各地中小学自行组织毕业考试。完善初中升高中的考试管理制度，考试内容应加强与社会实际和学生生活经验的联系；重视考查学生分析问题、解决问题的能力，部分学科可实行开卷考试。高中毕业会考改革方案由省级教育行政部门制定，继续实行会考的地区应突出水平考试的性质，减轻学生考试的负担。

高等院校招生考试制度改革，应与基础教育课程改革相衔接。要按照有助于高等学校选拔人才、有助于中学实施素质教育、有助于扩大高等学校办学自主权的原则，加强对学生能力和素质的考查，改革高等学校招生考试内容，探索多次机会、双向选择、综合评价的考试、选拔方式。

考试命题要依据课程标准，杜绝设置偏题、怪题的现象。教师应对每位学生的考试情况做出具体的分析指导，不得公布学生考试成绩并按考试成绩排列名次。”

可见，《基础教育课程改革纲要（试行）》从评价改革目标、课程评价到考试改革，都做了方向性的规定，这些规定也是双语教育评价必须遵循的指导思想。

四、双语教育评价的基本理念和标准

双语教育评价与双语教育实践相辅相成，缺一不可。完善的评价体系必定会推动双语教学的蓬勃发展，而成熟的双语教育又将为评价体系的进一步完善提供实践的素材。

双语教育评价要努力构建科学、有效的评价机制，要以促进学生的发展、教师教学行为的改进、学校双语教育体系的不断完善为目的，确保双语教学能够充分发挥其应有的作用，沿着正确的方向发展。

（一）教育评价存在的问题

尽管我国的教育评价有了一个较好的工作基础，但由于评价研究的滞后、评价传统的影响、评价指标的异化、评价交流的缺失以及长期以来的应试教育的影响等原因，我国现行的教育评价仍然存在许多问题，主要体现在以下几方面。

1. 评价功能甄别化

评价功能甄别化是指教育评价的功能过分强调甄别和选拔的功能，而忽视评价的改进与激励功能。长期以来，教育评价的功能一直被认为是选拔性的、鉴定性的，其目的是用来筛选出适合接受高一级教育的儿童，即为的是“选拔适合于教育的儿童”，而不是“创造适合于儿童的教育”。

这是一种以考试为唯一方式层层选拔“精英”的教育，而衡量是不是“精英”的主要标志，就是其能不能考上名牌大学，能不能获得更高的学历。由于选拔“精英”的教育与中国家长们望子成龙的传统心理积淀暗合，所以它立即引起了全社会的共鸣。这种教育贯穿的全部暗示就是：如果学生不能在各级考试中过关斩将成为优胜者，那么他就是一个失败者，他的人生将因此失去光泽。学生体验得更多的是失败的滋味和经历，严重影响学生的身心健康。

2. 评价主体单一化

评价主体单一化是指在教育评价中学生仅仅成为评价的对象，并且是被动地接受评价的对象。政府、学校、教师在教育评价中则明显显现出“他评”的特征，被评价者——学生始终处于一种消极的被动的地位。

这种评价主体单一化使教育评价活动成为一种被动消极的活动，什么时候评，评什么，怎么评，均由评价者单独决定。教育评价由上而下依次是政府部门评价学校，学校评价教师，教师评价学生，学生被排斥在评价主体之外，成为被评价对象。由于是被动接受评价，学生这一被评价对象没有表达自己意愿的机会，有时也不得不接受与自己的观点差距很大的评价。学生的自尊心、自信心得不到很好的保护，学生的主观能动性得不到发挥，学校的教学活动得不到相应的信息反馈，教学活动得不到全面性的评价，而面对片面性、独断性的甚至是武断的评价。

3. 评价内容知识化

评价内容知识化是指传统教育评价的内容过于注重学生的学业成绩，而忽视学生的全面发展和个体差异。

多年来，人们普遍认为学生素质的高低、教师水平的好坏、学校教学质量的优劣，主要取决于学生学业成绩的状况。这种评价忽视学生的品德、身体、审美等方面的培养，同时也忽视了学生的学习能力、创新能力，良好的学习态度、习惯的培养。以分数论成败，把学生禁锢在为分数而拼搏的狭小天地里，其个性、特长被抛到一边。评价内容的知识化窄化了学校教育评价的内容，难以开发学生多方面的潜能，尤其是创新精神和实践能力的发展，阻碍了学生全面的发展，其危害是深远的。

4. 评价方法简单化

评价方法简单化是指教育评价过于注重量化的评价，忽视质性的评价；过于注重相对评价，忽视绝对评价和个体内差异评价。

在近些年的教育评价活动中，引进数理统计原理，采用定量分析的方法，使得教育评价朝向精细化、科学化迈进了一大步。但是，随着评价的逐步扩展和研究的深入，人们认识到，片面地追求量化，过分地迷信数字，实际是否认教育现象的复杂性，量化的教育评价带来一系列的负面效应。

相对评价是反映某个学生与其所参照群体比较的相对水平，它是遵循正态分布的评价，具有较高的客观性。但过分强调相对评价则会使学生在心理上产生评价的焦虑和恐惧，不利于帮助学生发现和发展各方面的潜能，建立自信，充分了解自我、发展自我。

（二）双语教育评价的基本理念

处于起步阶段的双语教育需要和呼唤着合理科学的评价理念的引领，双语教育的评价理念必须在总结现行评价问题的基础上立足高起点，先进而适用。

1. 评价功能的发展性

评价功能的发展性是指要关注和发挥双语教育评价的改进与激励功能，以发展性评价目的为主导，建立发展性双语教育评价制度，“创造适合于儿童的教育”。

2. 评价主体的多元化

在双语教育评价中，评价的主体应该包括教师、同学、家长以及学生本人，这些不同的评价主体从各自的角度出发进行的评价对学生的发展有着不同的作用。教师的评价体现了教育目标和课程标准对学生发展的要求；家长的评价反映了家庭、社会对下一代成长的期望；同学间的互评使学生通过评价他人反省自己，加深对评价标准、评价要求的理解；学生的自我评价可以使学生养成自我反思的习惯和提高自我评价的能力。这种评价主体的多元化，无论对于评价者还是被评价者来讲，都能够在评价的过程中不断获得发展。

3. 评价内容的人本化

双语教育评价应重新审视评价者和被评价者之间的关系，重新思考被评价者在评价活动中的角色和地位，允许被评价者参与评价标准的确定、评价方法的选择、评价信息的取得、评价结果的解释等一系列评价活动，允许被评价者与评价者平等地相互倾听和对话。评价过程将成为被评价者一个宝贵的学习机会，被评价者也会有更加开放、积极的心态，而评价者也能够在交流中反思评价活动本身的合理性。双语教育评价致力于对被评价者的理解而不是对被评价者的控制，评价将成为一个充满人性关怀、充满同情与理解的过程。无论是对学生的评价还是对教师的评价，被评价者都是人，都是在不断成长、不断发展的生命，评价不能作为控制被评价者精神和行为的手段，而应该成为探查被评价者在发展过程中的困惑、疑问、欣喜、满足等生命体验的途径。

4. 评价方式的综合化

双语教育评价将恰当、综合地运用定量的评价方法与定性的评价方法来进行评价。在双语教育评价中，定量的评价与定性的评价综合使用，能够使两种评价方法实现互补，改变那种只顾结果不顾过程、只顾目的不顾手段的评价思路，倡导动态的、过程的评价方式，关注被评价者为达到目的所采用的方法和途径，关注被评价者在达到目的的过程中获得了哪些经历和体验，关注被评价者在获得结果的过程中取得了怎样的进步。

5. 评价标准的多样化

双语教育评价应尊重被评价者的差异，认为评价标准应该是被评价者前进目标和发展方向的具体体现，对不同的被评价者，这个目标和方向应该有所不同，因而评价标准也应该有所不同。双语教育评价通过建立有一定弹性的评价标准为被评价者的个性发展提供空间，不同的评价标准意味着允许不同的被评价者有不同的发展方向和发展速度，有利于照顾学生的差异性，因材施教，促进所有学生的发展。

（三）双语教育评价的标准

双语教育的目标定位是要以实现素质教育目标为出发点和落脚点，双语课程的实施要以帮助学生“习得双语能力，开发智力潜能，理解多元文化，培养全球意识”为目标。通过实施双语教育，既要大幅度提高学生英语学习的质量和效益，又要促进学生的学科课程学习，使其素质得到全面提高；既要帮助学生继承和发扬中华民族的优秀文化传统，又要使他们学习吸收和借鉴丰富多彩的世界文化；既要培养学生的爱国主义精神和民族自信心，又要提高他们的跨文化素养和平等、开放的世界意识。因此，对于双语教育的评价主要应依照下列标准来衡量。

1. 有利于学生的全面发展

双语教育评价不再是过去那种“一刀切”的僵硬面目，它允许学生依照自己的兴趣和特长做出不同形式或内容的解答，允许并倡导学生通过分工协作的形式共同完成任务，对学生在小组合作中的表现以及学生对问题解决所做的贡献，进行合理的评定。这样的评价有利于养成学生相互合作的精神和合作技巧，符合当代社会生活对人的要求。双语教育评价在评价问题的设计上也将更具真实性、情景性，便于学生形成对现实生活的领悟能力、解释能力和创造能力，有利于促进学生的全面发展，使其更好地满足社会的要求。

2. 有利于教师的专业发展

教师的专业发展是双语教育得以顺利开展的重要保障，只有教师的专业能力得到充分发展，双语教育才能够获得发展的源泉与动力，并充满生机与希望。双语教学评价要能够促进各种不同层次的教师不断发展，既要给年轻的教师以方向性的指导，又要给经验丰富的教师以足够的发展空间，这样才会激发起双语教师的工作热情，使教师全身心地投入其中。

3. 有利于双语教育目标的全面达成

双语教育目标的全面达成是双语教育的重要追逐点，对双语教育的评价应该以其是否有利于双语教育目的（学科目的、语言目的、个人发展目的、社会对双语人才需求目的）的实现，是否有利于帮助学生“习得双语能力，开发智力潜能，理解多元文化，培养全球意识”为衡量标准。

第二节 双语教育评价类型、模式与方法

一、双语教育评价的主要类型

双语教育评价涉及的范围广、内容多，门类繁杂，为便于研究和应用，可依据不同的准则做出分类。

（一）按参与评价的主体分类

1. 自我评价

自我评价就是评价者根据一定的标准对自己进行评价。比如，学校对自身的双语教育教学管理和双语教育教学质量的评价；教师对自己双语教学思想、内容、方法、态度、效果等的评价；学生对自己的学科能力、英语能力的评价等。其优点是：

第一，自我评价有利于全面收集信息，形成准确的判断。

第二，进行自我评价，有利于大大减轻评价组织者的工作量。

第三，开展自我评价，有利于评价活动真正发挥促进改革、推动工作的作用。

2. 他人评价

他人评价是指由被评价者之外的他人进行的评价，也叫“外部评价”。例如，社会舆论对双语学校的评价、校领导对双语教师的评价、双语教师之间的评价、教师对学生双语学习的评价、双语班级同学之间的评价等。

他人评价的优点是要求严格，评价结果客观性较强。缺点是组织工作较为繁杂，耗费的人力和时间也较多，因而不宜频繁进行。对于规模较大的评价活动，通常的做法是先进行自我评价，在此基础上再组织适当规模的他人评价，综合发挥两类评价各自的优势，最大限度地弥补二者之不足，以求达到尽可能

理想的效果。

（二）按评价对象的复杂程度分类

1. 单项评价

它是指对双语教育评价对象的某个侧面进行的价值判断。如对某一学科学生学业成绩的评价，对学校管理水平的评价，对教师双语教学评价，甚至对教师一种教学技能，诸如双语讲解技能、双语语言技能的评价。单项评价可以为评价对象某一方面工作的改进提供依据，可以提供评价对象具体细节的有关状况，为综合评价提供基础资料。

2. 综合评价

它是指对双语教育评价对象完整的系统的价值判断。双语教育活动是一个多层次、多方面相互联系、相互作用的有机整体，只有相互协调、密切配合，才能实现教育目标。综合评价的方法有两种基本的思路：一种思路是通过分析的方法，先对评价对象的评价内容进行分解，在单项评价的基础上汇总做出全面的评价结论；另一种思路是直接通过综合的方法，不对评价内容进行分解，而是凭直观和经验对评价对象的整体进行评价，这种评价简便，一般适用于非正式的评价。比如领导在视察某校后，做出一个比较简单的综合评价，等等。

单项评价和综合评价的区别不是绝对的，不是一成不变的。单项评价是综合评价的基础，综合评价是单项评价的综合。在不同的条件下，可以相互转化。在实际评价工作中，两者相辅相成、互为补充。

（三）按评价范围分类

1. 微观评价

它是以学生的发展变化或教师的课堂教学为对象的教育评价。学生评价的内容包括学生的学科学习（知识、技能、能力、兴趣等）、英语掌握（听、说、读、写等）和对多元文化的认同等方面；教师评价的内容包括教师的双语教育理念，教学的方法、技能、效果等。

2. 中观评价

它是以学校内部相关方面的工作和条件为对象的双语教育评价。评价的内容包括学校开展双语教育的物质条件、师资条件、心理和理念条件（主要指学校的管理层、教师、家长和学生对双语教育的认识、接纳和包容的程度）、环境建设等。

3. 宏观评价

它是以双语教育的全领域或涉及宏观决策方面的双语教育现象、措施为对象的教育评价。如对双语教育目标、双语教育结构、双语教育制度、双语教育内容、双语教育方法、双语教育行政管理、双语教育社会效益等方面的评价。它是总体的、全局性的、战略的、宏观的、高层次的。

（四）按评价的内容分类

1. 条件评价

条件评价是对双语教育方案可行性的评价，也就是对达到目标所需条件的评价。为了识别各备选方案的优劣，需要对实现目标所需成本费用、可利用的人力和物力资源，解决问题的策略和相应的程序设计等进行调查研究。为了设计实现目标的最佳方案，可以把两个或多个竞争性策略中的最好方面结合起来，增强其可操作性。

2. 过程评价

过程评价是对双语教育方案实施情况进行的评价。目的是获取方案实施情况的反馈信息，作为修改方案的依据。为了将方案的执行过程和预定过程相比较，对是否按预定计划实施方案、是否有效利用现有资源等问题进行考察。

3. 成果评价

成果评价就是测量、解释和判断双语教育的成就，确证人们的需要被满足的程度。为此它要收集与结果有关的各种描述和判断，并与目标相比较，对它们的价值和优点做出解释。

（五）按评价的基准分类

1. 相对评价

相对评价是在被评价对象的集合体中选取一个或若干个对象作为标准，然后将其余评价对象与该标准进行比较，或者是用某种方法把所有评价对象排成先后顺序的评价。通过比较，可以确定被评价对象在集合体中的相对位置，以分优劣。相对评价主要用于选拔性和竞赛性活动。

由于相对评价是在评价对象集合体的内部，将集合体中的评价对象互相进行比较，以确定评价对象在集合体中的相对位置。所以相对评价的结果只适用于所选定的评价对象的集合体，对于另外的集合体未必适用。

2. 绝对评价

绝对评价是在被评价对象集合体之外，预先确定一个客观标准，将评价对象与该客观标准进行比较，判断其达到标准程度的评价。它主要用于合格性和达标性活动。比如，我国的高中毕业会考就属于绝对评价，凡达到合格标准的高中毕业生都可获得毕业证书。

绝对评价的标准一般是依据特定目标所确定的标准。评价时，每个个体只与评价标准相比较，个体和个体之间不进行比较。绝对评价的优点是可以使被评价对象明白自己和标准之间的差距，激励其积极上进。它的缺点是客观标准的制定比较困难，很难做到完全客观和合理。

3. 个体内差异评价

个体内差异评价是把被评价对象集合体中的每个个体的过去和现在相比较，或者一个个体的若干侧面相互比较。它在运用时常会遇到两种情况：一种是把被评价对象的过去和现在进行比较。例如，把学生的期中考试与期末考试成绩进行比较。另一情况是把被评价对象的几个侧面进行比较。例如，一个学生的外语水平可以从听、说、读、写、译等几个方面来比较。个体的今昔比较可以了解被评价者某方面的发展情况，个体的各个侧面比较可以了解被评价者哪方面强哪方面弱，以便进行调节。

（六）按评价的方法分类

1. 定量评价

它是指采用数学的方法，收集和处理数据资料，对评价对象做出定量结论的价值判断。如运用教育测量与统计的方法、模糊数学的方法等，对评价对象的特性用数值进行描述和判断。

2. 定性评价

它是指不采用数学的方法，而是根据评价者对评价对象平时的表现、现实的状态或文献资料的观察和分析，直接对评价对象做出定性结论的价值判断。比如，评出等级、写出评语都是定性评价。教育活动是十分复杂的，具有模糊性，存在着许多难以量化的因素。因此，定性评价是不可缺少的。

定性评价和定量评价各有其优缺点，各有其适用范围。现代评价理论和实践发展的趋势就是将定性评价和定量评价结合起来，求得更客观和更全面的评价结果。

（七）按评价的时间和作用分类

1. 诊断性评价

诊断性评价是指在某项双语教育活动进行之前，为使其计划更有效地实施而进行的预测性、测定性评价，或对评价对象的现状和存在的问题做出鉴定。其主要目的是为了了解评价对象的基础和情况，判断其是否具备进行这项活动的条件。如在对某个班级进行双语教育之前，运用诊断性评价对该班级学生的学科和英语能力、基础等进行辨别，以便判断是否适合开展双语教育。

2. 形成性评价

形成性评价是指在双语教育活动进行过程中评价活动本身的效果，用以调节活动过程，保证双语教育目标实现而进行的价值判断。它的目的不是预测，也不是为了评定成绩，而是为了了解工作过程中的情况，以便及时调整工作的状态。比如在具体的教学过程中，形成性评价就是为了测定评价对象某一具体教学内容的掌握程度，并指出还没有掌握的那部分任务或者在学习过程中存在的问题和不足。

3. 终结性评价

终结性评价也称总结性评价，是指在某项双语教育活动告一段落时，对最终成果做出价值判断。也就是以预先设定的双语教育目标为基准，对评价对象达成目标的程度，即最终取得的成就或成绩进行评价，为各级决策人员提供参考依据。

就教学目标而言，终结性评价是指在一门学科的重要部分或整个教学结束时，对学生的学习效果和成绩所进行的全面评价。

以上三种评价在实际评价工作中是相互联系和相互渗透的，比如，诊断性评价，一般说来是一种工作初始时的准备性评价，但是，实际上由于任何一项工作都是连续性的，阶段的划分也是相对的，无论是形成性评价或终结性评价都带有诊断的性质。而由于评价的根本目的是为了促进工作、促进发展，所以任何评价都带有形成性的性质。没有诊断性的评价不是真正科学的评价，它只能是一种主观臆测，而没有形成性评价也就必然失去评价的意义。

二、双语教育评价模式

教育评价模式就是教育评价基本理论与方法的总体概括，是某种教育评价类型的总构思。它包括评价的大体范围、基本程序、主要内容和一般方法。国外学者对评价模式进行了较为系统的研究，提出了众多的评价模式。我国学者在吸取外国评价模式精华的基础上，提出了一些适合我国国情的评价模式。

（一）国外主要教育评价模式

在国外，特别是西方国家十分注重对教育评价模式的研究工作。目前教育评价模式已有几十种之多，较有影响的模式有六种。

1. 泰勒模式

这是20世纪30年代由美国著名学者泰勒（R. W. Tyler）提出的，它是教育评价理论发展中第一个较为完整，而且也是最有影响的模式。

泰勒模式是一个单向封闭系统。先制定目标，再根据目标选择和组织学习经验，然后评价目标的实现程度。

由于工作流程相对简单，且结构紧凑、逻辑严密、层次分明，易为大多数人接受、掌握和运用。但也有其自身难以克服的局限：如回避了教育的价值问题；只重视对“结果”的评价，而忽视对过程的评价；对非预期结果的处理未涉及；未重视人的个性发展的特殊性。20世纪60年代开始，教育评价领域有人对一直雄踞指导地位的泰勒模式进行反思，泰勒模式遇到了挑战。

2. CIPP 模式

1966年美国的斯塔弗尔比姆（L. D. Stufflebeam）创立了CIPP教育评价模式。CIPP模式是根据背景（context）评价、投入（input）评价、过程（process）评价、成果（product）评价四种评价的第一个英文字母而命名。这四种评价都是为决策服务的，背景评价为计划决策服务，投入评价为组织决策服务，过程评价为实施决策服务、成果评价为再一次决策服务。

CIPP评价模式，将教育目标纳入评价活动之内，使目标本身的合理性首先得到评价，从而使评价更全面、更科学，体系更完整。同时，该模式重视形成性评价，时刻考虑到为决策提供所需的信息，使评价活动更具方向性和实用价值。再者，该模式把评价看成是教育活动的一部分，使评价成为改进工作，提高教育质量的工具。CIPP评价模式同样也存在着一些缺陷，如无论是背景评价、投入评价、过程评价和结果评价都在为决策者服务，因而评价缺乏完全意义上的价值判断，同时也制约了评价人员作用的发挥，并且该模式要求各类信息源配合、经费充裕以及分析技术可靠，因而使它的使用受到了很大的制约。

3. 目标游离模式

目标游离模式是美国的斯克里芬（M. Scriven）提出的。斯克里芬在考察教育活动的实际效果后认为，依据事先确定的目标进行评价往往使评价的范围受到限制。因为实际的教育活动除了预期的效果外，还会产生许多非预期的效果（或称负效应），这些非预期的效果的影响有时是至关重要的。而泰勒将评价仅限于衡量达到目标的程度是不全面的。根据预期教育目标所进行的评价，往往只注意目标规定的预期效果，忽视非预期效果，而教育活动的预定目标主要反映了方案、计划制订者的意图。因而，评价者考虑的重点应由“教育方案想干什么”改为“教育方案实际干了什么”，即目标游离。为了获得包括可能产生的相反效果在内的全面的、真实的效果，减少方案、计划制订者主观意图对评价的影响，他主张不把方案、计划制订者的预定活动目的告诉评价者，以有利于评价者收集有关方案的全部成果信息。

该模式突破了目标的限制，认为评价的依据不是方案制订者的预定目标，而是活动参与者的实际成效。其存在的主要问题是，如果评价组织中的各个评价者具有不同的价值标准，就会给评价的操作带来很大的困难。

4. 教育批评和鉴赏模式

埃利奥特·埃斯纳（Elliot Eisner）提出的评价模式被称为“教育批评和鉴赏模式”，它不是简单地收集各种硬性资料和课程评价结果，而是对新课程所带来的教育生活作出丰富的、质性的描述。

埃斯纳指出，评价者在应用“教育批评”时应当考虑课程设计过程、学校生活和学校教学质量方面的问题。例如，教师与学生如何参与这些事件？新课程使哪所学校哪一学年发生了哪些变化？主要事件是什么？这些事件是由什么引起的？参与者对此事件的反应如何？怎样使工作更有成效？学生从新课程中学到了什么？这些问题与定量评价所提出的问题是不同的。

埃斯纳提出的这种模式尝试将艺术批评引人教育评价。作为一名出色的批评家，他需要具备对敏感情境的洞察力和鉴赏力。埃斯纳指出教育鉴赏是“一门欣赏教育寓意的艺术”。它要通过批评——描述、解释和评价才能使公众了解。他认为教育鉴赏与批评模式需要个人的观察、专家的意见和团队的合作，而不是科学主义的方法。

他认为评价者应当置身于教育的质性研究，作为一个观察者参与教室的实地观察并提出有关学校和课程质量的问题。评价者还应当细致入微地分析学生们的学习情况，努力描述课程活动的特性。他们可以利用师生活动的录影、录像、相片和录音来分析；同时还要说明师生已经完成的工作，而更重要的是，还要指出未完成的工作，并力求揭示行动中课程的“声音”。

此外，这种模式应当采用档案袋（portfolio）分析的方法进行评价，应当与公众（包括家长、校董事会、地方或州的有关机构等）交流学校情况。

5. 应答模式

应答模式由美国的斯塔克（R. E. Stake）于1973年提出。这一模式的主要特点是以问题，特别是直接从事教育活动的决策者和实施者所提出的问题作为评价的先导，而不主张以预定的目标或假设为出发点。通过评价者与评价有关的各方面人员之间的持续不断的“对话”，了解他们的愿望，对教育方案做出修改，对大多数人的愿望做出应答，以满足各种人的需要。斯塔克认为解决教育问题只有依靠那些直接接触问题的人，教育评价才有助于改进工作。这种评价以帮助被评价者更好地了解自己的优缺点，明确今后如何改进工作为目的。

该模式强调在评价活动中使用非正式的观察、访谈和定性描述分析的自然主义的方法，在有效做出价值判断方面优于泰勒模式。但是，在评价活动中耗费人力、物力和时间较多，很难推广实施。

6. 解释性评价模式

“解释性（或称说明性）评价模式”，试图提供教育计划的全貌。这一概念最初是由帕勒特（Parlett）和汉密尔顿（Hamilton）提出的，是要说明教育计划的显著特点和问题。这一模式要求评价者识别整个计划的特点，以及收集有关方面的资料。该模式包括三个主要阶段：观察、进一步探究、解释。

（1）观察阶段。要求人们对课程做一般性的了解，并描绘出课程实施的环境。在这一阶段，影响课程发展的所有因素都应引起人们的重视，收集的资料包括学校设置的科目、采用的教学方式方法、应用的材料以及教师采用的评价方法。

（2）进一步探究阶段。该阶段评价者将集中于“评价”方面，努力从琐碎细微的事物中发掘最重要的因素。评价者将致力于了解课程对个体的影响，他们不仅要了解课程是否发挥了作用，而且要知道为什么能发挥作用。他们可以通过查阅学校文件、检查学生的档案袋，以及通过采访教职工和家长，并向他们发放问卷收集信息。

（3）解释阶段。解释性评价，目的不是直接对课程作出判断，而是要提供课程发生了什么和为什么发生的信息。向受到课程影响的有关人员提供解释和说明，这将有助于他们做出决策。

这种解释性模式从艺术性观点出发将教育视为复杂的、充满活力的一系列相互作用和影响。我们对事物间的相互作用所做的观察与评价是整体的、主观的，因为我们无法通过客观测量的手段人为地将它们分割开。

解释性模式可用于解释非目的性的事件和环境的细微变化，而这些方面通常会被所谓的客观观察者忽略和遗漏。解释性模式试图避免偏向科学主义或人本主义中的任意一方。

（二）我国的教育评价模式

这里介绍几种由我国理论工作者提出的在普教界具有一定影响的评价模式。

1. 教育型目标调控模式

教育型目标调控模式就是以形成性评价和自我评价为中心，充分发挥多种评价功能的一种评价模式，由北京市一些教育评价研究人员在教育评价实践基础上概括而成。该模式认为，现代教育评价的目的不仅是为了选拔、鉴定，更重要的是要发挥评价的导向、改进和激励等教育功能，促进发展。

“教育型”表示这种评价模式的指导思想是着眼于教育，通过评价使评价对象受到教育，从而自觉地改进和完善自己的教与学活动，以达到预期的目标。

“目标调控”反映了这种评价模式的结构、功能、过程和手段。目标是评价的基础，过程是评价的重点，自我评价和调控是进行评价的基本方法，反馈则是运行机制。

该模式的特点是，在重视目标评价的同时，十分重视过程评价和结果评价。既重视评价目标的导向，又重视评价过程的反馈、调节，以及评价结果的判断和改进，特别强调形成性评价与自我评价的结合。

2. 协同自评模式

协同自评模式是由上海市的研究人员在确立被评价者的主体地位和肯定其个性特征的基础上，以被评价者自我评价为主，在评价人员的协同下，共同完成从制定评价目标开始的一系列活动的评价模式。

该模式认为在任何教育活动中，只有当事人才能全过程地参与，全面、真实地收集资料。通常评价人员只能部分参与其过程，所以评价人员所做出的价值判断有时难免有失实之处，而当事人做自评时，其评价的能力又未必符合评价的要求。若能有评价人员的协同，则可弥补其不足。这便形成以自我评价为主体，即以自评为基础，评价人员协同自评者进行评价活动；协同成为核心，在评价过程中，自评者与协同者同心协力，经常协商，不断取得共识，一起来完成包括确立评价目标、制订评价方案、进行评价资料搜集、做出价值判断、撰写评价报告等一系列评价活动。

协同自评模式的特点：

（1）被评价者在进行真正的自我评价活动中，表现出较强的自主性、自律性、自控性、自励性和自信性。

（2）被评价者和评价人员在评价活动的全过程中，建立起民主、协商关系，为达到共同制定的目标而形成协同精神，在双方交往中，形成和谐的合作氛围。协同自评可使个体内差异评价与目标参照评价的不同评价标准统一起来，使自我评价的评价过程、评价内容、评价成果的形式更加清晰。

（3）要使协同评价真正发挥它的功能，必须遵循两个原则：一是平等性原则。无论是自评者，还是评价人员都是主体，其地位是平等的。二是共建性原则。从评价目标的制定，到评价结果的撰写，都是自评者与评价人员共同协商，取得共识，共同构建的产物。

3. 发展性目标评价模式

这是一种课堂教学评价模式。是由上海师范大学研究人员针对目前课堂教学评价普遍存在的问题而提出的。这种评价模式在强调评价的发展和改进功能的同时，重视对教育目标的评价，当然目标本身也是发展变化的。

发展性目标评价模式的基本思想是：

（1）社会在发展，教育目标是不断发展变化的，以教育目标作为依据之一编制成的评价标准需要不断修正、充实和调整。

（2）以评价标准为核心的评价方案，其实施过程和评价结论也是发展、可变的，可以在评价活动中针对具体情况进行调整。只要能保证评价活动的质量，促进教育评价活动的评价理论和方法都能采用。

（3）整个评价活动要在评价制度的规范下进行。

发展性目标评价模式的基本内容是：

（1）根据社会发展的需要和开展教育活动的现实条件，确定和检验教育目标，使它成为设计评价方案的主要依据。再考虑评价对象和条件、与教育评价活动有关人员的愿望、需要和意图以及现有的各种规章制度和科学理论等因素，设计出以评价标准为核心的评价方案。

（2）遵照评价方案，实施评价活动。在评价活动中，注重定量方法和定性方法的有机结合以及多种评价类型的结合，重视反对意见和非预期效果，有效运用计算机技术。

（3）完成和反馈评价报告。

（4）用评价制度控制和制约整个评价过程，以确保评价质量。

发展性目标评价模式的主要特点是：

（1）有效吸取了中外主要教育评价模式的长处，如对教育目标进行评价，重视与评价活动有关人员的需要和意图，以及注重多种评价类型的结合等。

（2）结构紧密、程序规范、可操作性强。

（3）适应面较宽。

（三）双语教育评价模式的选择

国外的评价模式中泰勒模式、CIPP 模式等属于科学—实证主义评价模式，教育批评和鉴赏模式、应答模式和解释性评价模式等属于人本主义与自然主义的评价模式。

科学—实证主义评价模式，着眼于定量评价与评价技术。人本主义与自然主义的评价模式，把评估者置于工作的中心。评估者不但要了解各方面的情况，而且要经常和他们的同事探讨自己的价值观和实际的案例。评估者不能作为没有利害关系的一方脱离评价系统而存在，相反，他们被看作是整个评价过程的一部分。

那些竭力推崇用人本主义或自然主义方法的人认为应当把更多更全面内容的细节问题呈现给大家，通过应用这些方法，人们就能更加了解评价对象的情况。评价报告很少列出数据，更多的是描述所发生、发现的事物的进展情况。

这种方法关注的不是简单的结果，而是人们之间的相互作用，它更注重定性问题而不是一般的班级数量或学校生活。

科学主义方法揭示出那些描绘人们行为的数据；而自然主义方法不仅如此，还注重挖掘这些行为背后的原因，强调解释性的理解而不是客观的解释。

如果说科学主义评估者关心的是学生学到了什么，那么人本主义或自然主义的评估者所关注的是课程知识的实际价值。因为他们是从政治和社会学角度来观察和评价课程的，所了解到的课程情况也不仅仅是课程内容，还包括其社会意义，以及评价赋予的社会道德寓意。

我国真正开展教育评价工作是20世纪80年代的事。在近十多年里，我国教育评价在引进、吸收、消化国外先进成果的基础上，无论是在评价实践上，还是在评价理论研究上都取得了巨大的成就。就教育评价模式研究而言，也取得了显著成绩，教育评价模式单一化的局面开始被打破，适应不同地区、不同评价对象、不同评价目的的教育评价模式在产生、发展和完善之中。

上述九种中外教育评价模式从总体上看都可以用于双语教育评价，但目前我国的双语教育还处于实验阶段，倾向于人本主义与自然主义的评价模式应该更适用一些，更有利于增强双语教育参与者的自信心和调动他们的积极性，从而促进双语教育的发展。

这些评价模式都不是十全十美的，都有各自的优越性和局限性，也各有自己不同的适用范围，要根据实际评价的需要选用适合的评价模式，并且要把它们结合起来使用。

充分了解和认识上述问题，有助于我们选择最适合的教育评价模式，并且逐步摸索和创造出更加科学适用的双语教育评价模式。

三、双语教学评价方法

双语教学可以分为三个层次：第一个是简单渗透层次，比如教师在上课时可以用英语讲述重要定理和关键词等，学生可以多一些机会接触外语。第二个是整合层次，教师讲课时交替使用中英文，让学生学会如何用外语表达中文内容。第三个是双语思维层次，让学生学会用母语和外语来思考解答问题。推广到第一层次，对很多学校来说并不是难题，但要提高到第二、第三层次，还需要有很长的时间和不断的努力。那么如何来检验或判断学生通过双语教学，达到了怎样的程度，包括在学科知识和英语运用能力上是否都得到提高，这其实涉及双语教学评价体系的问题。要进行双语教学，真正实施素质教育，就必须改变旧有的评价手段、评价内容和评价方法，形成良好的评价机制和导向机制，鼓励学生多元化发展，重视学生的文化、语言、知识等各个方面的综合素养，唯有如此，双语教学才能真正得到落实。结合我国现阶段双语教学的基本状况，可以采用以下一些方法对双语教学进行评价。

（一）书面评价方法

书面评价方法是双语教学中比较常用的评价方法，它可以分为以下几类。

1. 论文式测验

论文式测验是一种比较主观的书面测验方式，它可以让学生有比较自由的发挥空间，充分展现学生的能力，让教师对学生的综合能力有整体的了解。在双语教学的论文测验中，教师既可以要求学生用英语写一篇与本学科有关的小论文，也可以让学生翻译与本学科相关的资料，还可以采取各种其他的方式，充分体现论文式测验的灵活性。

2. 客观式测验

客观式测验是以多种形式的题目来广泛考查学生掌握学科知识和英语的水平。这种测验答案正误明确，评分非常客观，而且在短时间内可以回答很多问题，因此命题范围较广，覆盖面广。又由于不受其他因素的影响，评分比较客观，学生可以准确地了解自己是否掌握了双语教学中的所有内容。

3. 问卷法

问卷法是教师通过让学生回答问卷的方式来判断学生水平的一种测验方法。在问卷法中，教师要注意提问的内容应尽量简单、具体、客观，使学生能明确问卷的内容，从而作出准确的回答。问卷法最好在 10 岁以上的学生中进行，而 10 岁以下的学生往往受到认知水平、已有的知识水平和已掌握的英语基础的限制，难以在问卷中充分展现其水平。

（二）非书面评价方法

书面评价方法固然有其长处，但对于学生的学习态度、学习习惯、兴趣、语言表达能力等却无法检测，而这些都是学生全面发展的重要内容，因此，必须建立一套与之相适应的非书面评价方法。

1. 观察法

在平时的教学过程中，教师要利用各种机会去捕捉学生的一切信息，如学生听讲的状态、是否积极发言、课堂反馈等情况。要对学生的心理及其行为做深入的了解，在自然状态下观察学生的日常学习生活，并做好客观的观察记录。在评价时，要实事求是，根据记录的结果来评价，不能用个人意见或主观臆断来代替客观实际观察。

2. 面谈法

面谈法是通过直接和学生当面谈话来获取评价资料的一种方法。这种方法既便于实施又便于感情交流，采用这种方法可以达到多种目的：① 了解学生的长处和存在的主要缺点，在下阶段双语教学中加以弥补。② 锻炼了学生的英语口头表达能力，促使其更加重视英语口语。③ 通过面谈可以拉近师生之间的距离，创造和谐融洽的师生关系，提高教学效果。

3. 自我展示法

学生的自我展示可以通过多种形式进行，既包括运用双语课习得的知识所做的海报、所写的文章，也可以包括用双语进行歌舞、小品、短剧的表演等。自我展示方法能够充分体现学生的自主性，让学生自主选择评价方式，提高了学生对双语教学评价的参与度，使得双语教学评价更容易为学生所接受。

无论是书面评价还是非书面评价，都应该着眼于素质教育，以愉悦性、自主性、实践性、整体性、发展性为基础，设计出多种形式、多层目标，寓考核于日常学习、生活实践活动中的方法。使考核由原来的教师考学生掌握了什么，转变为学生主动展示自己学到了什么；由教师以审视的目光看学生，变为以赏识的态度肯定学生的进步与成功。让孩子们在既充满竞争又和谐协作的良好氛围中不断进取，互学互助，品尝到成功的欢乐，从而更加主动、愉快地学习。唯有如此，学生在双语教学中所付出的努力，才可能得到科学公正的反映，学生双语学习的积极性才能永久保持。

第三节 小学双语课堂教学过程中的评估

小学双语课堂教学过程中的评估，是教学实施的一部分，是双语教师在执行双语课时计划的过程中基于教学目标和学生的现场反应对教学进程做出的判断、调控和决策。

一、小学双语课堂教学过程中评估的特征

双语教学过程通常是从制订教学计划，到执行教学计划，再到修订计划和教学活动等周而复始的，各个环节中都包含着教师的评估。相对于教学过程中的评估，制订和修改教学计划的评估特征相近，可以归为一类，称为计划评估。教学过程的评估发生在课堂教学期间，在课堂内进行，核心是为了促进双语教学的顺利进行，教师做出即时的、非常具体的关于下一步要做什么和问什么的决定；教学过程的评估要求教师重点依赖非正式化的学生的线索，如注意力、面部表情、姿势、问题等。计划评估出现在课堂教学之前或之后，在静态下确定，教师可以在静态状态下反思并竭力为学生确定合适的目标、内容主题、评估活动；计划评估允许教师在制订计划时去思考、权衡、综合各种形式的信息，既包括正式形式的信息也包括非正式形式的信息（表 8-1）。

表 8-1　计划评估和教学过程评估的特征①

计划评估	教学过程评估
1. 出现于教学之前或之后； 2. 远离课堂而展开； 3. 允许做出反思性决定，关注教学目标、内容和活动的确定； 4. 以各种正式和非正式的证据为基础。	1. 在教学期间进行； 2. 在课堂内展开； 3. 关注学生对教学内容和活动的反应； 4. 主要依赖非正式的学生信息和反应。

尽管我们把计划评估和教学过程评估分开讨论，但必须明白二者是相互联系的一个整体。制订教学计划和执行教学计划，在逻辑上、性质上和现实上都有联系，这两个过程都是成功教学的必备条件。尽管好的教学计划有助于减少教学的不确定性，但不能排除教学的不确定性。在某种程度上，教学活动必须是灵活的、可调节的，允许教学的中断、跑题和意外情况发生。教学过程就是师生互动、教学相长、反反复复、千变万化的过程。

二、教师在小学双语课堂教学过程中评估的任务及关注点

在小学双语课堂教学过程中，双语教师需要完成双重任务。第一，必须执

① ［美］Peter W. Airasian. 课堂评估：理论与实践（第四版）［M］. 徐士强，等译. 赵中建，校. 上海：华东师大出版社，2008：2，125，127.

行业已制订的课时教学计划；第二，必须不断评估教学的进展和成功之处。只有这样，才可以在必要时对教学予以调整。

图 8-1 展示了教学的过程。教学一旦开始，教师就要不断通过观察学生的反应和提问的情况评估教学的进展，基于这些反应和应答，教师会做出新的如何执行教学的决定。如果教师认为教学的进展很成功，那么他就可以按照教学计划继续开展教学（路径 A）。如果教师感觉教学有问题如学生的理解不够或者缺乏兴趣，那么教师就修改计划中的教学活动，实施新的教学活动或策略（路径 B），排除现有的问题。在一堂课中，会多次重复这样的循环。

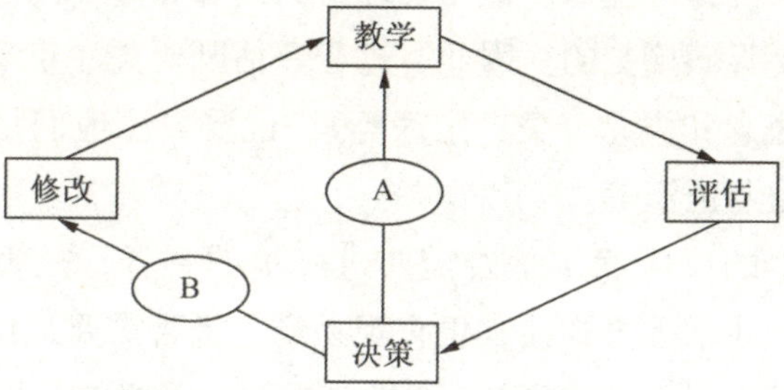

图 8-1　互动性教学评估的步骤①

为了保证教学评估的效度和信度，教师在小学双语课堂教学过程评估中需要着重关注以下几方面：

第一，采用双重评估标准和依据，把二者融合起来，不能只看学生的反应。小学双语课堂教学过程的评估标准和依据应该是双重的，一是课前制定的课时教学目标，二是学生在教学过程中的现场反应。在课的进行过程中，双语教师要把这两方面的标准和依据结合起来，融为一个整体去评判和调控教学进程，既不要只管实现教学目标而忽视学生的反应，也不能只看学生的反应而忽视教学目标的实现。

第二，关注小学生是否听清楚了。由于教学语言是英语，刚上课或接触新知识时，小学生进入学习状态有可能比较慢，跟不上老师的思路，教学环节转换时也有可能听不清楚老师的要求；因此，双语教师在刚上课和教学的转换环节，要特别关注小学生是否听清楚了指示语和教师的要求。要组织好教学，采

① ［美］Peter W. Airasian. 课堂评估：理论与实践（第四版）［M］. 徐士强，等译. 赵中建，校. 上海：华东师大出版社，2008：2，125，127.

用恰当的方式，使学生一开始就做好上课的心理和物质准备；在小学生注意力集中时提出指示语和教学要求；在教学环节转换时，通过放慢语速、提高声音、重复、辅以手势等来表达指示语和教学要求，让每一个小学生听清楚，以保证双语教学的实际效果。如果忽视这一点，往往会造成很多小学生跟不上教师的思路，一节课就是跟着看看热闹。

第三，关注小学生是否听懂了。在双语可理解性教学原则部分，阐述了课堂教学英语语言水平应该是学生经过一定努力能够达到的，但不一定是100%能理解与接受，一般来说，有60%~70%能听懂，其余的可借助语境、情景、推测得到，就可以视为可理解。但需要理解的内容和重要的学科专业术语、专业词汇等还是需要听懂接受的。因此，过程评估既要关注小学生是否听懂了需要理解的内容（概念和概念分类、定理等），也要关注他们是否听懂了重要的学科专业术语、专业词汇等。

要根据小学生的反应确定是否需要进一步的解释，是否需要用图片、实物、图表、曲线、演示等方式使其更直观易懂，是否需要运用头脑风暴、概念习得（区分概念的例证和非例证）、类推、提问、下级概念的分类（把概念往下细分的办法）、建立概念的相互联系、规例法（解释关键的或基本的原理和原则）、概括法（让学生用他们自己的语言概括、解释或意译概念）等方法帮助学生进一步理解。

第四，关注小学生是否记住了。主要关注小学生是否记住了教学目标中需要记忆的知识，一般是要记忆事实知识，包括记忆具体事实、数据、词汇和术语等。根据小学生的反应，判断其记忆的状况，决定采取什么方式帮助他们记住，如操练与实践、记忆策略（把事实知识与思维图片、情感或物理感知联系起来，创造记忆术搭配）、重复策略（用闪动卡片、游戏、小测验或匹配练习等不断重复）、提问等。

第五，关注小学生是否会操作、会应用了。教学目标中设计的学生需要形成的技能和能力是程序性知识的应用，往往也是教学的重点或难点。各种程序性知识只有通过练习形成了技能和能力，达到会操作、会应用于解决实际问题，才算真正掌握了，才能内化为学识，才能更长久地被享用。否则，可能会很快被忘掉，或者变成无用的东西徒劳地占着记忆的空间。因此，过程评估要关注小学生是否会操作、会应用了。通过观察小学生的现场反应，判断他们技能、能力的形成状态，决定采用什么方式方法帮助他们更好地学会操作和应用，如类比、有声思考模型（教师口头解释学生将要使用的解决问题的程序）、流程图、方法—结果分析（解释问题，然后决定解决的办法，让学生提供问题解决方法的计划）、组架法（任务支持、简化策略、增加学生的独立性）、有指导的实践—反馈与矫正—独立实践、拓展实践—直到程序变成常规。

第六，关注全面、客观地反观、审视自己的教学进程。要想更准确地评估小学双语教学过程，教师需要尽量全面观察学生的反应、观察更多学生的反应，不能只观察少数学习成绩好的学生；尽量客观地反观、审视自己的教学过程，既要看到优点，也要看到不足，并及时调控、弥补不足。尽量跳出教学过程，或者把它当成别人的教学那样寻找和改进不足之处。

三、小学双语课堂教学过程中评估的常见偏差与改进策略

课堂教学过程中教师几乎没有时间反思其所观察到的内容，或者没有时间搜集额外信息，往往根据残缺的、不确定的证据作决策或采取行动，因此，会出现一些偏差，降低过程评估的效度和信度。常见的偏差有如下几方面：

第一，教师及其观察过于主观。作为教学过程的参与者，教师很难不带偏见地、超越一切地观察其自身的教学。教师，尤其是双语教师，对教学投入大量的时间、精力，他们希望通过教学的成功获得回报。因此，在评估自己教学时，往往只观察他想观察的东西，即那些能够给他带来积极强化的东西，而可能不会关注那些学习成绩差的学生，或者只让那些能够正确回答的同学来回答问题。关注低水平的、常规技能和信息，而不关注开放式的、复杂问题这样的高水平技能和信息，这样可以确保更多学生的参与和掌握，但却降低了教学的层次和水准。

概括地说，获得教学满意的期望可能影响教师的观察，使其观察过于主观，可能使教师做出无效的教学成功性评价，最终损害了学生。

第二，教学过程评估指标不完整。教学过程评估指标应该包含两大方面：一是教学目标，二是学生的反应。然而，相当部分教师只用围绕教学过程的指标（学生的反应）而不用学习结果的指标测量教学的成功之处，注意力只放在学生的反应上。教学过程中，教师把注意力放在课堂里发生的即时活动之上，关注教学的转换、速度、学生的反应等，这是对的、必要的，但还远远不够、不完整。因为，学生的眼睛闪闪发光，笔直地坐着，呼唤着答案的出现，仅仅是达成教学目标的即时状态、过渡手段和条件，不是学习结果，不意味着

出现这种状态就必然学会了教学目标规定的内容。现实教学中，这样的例子比比皆是。如果学生的课堂即时反应热烈就意味着学习结果实实在在地发生了，那么，就不存在不成功的教学或者学习不好的学生了。

简言之，学生的现场反应，仅仅是达成教学目标的中间目标，教学目标即学生的学习结果才是教学的终极目标。

第三，学生样本不充分。教师通过观察学生获得评估教学成功与否的绝大多数信息。因此，教师观察学生的范围越广，获得的关于教学的课堂反应信息就越可信。

然而，由于座位安排和对某些学生无意识的偏爱，教师经常用有限的样本评估教学。教师通常会把注意力和互动更多地放在某些座位上而不是其他座位上，或者，为了扩大教学成功感，可能忽视那些成绩差的学生，无意识地忽视或者缩小教室里相当大比例的学生。尽管课前反复提醒自己要和更大范围的学生互动，但到了课堂上，互动的对象往往下意识地集中到小范围的几个学生身上。由于课堂上教师能够支配的反思时间极少，这又导致简短的、常常是肤浅的反思和决定。

改进教学过程评估、避免偏差的对策主要有以下几种：

第一，评估课堂教学时扩大学生样本范围。为了避免只观察那些学习成绩好的学生，以及有意只关注低水平的教学活动，教师必须在拓宽样本选择范围上下一番功夫。不要在学生举手时才判定学生是否紧跟着教学的进展。提出问题后，教师可以扫视一下教室，看一看学生的眼神，如果他们知道答案，他们会看着你的眼睛；如果他们看着其他地方，或者开始整理东西，或者突然来了读书的兴趣，说明他们很可能不理解问题或者不知道答案。这样在瞬间就可以看到全班的反应，并根据全班学生的反应做出下一步该做什么的判断，逐步引导学生完成高水平的教学活动。

第二，在非正式评估信息内增加更多的关于学生学习的正式信息。为了获得更多有关教学成功的完整、可信图景，教师应该在其非正式观察内增加更多的正式证据。这些正式证据来自家庭作业、全章或当堂复习练习以及课堂笔记本等。这些都是有价值的信息源，能够告诉老师学生对课程目标的掌握情况，教师应该密切观察和分析这些信息，帮助自己找到问题究竟出现在哪里。如果大多数学生在家庭作业中都没能正确演示他们对概念“重组”的掌握，那么，下一个教学部分可能就应该从复习这个概念、从头到尾讨论家庭作业开始。如果练习本反映出学生不能区分事实和概念，那么接下来的教学安排就是二者明确的区别。

第三，用恰当的提问技术和策略评估学生的学习。为了在教学过程中全面准确收集学生学习的信息，教师应该更多地依赖口头提问。口头提问是大多数教师所使用的主要课堂教学评估技术，有些教师每天要问 300 到 400 个问题。提问通过激发学生思考和求知欲促进学习，也为教师提供评估信息。

除了讲授之外，提问以及相应的讨论构成最常见的师生互动形式，是各个教育阶段最具主导地位的教学策略。同时，教师所提问题的类型会影响学生对学科内容的看法和学习。例如，背诵、复述之类的问题强调对事实的记忆，而应用、分析与综合之类的问题则强调对内容的高水平使用。

QUESTIONS

1. What is the evaluation of bilingual education? What are its functions?

2. What are the guiding principles of the evaluation of bilingual education in primary school?

3. What are the basic ideas of the evaluation of bilingual education in primary school? What do you think of them?

4. What are the evaluation methods of bilingual education in primary school? Try to use them to evaluate bilingual lessons.

5. Try to evaluate a bilingual lesson or a bilingual activity by applying the evaluation principle of bilingual education.

6. As a bilingual teacher in primary school, how do you assess your own classroom bilingual teaching processes?

7. How do we avoid common errors in the classroom assessment of bilingual teaching of primary school?

附录　第一章至第八章思考题（英汉对照）

Chapter 1　A Brief Outline of Bilingual Education

Questions:

1. What is bilingual education? What is bilingual teaching? What is their relationship?

2. What is the relationship between bilingual education and foreign language education?

3. Try to differentiate and analyse bilingual education and mother tongue education.

4. How do we distinguish first language （L1）, second language （L2）, and a foreign language?

5. Is there any difference between language acquisition and language learning?

6. Try to differentiate and analyse bilingual education and bilingualism.

7. How do we understand the characteristics, the nature, and the purposes of bilingual education?

第一章　双语教育概论

思考题:

1. 什么是双语教育？什么是双语教学？两者的关系如何？

2. 双语教育与外语教育的关系如何？

3. 试辨析双语教育与母语教育.

4. 怎样区分第一语言、第二语言和外语？

5. 语言习得与语言获得有什么区别？

6. 试辨析双语教育和双语现象。

7. 怎样理解双语教育的目的、特征与实质。

Chapter 2　Bilingual Education and Bilingual Teachers

Questions:

1. How do you think about bilingual education? Is it useful/hopeful/successful, etc. or not? Why?

2. What can we learn from other countries in bilingual education and in training of bilingual teachers?

3. What are the main problems in bilingual education and in training of bilingual teachers in China and abroad? How do we solve them?

4. Do you like to be a bilingual teacher? Why?

5. Try to analyse the gap between yourself and a qualified bilingual teacher in a primary school. And what do you plan to do in order to narrow the gap and to improve your abilities as a bilingual teacher?

Discussion and Presentation Topics:

1. What professional qualities should a qualified bilingual teacher possess in a primary school? Why?

2. How would you prepare yourself to be a qualified bilingual teacher in a primary school?

第二章　双语教育与双语师资

思考题：

1. 怎样看待双语教育？它是否有用、有意义，是否成功？为什么？

2. 国外双语教育与双语师资培养的经验有哪些方面值得我们借鉴？

3. 国内双语教育及双语师资培养的主要问题有哪些？应该怎样解决？

4. 你喜欢成为一名双语教师吗？为什么？

5. 分析你自己与合格小学双语教师专业素质的差距，并制订一个缩小这种距离的计划约束自己提高素质。

讨论和演讲话题：

1. 合格小学双语教师应具有什么样的专业素质？为什么？

2. 你准备怎样把自己锻炼成合格的小学双语教师？

Chapter 3 Types of Bilingual Education

Questions:

1. How many types of bilingual education are there? What are their characteristics?

2. Could you find the basic differences between weak forms of bilingual education and strong forms of bilingual education?

3. Which type should bilingual education in China be of? Weak form of bilingual education or strong form of bilingual education? Why?

4. Could you compare immersion bilingual education with submersion bilingual education?

5. Could you talk about the teaching requirements in basic types of bilingual education?

6. What are the basic types of bilingual education that can be applicable in China? What are they?

第三章 双语教育基本类型

思考题:

1. 双语教育类型有哪些?它们各自有什么特征?

2. 弱势双语教育和强势双语教育有什么不同?

3. 中国的双语教育是弱势双语教育还是强势双语教育?为什么?

4. 试比较沉浸式双语教育和淹没式双语教育。

5. 怎样理解常用的几种双语教学类型的教学要求?

6. 有哪些双语教育类型适用于中国?

Chapter 4 Basic Theories of Bilingual Education

Questions:

1. What are the language theories that have great impact on language teaching? What are their basic ideas?

2. Which language theory do you prefer? Why?

3. What do you know about bilingual education theories? What are their basic views? How do you evaluate the bilingual education theories?

4. Which bilingual education theory is more valued? Why?

5. Could you explain which is more complicated and more difficult by using bilingual education theories? Bilingual education or monolingual education?

6. What could we get from the bilingual education theories to our bilingual education or foreign language teaching and learning?

第四章　双语教育基本理论

思考题：

1. 影响较大的语言理论有哪些？其基本观点是什么？

2. 你赞成哪种语言理论？为什么？

3. 有哪些双语教育理论？它们各自基本观点是什么？如何评价这些理论？

4. 你认为哪种双语教育理论更有价值？为什么？

5. 请用理论说明：双语教育与单语教育比较，哪一个更复杂、难度更大？

6. 双语教育理论对我们的双语教育、外语教学或外语学习有什么启示？

Chapter 5　The Building of Bilingual Environment

Questions:

1. Why do we build bilingual environment?

2. What would be most important in building better bilingual environment? Why?

3. What would be most difficult in creating better bilingual environment? Why?

4. Which is more difficult, building visible bilingual environment or creating invisible bilingual environment? Why?

5. How do we build visible bilingual environment in primary school?

6. How do we create invisible bilingual environment in primary school?

Discussion and Presentation Topics:

1. What would you do in building better bilingual environment if you were a bilingual teacher of a primary school?

2. How would you create better bilingual environment if you were a principal of a primary school?

第五章　小学双语教育环境建设

思考题：

1. 为什么要建设双语教育环境？
2. 在双语环境建设中什么更重要？为什么？
3. 在双语环境建设中什么更困难？为什么？
4. 显性双语环境建设和隐性双语环境建设，哪个更困难？为什么？
5. 结合实际进行小学双语教育显性环境设计。
6. 结合实际说说如何建设良好的小学双语教育隐性环境。

讨论和演讲话题：

1. 如果你是一位小学双语教师，你将怎样建设更好的双语教育环境？
2. 如果你是一位小学校长，你将怎样建设更好的双语教育环境？

Chapter 6　Principles and Strategies in Bilingual Teaching

Questions:

1. What is the principle in bilingual teaching? What is the relationship among all the bilingual teaching principles?

2. What is the relationship between the principles of bilingual teaching and the principles of general Education/Mathematics or Science teaching?

3. What is the connotation of each teaching principle? How do you carry out the teaching principles in primary school? Try to apply them in your bilingual classes.

4. Could you explain what teaching principles were applied in the bilingual classes you have listened to/watched?

5. What is bilingual teaching strategy? Are there any differences between teaching strategy and teaching principle? What are they?

6. Could you explain what teaching strategies were applied in the bilingual classes you have attended or observed?

7. How do you apply each teaching strategy in primary school? Try to apply them in your bilingual classes.

第六章 双语教学原则与策略

思考题：

1. 什么是双语教学原则？怎样理解小学双语教学原则体系？

2. 小学双语教学原则与教育学、数学、科学等学科的教学原则有什么关联？

3. 各个小学双语教学原则的含义？如何贯彻各个小学双语教学原则？尝试在你的双语课中运用这些双语教学原则。

4. 你能说出你听或看的双语课运用了哪些双语教学原则吗？

5. 什么是双语教学策略？双语教学原则与教学策略有什么不同吗？有哪些不同？

6. 你能说出你听或看的双语课运用了哪些双语教学策略吗？

7. 怎样运用各个小学双语教学策略？尝试在你的双语课中运用这些双语教学策略。

Chapter 7 Bilingual Teaching Design and Implement in Primary School

Questions:

1. What are the basis and requirements in designing bilingual teaching objectives?

2. What are the construction and features of bilingual teaching objectives?

3. Could you try to design the teaching objectives of one or two bilingual lessons in primary school?

4. What jobs should be done to design a lesson plan of bilingual teaching in primary school? What are the basic requirements of a bilingual teaching plan?

5. Could you try to design a lesson plan of bilingual teaching in primary school?

6. What are the standards to a good bilingual lesson in primary school?

7. How do we teach a bilingual lesson in primary school successfully?

8. Try to teach a bilingual lesson in a primary school.

第七章 小学双语教学设计与实施

思考题：

1. 双语教学目标设计的依据、基本要求有哪些？

2. 双语教育目标的结构和特点有哪些？

3. 请尝试设计一两节小学双语课的教学目标。

4. 小学双语课时计划设计要做哪几项工作？达到什么要求？

5. 请尝试设计一节小学双语教学课时计划。

6. 小学双语好课的标准有哪些？

7. 如何上好一堂小学双语课？

8. 请尝试讲一节小学双语课。

Chapter 8　Evaluation in Bilingual Education

Questions:

1. What is the evaluation of bilingual education? What are its functions?

2. What are the guiding principles of the evaluation of bilingual education in primary school?

3. What are the basic ideas of the evaluation of bilingual education in primary school? What do you think of them?

4. What are the evaluation methods of bilingual education in primary school? Try to use them to evaluate bilingual lessons.

5. Try to evaluate a bilingual lesson or a bilingual activity by applying the evaluation principle of bilingual education.

6. As a bilingual teacher in primary school, how do you assess your own classroom bilingual teaching processes?

7. How do you avoid common errors in classroom assessment of bilingual teaching of primary school?

第八章　双语教育评价

思考题：

1. 什么是双语教育评价？它有什么功能？

2. 小学双语教育评价的指导思想是什么？

3. 小学双语教育评价的基本理念有哪些？你怎样看待这些理念？

4. 小学双语教育评价方法有哪些？尝试使用这些方法。

5. 试用双语教育评价原理对一节双语课或一次双语活动进行评价。

6. 小学双语教师如何评估自己的双语课堂教学过程？

7. 如何避免小学双语课堂教学过程中评估的常见偏差？

参考文献

[1] W. F. 麦凯，M. 西格因．双语教育概论［M］严正，柳秀峰，译．北京：光明日报出版社，1989.

[2] 盖兴之．双语教育原理［M］. 昆明：云南教育出版社，2002.

[3] 黄济，劳凯声，檀传宝．小学教育学［M］. 北京：人民教育出版社，2010.

[4] 王斌华．双语教育与双语教学［M］. 上海：上海教育出版社，2003.

[5] 苑金茹．双语教学策略［M］南宁：广西教育出版社，2006.

[6] 左焕琪．外语教育展望［M］. 上海：华东师范大学出版社，2002.

[7] 桂诗春．新编心理语言学［M］. 上海：上海外语教育出版社，2000.

[8] 王德春．神经语言学［M］. 上海：上海外语教育出版社，1997.

[9] 苑金茹．双语教学策略［M］. 南宁：广西教育出版社，2006.

[10] 皮连生．教学设计——心理学的理论与技术［M］. 北京：高等教育出版社，2000.

[11] 陈玉琨，沈玉顺，代蕊华，等．课程改革与课程评价．［M］．北京：教育科学出版社，2002.

[12] 王本陆．课程与教学论［M］．北京：高等教育出版社，2004.

[13] 李方．课程与教学基本理论［M］. 广州：广东高等教育出版社，2002.

[14] 金娣，王刚．教育评价与测量［M］. 北京：教育科学出版社，2002.

[15] 赵必华，查啸虎．课程改革与教育评价［M］. 合肥：安徽教育出版社，2007.

[16] 艾伦·C. 奥恩斯坦，弗朗西斯·P. 汉金斯. 课程：基础、原理和

问题［M］. 2版. 柯森，主译，钟启泉，审校. 南京：江苏教育出版社，2002.

［17］陈玉琨. 教育评价学［M］. 北京：人民教育出版社，2001.

［18］Peter W. Airasian. 课堂评估：理论与实践［M］. 4版. 徐士强，等译. 赵中建，校. 上海：华东师范大学出版社，2008.

［19］刘钦永. 关于双语教育和双语教学的思考［J］. 天津市教科院学报，2002（4）：24-26.

［20］吕良环. 双语教学探析［J］. 全球教育展望，2000（4）：66-72.

［21］余珍有. 儿童双语现象与双语教育［J］. 南京师大学报（社会科学版），1995（1）：101-104.

［22］强海燕，赵琳. 加拿大第二语言浸入式教学及其在我国的借鉴［J］. 比较教育研究，2000（4）：38-41.

［23］杜秀花. 初探双语教育及其师资培养的途径［J］中国高教研究，2002（1）：90-91.

［24］张谦. 中小学双语与双语教学：理念与模式［J］. 教育科学，2002（10）：42-44.

［25］王延玲，吕宪军. 论教学目标设计理论与实践的应用研究［J］. 东北师大学报（哲学社会科学版），2004（1）：136-141.

［26］姜宏德. 论双语教育目标定位中的几个关系问题［J］. 中国教育学刊，2003（4）：34-37.

［27］孙晓丽. 汉英双语教学目标的几点思考［J］. 湘潭师范学院学报（社会科学版），2005（3）：106-107.

［28］谭小林. 课堂教学设计中教学目标的确定与陈述［J］. 当代教育科学，2003（10）：19-20.

［29］阎蔚. 教学目标的有效陈述［J］. 浙江教育学院学报，2002（1）：73-77.